W0179865

BAND 13
Der Absolutismus: Cromwell, Ludwig XIV. und Peter der Große

WELTGESCHICHTE IN BILDERN

GONDROM

Der Absolutismus: Cromwell, Ludwig XIV. und Peter der Große

Die absolutistische Regierungsform, die Richelieu bereits angelegt hatte, entsprach völlig dem Charakter Ludwigs XIV. Der König war zugleich Staatschef und Ministerpräsident. Für ihn waren Frankreich und seine eigene Person ein und dasselbe. Aber seine maßlose Prachtentfaltung und seine dauernden Kriege zerstörten fast alles, was seine Regierung an Großem und Nützlichem hervorgebracht hatte. Porträt des Königs von Hyacinthe Rigaud. Museum von Versailles.

Herausgegeben unter der Leitung von Claude Schaeffner
Assistentin: Anke Hérubel
Graphische Gestaltung: Henri Frossard und Elisabeth Kozma
Redaktionsleitung: Professor Jacques-Francis Rolland
Der Anhang wurde zusammengestellt von B. Iselin
Für den Bildteil des Lexikons verantwortlich: Chantal de la Boullaye
Karten: Gilbert Martin
Deutsche Bearbeitung: Rosemarie Stratmann

Die Seiten 1–128:
© Librairie Hachette 1969. Connaissance de l'Histoire
Die Seiten 129–192:
© Editions Rencontre, Lausanne 1969

© dieser Sonderausgabe:
Gondrom Verlag, Bayreuth 1981
ISBN 3-8112-0240-5
Schutzumschlag: Design Team, München
Printed in Italy

INHALTSVERZEICHNIS

CROMWELL UND DIE STUARTS

England und die Vereinigten Niederlande besaßen im 17. Jahrhundert gemeinsame Züge, die in der vorübergehenden Personalunion im Jahre 1689 unter dem Zepter Marias*, der Tochter des Stuartkönigs Jakob II.*, und ihres Gatten, Wilhelm III. von Oranien*, des Statthalters der Niederlande, einen konkreten Ausdruck fanden. Der Reichtum dieser beiden bedeutenden See- und Handelsmächte beruhte auf ihrer Beherrschung der Weltmeere, aber ihre Entwicklung wurde durch tiefgreifende politische Wirren geprägt. In den Vereinigten Niederlanden kämpften Republikaner und Anhänger der Oranier um die Macht. England litt schwer unter dem Bürgerkrieg, der mit der Diktatur Oliver Cromwells* endete. Mit der Navigationsakte von 1651, die zu einem Krieg zwischen England und den Vereinigten Niederlanden führte, legte Cromwell den Grundstein für die englische Vorherrschaft auf allen Meeren, die im folgenden Jahrhundert zu ihrer vollen Entfaltung kommen sollte.

Der Tod Elisabeths I. rief im Volk gleichzeitig Trauer und Furcht hervor. Elisabeth hatte es verstanden, die Zuneigung ihrer Untertanen zu gewinnen. Aus der gegenseitigen Achtung der jeweiligen Rechte hatte sich stillschweigend ein gewisses Einverständnis entwickelt. Ihr Erbe, Jakob I., vereinigte die Kronen von England, Schottland und Irland als König von Großbritannien und Irland. Dieser Sohn Maria Stuarts und Lord Darnleys war Kalvinist und interessierte sich brennend für theologische Fragen. Er war häßlich und litt unter einem Sprachfehler. In seinem Auftreten erinnerte nichts an die Majestät Heinrichs VIII. oder Elisabeths I. Jakob I. war jedoch völlig von seiner königlichen Würde durchdrungen und daran gewöhnt, dem presbyterianischen Klerus die Stirn zu bieten. So wachte er eifersüchtig über seine Unabhängigkeit und Freiheit. Er wollte von Gottes Gnaden herrschen und war überzeugt, daß Elisabeth England bereits zu striktem Gehorsam erzogen habe. Dieser Irrtum sollte schwerwiegende Folgen

Ein Sternchen nach einem Wort verweist jeweils auf eine Erklärung oder eine Notiz im Lexikon am Ende des Buches.

haben. Die Engländer mißbilligten schon seine erste königliche Entscheidung: Während seiner Reise von Schottland nach London wurde von der Leibwache ein Dieb bei der Ausführung seiner Tat ertappt. Jakob I. ließ diesen unverzüglich ohne Urteil hängen. Er berief sich dabei auf seine Rechte als oberster Richter. England hatte aber im Verlauf der voraufgehenden Jahrhunderte seiner Geschichte Willkürakte fürchten gelernt und lehnte jegliche Strafe ohne Gerichtsurteil ab. Dieser Vorfall wäre zweifellos ohne Folgen geblieben, wenn sich nicht allzubald herausgestellt hätte, daß Jakob I. von seinen königlichen Rechten eine ganz andere Auffassung hatte als seine Vorgänger aus dem Geschlecht der Tudors.

Er ignorierte die Lehren der englischen Geschichte, setzte sich über die Magna Charta von 1215 hinweg und war entschlossen, absolut zu regieren. Sein Grundsatz hieß: »Der König ist das Gesetz!« Er vertrat die Ansicht, Gott habe die Könige erschaffen, damit sie regierten, und ihre Untertanen, damit sie gehorchten. Die Tudors hatten zwar unumschränkt geherrscht, aber sich wenigstens bemüht, den Schein der Gesetzmäßigkeit zu wahren. Die Stuarts folgten dem Beispiel der absoluten französischen Könige, begingen aber den Fehler, den Absolutismus in den Rang einer politischen Doktrin zu erheben, und gruben sich so ihr eigenes Grab. Die ersten Schwierigkeiten innerhalb des Königreiches erwuchsen jedoch aus religiösen Fragen.

Jakob I. und die Religionsfrage

Die überwiegende Mehrheit der Engländer bestand aus Anglikanern, aber die Katholiken bildeten immer noch eine starke Minderheit. Die Kriege zwischen katholischen Königen und protestantischen Fürsten auf dem Kontinent und die von den Jesuiten betriebene Gegenreformation nährten ihre Hoffnungen. Als Sohn einer katholischen Mutter hatte Jakob I. bei romtreuen Engländern Illusionen geweckt, die jedoch nur von kurzer Dauer sein sollten. Die enttäuschten Katholiken faßten

7

Der englische König Jakob I. aus dem Haus Stuart besaß einen schwachen Charakter und war von mehr oder weniger selbstsüchtigen Günstlingen umgeben. Er überging das Unterhaus und erledigte die wichtigsten Staatsgeschäfte mit diesen Männern. Das Bild stellt einen der Ratgeber Jakobs I., den Grafen von Dorset, Richard Sackville, dar. Gemälde von Isaac Olivier, Victoria and Albert Museum, London. (Photo Brompton)

einfaches Leben als Grundlage des Christentums. Diese »Puritaner« widersetzten sich allen gefühlsbetonten und heiteren Elementen innerhalb der Religion. Sie beanspruchten für die Gläubigen völlige Freiheit von jeder geistlichen Bevormundung und erkannten als einzige Richtschnur Gott und die Heilige Schrift an.

Aber Jakob I. kannte diese »Nonkonformisten« innerhalb der kalvinistischen Glaubensgemeinschaft. Schon in Schottland hatte er sich dem Druck dieser presbyterianischen Gruppen widersetzt. Er

den Entschluß, mit einem einzigen Schlag den König und die bedeutenden Persönlichkeiten des Landes zu beseitigen. Im Jahre 1605 gelang es einer Verschwörung, genau gegenüber dem Parlamentsgebäude einen Keller zu mieten. Kurz darauf entdeckte man einen unterirdischen Gang, der zu einem anderen Keller führte, der unmittelbar unter dem Oberhaus lag, in dem die Eröffnungssitzung des Parlamentes stattfinden sollte. Dieser Raum wurde buchstäblich mit Sprengstoff vollgestopft. Durch Verrat gelang es im letzten Augenblick, Guy Fawkes* zu verhaften, der den Auftrag hatte, die Pulverladung zur Explosion zu bringen. Der Mißerfolg der Verschwörung erwies sich als ein vernichtender Schlag für die Katholiken. Man betrachtete die »Papisten« nur noch als gefährliche Terroristen, die es aufzuspüren galt, um sie von allen öffentlichen Ämtern auszuschließen und sie praktisch für vogelfrei zu erklären.

Die Protestanten knüpften an einen kalvinistischen König große Erwartungen. Allerdings lehnten viele die Oberhoheit des Königs über die Kirche ab. Sie verurteilten die Prachtentfaltung und die Äußerlichkeit des anglikanischen Gottesdienstes. Für sie galten Armut, Reinheit der Sitten und

8

wollte keinesfalls die ungeheure Macht aus
der Hand geben, welche ihm die Oberherr-
schaft über die anglikanische Staatskirche
verlieh. Der Kampf zwischen Jakob I. als
Inhaber der kirchlichen und der politischen
Macht und den Puritanern als Kämpfer
für die Freiheit war daher unvermeidlich.
Viele Puritaner zogen es vor, in Länder
auszuwandern, in denen sie Glaubensfrei-
heit fanden. 1620 segelten zweihundert von
ihnen nach einem erfolglosen Versuch, sich
in Holland niederzulassen, auf der »Mayflower« aus England davon und gründeten
in Nordamerika ein Land der freien Bürger,
die nach göttlichem Gesetz leben wollten.
Diese Handvoll Männer bildete zusammen
mit den Siedlern von Virginia* die Keimzelle der Vereinigten Staaten von Nordamerika. Innerhalb des Klerus und der an
religiösen Fragen interessierten Bevölke-
rungskreise Englands entwickelten sich
drei Richtungen. Die erste bildeten die
Anhänger der anglikanischen oder Hochkirche (Staatskirche), deren Liturgie noch
katholische Züge aufwies. Die zweite
Gruppe bildeten die Anglikaner presbyte-

Robert Cecil, Graf von Salisbury (im Vordergrund in der rechten Reihe) war zweifellos einer der klügsten Ratgeber Jakobs I. Gemälde von M. Gheeraedtz. National Portrait Gallery, London.

rianischer Prägung, welche die Hochkirche auch liturgisch reformieren wollten, ohne mit ihr zu brechen. Die dritte Gruppe bestand aus unabhängigen Gläubigen und extremen Puritanern, die jede Form der Staatskirche ablehnten und dem einzelnen Gläubigen das Recht zuerkannten, über Kultus und Dogma selbst zu befinden.

Der König und das Parlament

Unter Heinrich VIII. und Elisabeth I. hatte das Königtum auf eindeutige Weise die Achtung vor der politischen Unabhängigkeit des Parlaments bewiesen. Beide Herrscher hatten sich bemüht, mit Unterstützung der Vertreter des englischen Vol-

kes zu regieren. Die Mitglieder des Parlaments kamen größtenteils aus den Kreisen des Kleinadels, des Bürgertums und der Grundbesitzer, die alle eifersüchtig über die Wahrung ihrer Rechte wachten. Ihrer Überzeugung nach war der Absolutismus des Königs ungesetzlich. Sie erkannten sich das Recht zu, alle Handlungen der königlichen Regierung zu beurteilen. Diese in ihrer überwiegenden Mehrzahl puritanischen Männer gingen in ihrer Kritik am König immer weiter. Jakob I. wollte sich mit einem glänzenden Hof umgeben. Die Kosten der Hofhaltung waren doppelt so hoch wie diejenigen seiner Vorgängerin. Für den Ankauf von Juwelen gab er ebensoviel Geld aus wie für den Unterhalt der Kriegsmarine. So verschleuderte er jähr-

Der König zog jedoch Männer vor, deren Ratschläge alles andere als klug waren. Dies gilt vor allem für George Villiers, den Herzog von Buckingham. National Portrait Gallery, London.

lich 600 000 Pfund, während seine Einkünfte gerade 400 000 Pfund erreichten. In dieser Lage greift ein Herrscher gerne zum letzten Mittel, nämlich zur Erhöhung der Steuern. Die Beziehungen Jakobs I. zum Parlament waren aber zu gespannt, als daß er hoffen durfte, die Zustimmung für neue Steuern zu erhalten. Der König versuchte es daher mit allerlei Auswegen, er verkaufte Staatsbesitz, Wiesen oder Wälder und schuf Staatsmonopole. Das Parlament bezeugte darüber seinen Unwillen, aber es wurde einfach nicht mehr einberufen. Der König geriet immer mehr unter den Einfluß von Ministern, die ihm zu schmeicheln wußten. Einer von ihnen, George Villiers*, machte eine Karriere, die allgemein Empörung hervorrief.

Der Herzog von Buckingham

George Villiers wurde schon mit 22 Jahren Erster Minister. Der König verlieh ihm den Titel eines Herzogs von Buckingham und machte ihn zu seinem engsten Vertrauten. Eitelkeit und Dummheit ließen den Herzog von Buckingham zahllose politische Fehler begehen, wodurch Jakob I. in die schwierigsten Situationen geriet. Die Geldreserven des Königs waren zu sehr zusammengeschmolzen, um einen Krieg finanzieren zu können. Das englische Volk nahm jedoch leidenschaftlich Anteil an dem Kampf der deutschen Protestanten gegen den Katholizismus. Der von den gegen Habsburg sich stellenden Tschechen 1619 zum König gewählte Kurfürst Friedrich V. 11

(Photo Freeman)

von der Pfalz, der Schwager des englischen Königs, bat um englische Hilfe, aber die vernachlässigte Flotte war nur noch ein Schatten derjenigen, die Elisabeth und Drake aufgebaut hatten. Eine Intervention auf seiten der deutschen Protestanten war nur möglich, wenn das Parlament die entsprechenden Kredite bewilligte. Im Jahr 1621 ließ sich die Einberufung des Parlaments nicht mehr vermeiden. Die Abgeordneten waren sich über ihre starke Stellung sehr wohl im klaren und verlangten als Gegenleistung für die Bewilligung von Krediten die Abstellung der Willkürakte. Der Kanzler Francis Bacon* war

zwar ein Gelehrter und Philosoph, verachtete aber trotzdem weder Geld noch Bestechungen. Der König opferte ihn, er wurde vor Gericht gestellt und verlor alle seine Ämter. Dann verlangte das Parlament Mitspracherecht in der Außenpolitik und forderte den Bruch mit Spanien. Dieser Anspruch erregte den Unmut des Königs. Er ließ sieben Abgeordnete verhaften und löste das Parlament auf.

Der Pfälzer wurde also im Stich gelassen. Der König glaubte, eine günstigere politische Möglichkeit gefunden zu haben. Sein Sohn Karl, der spätere Karl I., war jung und gut aussehend. Der Gedanke, ihn mit

12

der Tochter des reichen spanischen Königs zu verheiraten, lag nahe. Diese Heirat schien zwei Vorteile zu bieten, nämlich den Zustrom neuer Geldmittel und einen vorteilhaften Frieden für den Kurpfälzer und die protestantischen deutschen Fürsten. Karl und Buckingham reisten nach Spanien. Es gelang ihnen jedoch, sich in kurzer Zeit unbeliebt zu machen. Sie verletzten die Spanier durch ihr herausforderndes Auftreten. Ein Adliger aus dem Gefolge des Kronprinzen ging so weit, einen spanischen Priester zu ohrfeigen. Buckingham stellte sogar der Frau des Ersten Ministers nach. Die Infantin machte den Übertritt Karls zum Katholizismus zur Bedingung für eine Heirat. Jakob I. rief daraufhin die ganze Delegation nach England zurück. Sogar Buckingham selbst war erstaunt, als er von den Engländern, die durch ein Bündnis mit Spanien die Stärkung der katholischen Partei befürchtet hatten, bei seiner Rückkehr als Held begrüßt wurde. Dieser Empfang genügte, um den eitlen Buckingham zu einem entschiedenen Feind der Spanier zu machen. Sein Ansehen überlebte sogar den Tod Jakobs I.

Karl I. und das Parlament

Karl I. bestieg den Thron 1625. Er war jung und sympathisch. Es gelang ihm daher schnell, den englischen Adel auf seine Seite zu ziehen. Trotz seiner Schüchternheit war der junge König durch und durch ein absolutistischer Monarch. Der Herzog von Buckingham riet dem neuen Herrscher zu einer unsinnigen Außenpolitik, die dem Parlament Ansatzpunkte für Angriffe gegen den König lieferte. In der Absicht, das mächtige Spanien niederzuwerfen, bemühte sich Buckingham um ein Bündnis mit Frankreich. Zur Unterstützung seiner Politik bat Karl um die Hand Henriette Marias*, der jüngsten Tochter Heinrichs IV. Buckingham reiste nach Frankreich, um als Stellvertreter des Königs die Ehe mit der Prinzessin zu schließen, und machte Anna von Österreich in auffälliger Weise den Hof. Die junge Königin fühlte sich in England nicht wohl. Sie bezichtigte ihre Untertanen einer feindlichen Haltung ge-

genüber dem Katholizismus und betete häufig an den Gräbern der katholischen Märtyrer. Aber allmählich entstand zwischen dem König und der Königin eine echte Zuneigung, welche während der ganzen Regierungszeit anhielt. Ohne die unablässigen politischen Fehler Buckinghams wäre es der Königin sicherlich gelungen, das Bündnis mit Frankreich dauerhaft zu gestalten. Die Unternehmungen des Herzogs gegen Spanien schlugen sämtlich fehl. Darüber hinaus beging er den Fehler, die französischen Protestanten in La Rochelle zu unterstützen. Im Verlauf dieses Unternehmens wurden die Engländer vor der Insel Ré* geschlagen. Diese Fehlentscheidung genügte, um Franzosen und Spanier auf Kosten der Engländer auszusöhnen. Die protestantischen Fürsten auf dem Kontinent verloren zudem an Boden. Der katholischen Gegenoffensive schien der Sieg sicher zu sein, während England durch die katastrophale Außenpolitik des Herzogs von Buckingham nicht mehr in der Lage war, in das Geschehen einzugreifen. 1628 befreite der Dolch des jungen Leutnants Felton* das Land von einem Mann, den es als Geißel Gottes betrachtete. Der Herzog wurde in aller Stille begraben, womit man Begeisterungsausbrüche der Bevölkerung unterbinden wollte.

Der Konflikt mit dem Parlament ging jedoch weiter. Um die Niederlage vor der Insel Ré wiedergutzumachen, waren neue Kredite erforderlich. Karl I. mußte daher die Petition of Rights, eine ausdrückliche Bekräftigung der Magna Charta, unterzeichnen, welche die Grenzen der königlichen Macht festlegte und die persönliche Freiheit des Bürgers schützte. Die Abgeordneten weigerten sich, der Erneuerung des Zollrechtes (»tunnage and poundage«) zuzustimmen, deren Erträgnisse traditionsgemäß der Krone zuflossen. Religiöse Zwistigkeiten überlagerten die politischen Probleme, denn Karl I. begünstigte die anglikanische Hochkirche gegen die puritanische Richtung. Darüber hinaus unterstützten der Bischof von London, Laud*, und der Hof die Lehre des Arminius*, eines holländischen Protestanten, der die Willensfreiheit gegen die kalvinistische Prädestinationslehre verteidigte. 1629 er-

Unten: Der englische König Karl I.
war ein widersprüchlicher Charakter.
Er war impulsiv, unüberlegt, zurückhaltend und
zugleich ungewöhnlich aggressiv.
Auf politischem Gebiet beging er einen Fehler
nach dem anderen.
Gemälde von Hendrick Pot. Louvre, Paris.

(Photo Josse)

klärte das von den Kalvinisten beherrschte Parlament jeden Versuch, in England den Katholizismus oder die Lehre des Arminius einzuführen und eine vom Parlament nicht ratifizierte Steuer zu erheben, als »Verrat und feindliche Handlung« gegen das Volk. Karl I. reagierte mit der Verhaftung der Anführer und der Auflösung des Parlaments.

Der Absolutismus, Strafford und Laud

Elf Jahre lang, von 1629 bis 1640, regierte der König als absolutistischer Monarch.

Zwei hervorragende Minister, Laud und Strafford*, unterstützten ihn in seiner Tätigkeit. Laud war zum Erzbischof von Canterbury, also zur führenden Persönlichkeit der anglikanischen Kirche, ernannt worden. Die in der Kirche herrschende Uneinigkeit veranlaßte ihn zum Handeln. Die Pfarrer paßten die Liturgie jeweils der Richtung an, zu der sie sich bekannten. Einige trugen das Chorhemd, andere lehnten es ab. Der Standort des Abendmahltisches wechselte mit der Überzeugung des jeweiligen Zelebranten. Laud unternahm mit der Unterstützung des Königs eine Umgestaltung der Kirche. Nur rechtgläu-

14

bige Geistliche erhielten gute Pfarrstellen.
Alle, die des Puritanismus verdächtig
waren, verkümmerten in armen Gemeinden. Tausende von Puritanern folgten den
Auswanderern der »Mayflower« nach
Amerika.

Der zum Grafen von Strafford ernannte Wentworth war ein echter Staatsmann. Die Abgeordneten, die 1628 gegen
den König Widerstand geleistet hatten,
warfen ihrem ehemaligen Parteifreund erbittert seinen Verrat vor. Nach Straffords
Auffassung war es unzulässig, sich dem
Willen des Monarchen zu widersetzen. Er
hatte bereits zahlreiche schwierige politi-

sche Aufträge durchgeführt und im Verlauf einer Befriedungsaktion in Irland Tatkraft bewiesen. Mit Hilfe des sogenannten
Ausnahmegerichts der »Sternkammer« unternahm er es, jeden Widerstand zu brechen. Nach dem Ausbleiben der vom
Parlament bewilligten Geldmittel war der
König gezwungen, alte, längst vergessene
Steuern wiedereinzuführen und diese so
ergiebig wie möglich zu gestalten.

Die wichtigste dieser Abgaben war das
sogenannte Schiffsgeld, eine Steuer, welche
die Küstenbewohner zu entrichten hatten
und die zum Bau und Unterhalt von
Kriegsschiffen bestimmt war. Karl I. wollte
den Geltungsbereich dieser Steuer auf das
ganze Land ausdehnen. Die Wiedereinführung des Schiffsgeldes ließ sich durch das
Wiederauftreten der nordafrikanischen
Seeräuber auf hoher See und an den Küsten
rechtfertigen. Diese Abgabe besaß aber
nicht die Zustimmung des Parlamentes.
1637 verweigerte ein reicher Bürger
namens Hampden* die Zahlung der Steuer
in Höhe von 20 Shilling. Er war wohlhabend; die Summe spielte also keine
Rolle für ihn. Er verweigerte die Zahlung, 15

um für das Recht des Parlaments einzutreten. Er wurde verurteilt, aber dieser Rechtsbruch hinterließ in der öffentlichen Meinung einen tiefen Eindruck.

Die königliche Justiz handelte immer rücksichtsloser. Die »Sternkammer« setzte sich über das Gewohnheitsrecht hinweg und sprach zahlreiche eigenmächtige Urteile aus. So wurde der Verfasser eines Flugblattes namens Prynne* zu einer Geldstrafe von 5000 Pfund und zum Abschneiden der Ohren verurteilt, weil er eine Schmähschrift gegen das Theater veröffentlicht hatte. Allerdings war der Zeitpunkt des Erscheinens dieser Schrift schlecht gewählt, denn die Königin hatte gerade selbst eine Rolle in einem Schäferspiel übernommen. Die »Sternkammer« begründete ihr Urteil damit, daß Prynne einen Angriff gegen die Königin beabsichtigt habe. Später griff dieser Laud an und wurde erneut straffällig. Daraufhin wurden seine Ohren erneut beschnitten und seine Wangen gebrandmarkt. Um seine Autorität zu bewahren, griff Karl I. zu Willkürmaßnahmen, die ein Volk, das entschlossen war, seine Würde und persönliche Freiheit zu verteidigen, nicht länger dulden konnte.

Der Aufstand in Schottland

Die Revolution brach jedoch zuerst in Schottland aus. Unter John Knox hatte Schottland schon mehrfach seine Treue zur presbyterianischen Kirche bewiesen. Laud war jetzt entschlossen, die anglikanische Lehre und Kirchenverfassung, die er seinen eigenen Gemeinden aufgezwungen hatte, auch auf Schottland auszudehnen. Am Tag der Einführung der anglikanischen Liturgie kam es in Edinburgh* zum Volksaufstand. 1638 wurde ein feierlicher Bund, der Covenant, unterzeichnet. Manche Teilnehmer unterschrieben sogar mit ihrem Blut. Die Anhänger des Bundes verpflichteten sich, den wahren Glauben, nämlich die presbyterianische Glaubensrichtung, bis zum Tode zu verteidigen. Die englischen Parlamentarier fanden in den Schotten unerwartete Bundesgenossen. Der Aufstand weitete sich schnell aus und griff aus dem religiösen Bereich in die Politik über. Das Parlament von Edinburgh erklärte sich zur einzigen gesetzgebenden Körperschaft des Landes. Unter Leslie* wurde eine Armee einberufen. Die zahlenmäßig unterlegenen und ohne Überzeugung kämpfenden könig-

(Photo Freeman)

lichen Truppen, denen es zudem an Geld fehlte, waren den entschlossenen Schotten unterlegen. Der König berief gezwungermaßen sein Parlament ein. Er verlangte Geldmittel, um eine neue Armee aufzustellen und das durch die Aufständischen bedrohte Land zu verteidigen. 1640 nahm ein kleiner Abgeordneter aus Cambridge namens Oliver Cromwell an den Sitzungen teil.

Er war von berühmten Persönlichkeiten umgeben: Hampden, der seit seinem Widerstand gegen das Schiffsgeld volkstümlich geworden war, und Pym*, der in den voraufgehenden Parlamenten die Opposition gegen die absolutistische Politik des Königs geführt hatte. Pym wurde zum Sprecher, das heißt zum Präsidenten des Parlamentes, gewählt. Schon in der ersten Sitzung wurde aus seiner Eröffnungsrede deutlich, daß die Abgeordneten entschlossen waren, die Kredite nur gegen Zugeständnisse des Königs zu gewähren. Der aufgebrachte König sprach die Auflösung des »Kurzen Parlamentes« aus, das nur drei Wochen getagt hatte. Eine weitere Niederlage gegen die Schotten schwächte die Stellung des Königs noch mehr. Die Bevölkerung Londons jubelte. Sogar die Lords verurteilten die Politik des Königs. Als Karl I. gänzlich ohne Geldmittel war, sah er sich gezwungen, im November 1640 ein neues Parlament einzuberufen. Dieses »Lange Parlament« tagte dreizehn Jahre und spielte eine wichtige Rolle in den politischen Wirren, die nun über England hereinbrachen.

Das Lange Parlament

Das Parlament besaß jetzt eine starke Stellung, aber es konnte den König nicht unmittelbar angreifen. Statt dessen ging es gegen die königlichen Räte vor, denen man alle Verantwortung zuschob. Strafford, der die Alleinherrschaft des Königs geleitet hatte, war das erste Ziel. Er dachte zunächst daran, nach Frankreich zu fliehen. Karl I. bat ihn aber, bei ihm auszuharren, und versprach ihm seinen Schutz. Strafford machte sich zwar keine falschen Hoffnungen über sein Schicksal, blieb aber dennoch. Die Abgeordneten verurteilten ihn als Feind der Freiheit des Volkes zum Tode. Karl I. unternahm nichts, um seinen Minister zu retten. Der Kopf Straffords war der Preis, den der König im Mai 1641 für die Erhaltung seines Thrones zahlte. Die Hinrichtung Straffords war nur der Auftakt. Laud wurde 1645 enthauptet.

Das Parlament hatte den Grundsatz der Verantwortlichkeit der Minister vor dem Volke klargestellt. Karl I. versuchte Zeit zu gewinnen, um einen Gegenangriff vorzubereiten. Er bemühte sich um eine Einigung mit den Schotten, weil er sich Handlungsfreiheit für die Wiedererringung seiner königlichen Macht verschaffen wollte. Die politischen Verhältnisse in Irland durchkreuzten jedoch seine Pläne. Seit Elisabeth I. schwelte auf der Insel der Aufruhr. Haß bestand zwischen Katholiken und Anglikanern, irischen Bauern und englischen Großgrundbesitzern. 1641 wurden Tausende von Engländern ermordet. Ganz England schrie nach Rache. Der König versuchte, sich an die Spitze der Bewegung zu stellen, und verlangte noch einmal Geldmittel, um einen Feldzug nach Irland durchführen zu können.

Die Parlamentarier blieben mißtrauisch. Sie verdächtigten die Königin Henriette Maria als Katholikin, die Revolte der Iren unterstützt zu haben. Zudem befürchteten sie, daß der König an der Spitze seiner Armee die Gewaltpolitik wiederaufnehmen könnte. Die Haltung der Opposition ver-

17

härtete sich. Pym brachte im November 1641 die »Grand Remonstrance« zur Abstimmung, in der die seit zehn Jahren durch die Regierung des Königs begangenen Rechtsbrüche aufgezählt wurden, und forderte Minister, die das Vertrauen des Parlamentes besaßen. Mit einer schwachen Mehrheit gelang den Puritanern sogar die Abschaffung der Bischofswürde. Bischöfe und Lords wurden auf Befehl des Parlaments verhaftet und wegen Hochverrats angeklagt.

Die Opposition stellte immer weiter gehende Forderungen. Pym und Hampden sahen ihre Mehrheit zusammenschmelzen. Nicht alle Abgeordneten waren überzeugte Puritaner oder »Rundköpfe«, wie sie die Königin wegen ihrer kurzen Haare im Gegensatz zu den langen Lockenperücken der Edelleute genannt hatte. Karl glaubte, diese politische Lage zu seinen Gunsten ausnutzen zu können. Am 4. Januar 1642 erschien er unerwartet persönlich im Unterhaus, um die fünf gefährlichsten Abgeordneten verhaften zu lassen. Er hatte sich aber umsonst bemüht, die Sitze der Gesuchten waren leer. »Die Vögel sind ausgeflogen«, sagte der König nach diesem Schlag ins Wasser. Er hatte sich durch diesen mißglückten Handstreich endgültig mit dem Parlament und dem Volk von London verfeindet.

Der Bürgerkrieg

Der König entschloß sich, die Stadt am 10. Januar zu verlassen, da er davon überzeugt war, daß sich die Londoner in Abwesenheit ihres Herrschers unsicher fühlen würden. Außerdem glaubte er, außerhalb der Hauptstadt eine Armee gegen das Parlament aufstellen zu können. Er täuschte sich jedoch und löste durch sein Vorgehen den Bürgerkrieg aus.

Karl zog seine Armee in Nordengland zusammen. Um ihn scharten sich die Anhänger des Hochadels, die überzeugten Anglikaner und die Katholiken. Das Parlament besaß die Unterstützung der Stadt London und der Puritaner und stellte in kurzer Zeit in Südengland eine eigene Armee auf.

Oliver Cromwell, ein dreiundvierzigjähriger Landedelmann und fanatischer Puritaner, entfaltete eine fieberhafte Tätigkeit. In den Dörfern rief er alle kriegsfähigen jungen Leute zu den Waffen, die zu den Independenten, dem extremsten Flügel der Puritaner, gehörten. Die Zahl seiner Soldaten wuchs schnell. Zuerst waren es 60, bald 300. Geldsammlungen und Überfälle erbrachten Waffen und Hilfsmittel. Cromwell führte eine eiserne Disziplin ein. Der königlichen Reiterei, die mit Begeisterung für ihre Ehre kämpfte, stellte er seine »Eisenseiten« (»Ironsides«) gegenüber, die nur eine Leidenschaft kannten, ihren puritanischen Glauben. Taschenbibeln wurden verteilt, jeder Soldat war gleichzeitig ein Prediger. Hier kämpfte eine Revolutionsarmee; nicht die soziale Stellung zählte, sondern die Tapferkeit. Sämtliche Offiziere kamen aus dem Mannschaftsrang. Alle fochten mit der gleichen glühenden Begeisterung. Der Feldruf war »Religion, Religion«. Die Männer Cromwells wurden bald das Vorbild der ganzen Armee des Parlamentes. Karl I. unternahm einen Vorstoß auf London, der jedoch scheiterte. Er zog sich nach Oxford zurück. Weder die Reiterei des Königs noch die »Rundköpfe« schienen in der Lage, einen entscheidenden Sieg zu erringen.

Die Schotten und ihre Armee wurden zu den Herren der Lage. Karl I. wartete zu lange. Das Parlament handelte schneller und unterzeichnete das entscheidende Abkommen mit den Schotten. Allerdings hatte es ein wesentliches Zugeständnis machen müssen. Mit der Unterschrift unter den Covenant 1643 stimmte das Parlament der Einführung der presbyterianischen Glaubensrichtung als Staatsreligion zu. Seine Truppen konnten nunmehr jedoch mit Unterstützung der Schotten zum Gegenangriff antreten. Am 2. Juli 1644 wurden in der Nähe von York bei Marston Moor* die Streitkräfte des Königs geschlagen. Den entscheidenden Beitrag zum Erfolg hatten die »Eisenseiten« Cromwells geleistet. Für Cromwell war dieser Sieg der Beginn einer kometenhaft aufsteigenden militärischen Laufbahn. Die Stärke seiner Truppen wuchs ständig. Als Karl I. im Juni 1645 mit einer neuen Armee London

angriff, wurde Cromwell zum Adjutanten des Oberkommandierenden ernannt. Bei Naseby* entschied am 14. Juni sein Eingreifen die endgültige Niederlage der königlichen Truppen. Die Partei des Königs war nun handlungsunfähig. Ständig verfolgt und ohne Streitkräfte flüchtete der König von England und Schottland im Mai 1646 zu den Schotten.

Die Auslieferung des Königs durch die Schotten

In diesem Augenblick hielten sich vier Machtblöcke auf der politischen Bühne des Königreichs das Gleichgewicht: die Partei des Königs, nämlich die Konservativen und Königstreuen, das Parlament, die Schotten und die Armee Cromwells. Karl I. wußte sehr wohl, daß er noch sehr beliebt war. Ein Bündnis mit ihm konnte jeder der rivalisierenden Parteien das Übergewicht verleihen. Als Besiegter erregte Karl I. Mitleid und Bedauern. Die öffentliche Meinung war für ihn. In Schottland drängte sich die Bevölkerung, wo auch immer er sich zeigte. In England wollten die meisten Bauern den Frieden, den Abzug der Soldaten und die Wiederkehr der guten alten Zeit. Wer verkörperte diese, wenn nicht der König? Die Schotten waren im Vorteil, denn zu ihnen hatte sich der König gewandt. Alles, was sie von Karl I. verlangten, war die Unterschrift unter den Covenant der Presbyterianer. Die politischen Forderungen der englischen Parlamentsmitglieder interes-

sierten sie nicht. Karl I. weigerte sich indessen nachzugeben, denn er hoffte auf einen Vergleich mit dem Parlament. Dieses aber wollte keine Zeit verlieren; die Abgeordneten, ganz gleich, ob sie Adlige, Bauern, Kaufleute oder Großbürger waren, gehörten fast alle zu den Presbyterianern und waren Anhänger einer reformierten Kirche, die sie sich ohne bischöfliche Hierarchie und andere »papistische« Elemente vorstellten. Sie wollten einen streng kirchlich-synodalen Puritanismus verwirklichen.

Sie strebten außerdem nach Macht, um ihre Privilegien zu sichern. Sie vertraten eine gesellschaftliche Elite, deren Stärke auf dem Grundbesitz und dem Handel beruhte. Die Armee von Cromwell und Fairfax* setzte sich dagegen aus den radikalen Independenten zusammen. Diese verwarfen Kirche und Klerus. Nach ihrer Überzeugung war es Sache des Familienoberhauptes, in alleiniger Verantwortung vor Gott die Schrift auszulegen. Außerdem standen viele Soldaten unter dem Einfluß dieser »Gleichmacher«, die der Vorherrschaft des Parlaments feindlich gesinnt waren. König und Lords hielten sie für überflüssig. Sie wollten eine einzige, aus einer allgemeinen Wahl hervorgegangene Kammer. Sie träumten von einer Republik, die auf biblischen Grundsätzen gegründet sein sollte.

Cromwell war trotz seines religiösen Fanatismus Opportunist. Auch er wartete ab, um seinen Interessen gemäß verhandeln zu können. Schließlich waren die Schotten der hinhaltenden Politik Karls I. 19

und der Streitereien der Engländer müde
und lieferten den König im Januar 1647
den Abgesandten des Parlamentes aus. Sobald die Abgeordneten ihren königlichen
Geisel übernommen hatten, legten sie offen
ihre Forderungen dar. Sie wollten Karl I.
nur unter den folgenden Bedingungen anerkennen: Unterzeichnung des Covenant,
Abschaffung der Bischofswürde, Abtretung
des Oberkommandos über Heer und Marine an das Parlament, Entlassung der
überzeugten Royalisten und die Übertragung der Ernennung zu den höchsten
Staatsämtern an das Parlament. Die Erfüllung dieser Forderungen bedeutete die un-
eingeschränkte Autorität des Parlamentes
hinter einer monarchistischen Fassade. Der
König sagte weder ja noch nein, versuchte
seine Partner zu überlisten, suchte Aus-
flüchte und begann erneut, mit allen Parteien zu verhandeln, weil er sich in dieser
Lage als unersetzlichen Schiedsrichter betrachtete. Es war ihm bekannt, daß das
Parlament die Armee Cromwells entlassen
wollte, um sich der gefährlichen Independenten zu entledigen. Es sollte eine neue
Armee mit gemäßigteren presbyterianischen
Offizieren aufgestellt werden, die den
Zielen des Parlamentes ergeben waren.
London bewaffnete wieder seine Bürger-
miliz. In diesem Augenblick besetzte
Cromwell mit 20 000 Mann die Stadt, und
Fairfax wurde zum Konnetabel ernannt.

**Das Rumpfparlament,
Prozeß und Tod des Königs**

Der König war nun in Hampton Court*
Gefangener der Armee Cromwells. Er
wurde gut behandelt und nahm seine Intrigen wieder auf. Es war ihm bekannt,
daß das Parlament Cromwell fürchtete. Er
nahm deshalb Verbindung zu den Abgeordneten auf, während die Beziehungen
zwischen dessen Armee und dem Parlament
sich schnell verschlechterten. Im November 1647 hatte Karl I. das Vertrauen aller
Parteien verloren und entfloh auf die Insel
Wight*. Diesmal rief er die Schotten zu
Hilfe und versprach, das Presbyterianertum
einzuführen, wenn sie ihm wieder den
Thron verschafften. So hoffte er, Cromwell

(Photo Freeman)

bedeutende Persönlichkeiten, sogar unter den entschlossensten Gegnern des abgesetzten Königs, fürchteten für die Zukunft, und Cromwell versuchte, sie zu beruhigen: »Ich sage euch, daß wir seinen gekrönten Kopf abschlagen werden, und keiner wird etwas dabei finden.« Karl I., der tatenlos die Hinrichtung Straffords und Lauds hingenommen hatte, zeigte jetzt eine vorbildliche Haltung. Als König trat er seinen Richtern entgegen und bestieg gefaßt das Schafott. Er half sogar dem Henker, sein Haar unter der Seidenkappe zu ordnen. »Ich werde ein kurzes Gebet sprechen und dann die Hände ausbreiten, und dann...« Am 30. Januar 1649 fiel der Kopf des Königs Karl I.

Die Republik, der Krieg gegen Irland und Schottland

Der Tod des Königs löste nicht alle Probleme. Nur mit einem ungewöhnlichen Maß an Mut und Kaltblütigkeit konnte eine Lage gemeistert werden, die das ganze Land in Anarchie zu stürzen drohte. Die Bevölkerung war über die Hinrichtung empört, die Presbyterianer beharrten in ihrer feindseligen Haltung, die »Gleichmacher« erkannten keine Behörde an und predigten die Revolution. Die Kriegsmarine war durch Meutereien gelähmt. Schließlich griffen die Schotten und die Irländer für den Sohn des hingerichteten Königs, den jungen Karl II.*, zu den Waffen. Die Armee blieb jedoch ihrem Führer Cromwell treu, und es gab niemanden, der einen Waffengang mit dieser Elitetruppe wagen konnte. Zunächst stattete das Rumpfparlament, das ganz unter dem Einfluß Cromwells stand, England mit einer neuen Verfassung aus. Ein Staatsrat aus 41 Mitgliedern, zu denen Cromwell gehörte, übernahm die Regierung. Man rief die Republik aus, den »Free State and Commonwealth«, ein Begriff, den man aus der Bibel ableitete. Man erklärte ihn als die »Republik der Gerechten«. Cromwell begann, den Lehren der »Gleichmacher« entgegenzutreten. »Wenn wir diese Männer nicht vernichten«, erklärte er vor dem Staatsrat, »ist es unser Ende.« Das beste Mittel, um

und das Parlament, die sich gegenseitig lähmten, besiegen zu können. Er erlag darin einem folgenschweren Irrtum. Vor der neuen Gefahr schlossen sich Schotten und Königstreue zusammen. Im August 1648 vernichtete aber die schlagkräftige Armee Cromwells die schottischen Truppen bei Preston*. Nach diesem erneuten Sieg war Cromwell überzeugt, Herr der Lage zu sein. Im Dezember 1648 besetzte er London und entfernte aus dem Unterhaus alle ihm nicht genehmen Mitglieder. Aus dem Langen Parlament wurde nach dem Ausscheiden von 150 presbyterianischen Abgeordneten, die entweder verbannt oder verhaftet wurden, das sogenannte Rumpfparlament.

Ein hervorragend durchdachter Handstreich führte zur Verhaftung Karls I. auf der Insel Wight. Cromwell war überzeugt, daß er zu Lebzeiten des Königs niemals vollkommene Handlungsfreiheit erringen könnte, da die Opposition sich immer um den Monarchen gruppieren würde. Es ist nicht mehr zu ermitteln, ob er den Terror einleiten oder die Brücken hinter sich abbrechen wollte. Jedenfalls befahl er unter einer angeblich »göttlichen Eingebung«, den Prozeß gegen den König zu eröffnen. Die öffentliche Meinung war jedoch für ein derartiges Vorgehen gegen einen König

von Gottes Gnaden nicht vorbereitet. Viele

*Der englische König Karl II.
war durch seine Mutter
ein Enkel Heinrichs IV. von Frankreich.
Er war stets guter Laune, verstand zu leben
und neigte zum Katholizismus.
National Portrait Gallery, London.*

das Ansehen einer Regierung zu erhalten, ist ein siegreicher Feldzug, und auf dem Schlachtfeld findet eine Armee schnell ihren inneren Zusammenhalt wieder. Seit dem Massenmord an den Protestanten im Jahre 1641 hielten die irischen Katholiken das Land fest in ihrer Hand. Nach seiner Ernennung zum Oberbefehlshaber in Irland warf Cromwell die aufständischen Iren von 1649 bis 1650 nieder. Die gräßlichen Blutbäder von Drogheda* und Wexford* bezeichneten den Anfang dieser seltsamen »Befriedung«.

Versklavung und Verbannung besiegelten das Schicksal der Nachbarinsel. Die Katholiken mußten ihre Ländereien verlassen. Nur die Provinz Connaught* westlich des Shannon* blieb ihnen vorbehalten. In allen anderen Provinzen wurden die Landgüter an britische Protestanten aufgeteilt. Die nicht ausgewanderten Iren waren zu einem armseligen Dasein als Pächter verurteilt und unterstanden dem anglikanischen Klerus. Dann räumte Cromwell mit der Bedrohung durch Schottland auf. Karl II. hatte die Lehren aus dem politischen Bankrott seines Vaters gezogen und unterschrieb nach seiner Landung in Schottland den Covenant. Cromwell setzte dem Einmarsch der Schotten nach England keinen Widerstand entgegen, um sie dann 1651 bei Worcester* vernichtend zu schla-

gen. Karl II. floh auf den Kontinent. Schottland wurde besetzt und mit England vereinigt. Als London Cromwell zujubelte, bemerkte er zu seinen Offizieren: »Es würden noch viel mehr Leute auf der Straße sein, um mich hängen zu sehen.«

Die Diktatur Cromwells

Die Armee stand dem Rumpfparlament nach wie vor feindlich gegenüber. Die Soldaten zeigten keinerlei Neigung, friedlich in ihre Heimat zurückzukehren. 25 000 Krieger waren fest entschlossen, eine neue militärische Aristokratie zu bilden, und davon überzeugt, daß ihr Glaube und ihre Tapferkeit diesen Anspruch rechtfertigten.

Ein Skandal folgte jedoch auf den anderen. Viele Abgeordnete waren zu schnell zu Geld gekommen. Im April 1653 ließ Cromwell das Unterhaus besetzen. Er nahm seinen Abgeordnetensitz ein und hörte der Lesung eines Gesetzes zu, das die Ausnahmerechte des Parlaments verlängern sollte. Schließlich sprang er ungeduldig auf und rief: »Schluß mit diesem Geschwätz!« Dann bezeichnete er die Abgeordneten als Säufer und Kriegsgewinnler und befahl: »Verschwindet, ich will nichts mehr von euch hören!« Die Soldaten räumten den Sitzungssaal und schlossen die Türen des Unterhauses. Ein Witzbold hing ein Schild »zu vermieten« auf. Cromwell berief aus den Reihen der Independenten 150 »gottesfürchtige« Abgeordnete. Dieses »Barebone-Parlament« das nach einem seiner Mitglieder namens Barbon so benannt wurde, verbrachte seine Zeit mit sinnlosen Verhandlungen und löste sich schließlich selbst auf.

Die hohen Offiziere des Heeres verfaßten eine »Regierungsakte«, durch welche die Macht einem Lord-Protektor, einem Rat und dem Parlament übertragen wurde, dem die Gesetzgebung für das ganze Land, einschließlich Schottland und Irland, zustand. Cromwell verstand sich nicht mit seinen neuen Abgeordneten, die ein Aufsichtsrecht über die Armee verlangten und sich in religiösen Fragen intolerant zeigten, während der Lord-Protektor aus politi-

23

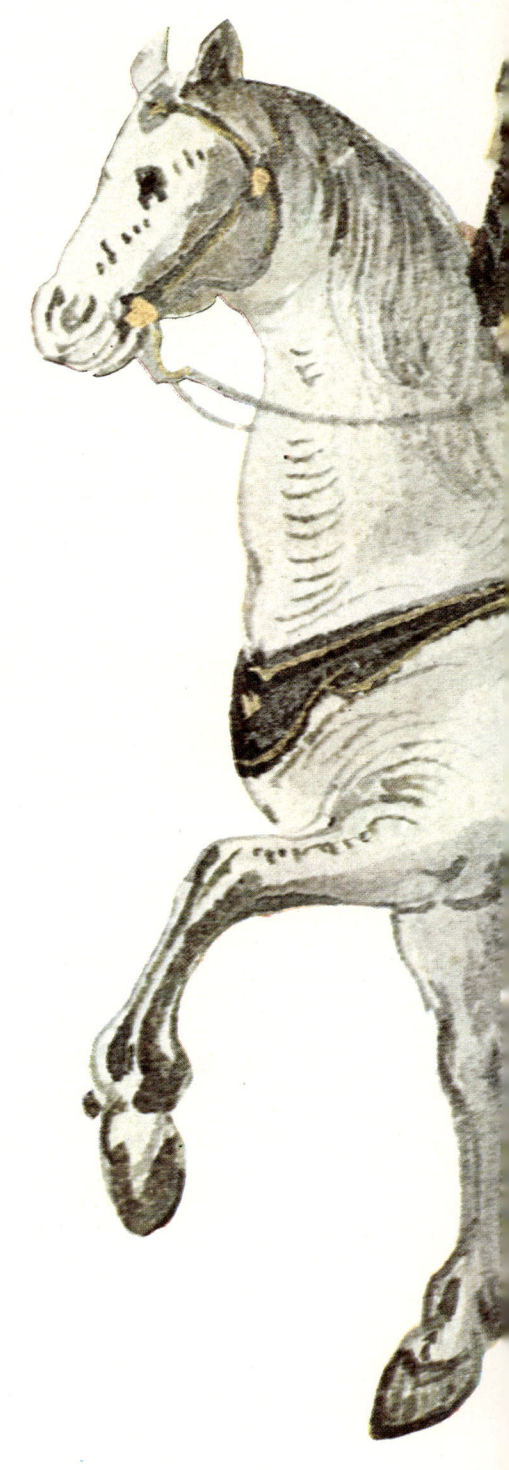

schen Gründen eine weniger starre Haltung einnahm. Schließlich kam es zu einer ausgesprochenen Militärdiktatur. Das Land wurde in Bezirke eingeteilt, die jeweils von einem Generalmajor befehligt wurden.

Cromwell und die Puritaner kontrollierten jede Lebensäußerung des Landes. Theateraufführungen, insbesondere die Werke Shakespeares, wurden untersagt. Man verlangte Nüchternheit und Einfachheit. Trotzdem blieb Cromwells Macht unangefochten bis zu seinem Tod. Unter Admiral Blake* war wieder eine mächtige Kriegsflotte aufgebaut worden. 1651 hatte die Navigationsakte erneut Vorschriften aus der Regierungszeit Richards II. aufgegriffen, nach der unter ausländischer Flagge fahrende Schiffe in England nur Waren ausladen durften, die in ihrem Herkunftsland hergestellt worden waren. Die Navigationsakte war vor allem gegen die Holländer, die »Fuhrleute der Meere«, gerichtet, die Verbindungen zwischen allen Häfen unterhielten. Dieses Gesetz war die Ursache des Krieges gegen die Niederlande, der vor allem von der auf die gefährlichen Konkurrenten eifersüchtigen Stadt London gebilligt wurde. Von 1652 bis 1654 zeichnete sich bei den Kämpfen keine Entscheidung ab, aber der Handel der Vereinigten Niederlande litt schwer unter den Angriffen der britischen Kaperkreuzer. Die britische Handelsmarine erlebte einen ungeheuren Aufstieg. Cromwell verbündete sich mit Mazarin gegen Spanien. Die Engländer eroberten 1655 Jamaika, und ihre Truppen kämpften 1658 an der Seite der Franzosen in der erbitterten Schlacht bei Dünkirchen*. Als Gegenleistung erhielt England Dünkirchen. Die britische Flotte verbreitete Furcht und Schrecken im Mittelmeer. Blake beschoß Tunis, um die nordafrikanischen Seeräuber zu bestrafen, und Cromwell schmeichelte dem englischen Nationalstolz mit dem Wort: »Ich werde den Namen Englands so groß machen wie denjenigen Roms in seinen besten Tagen.« Aber alle diese Kriege und Feldzüge kosteten viel Geld. Das gleiche galt für die Armee, die niemand zu entlassen wagte. In den letzten Monaten seines Lebens versuchte Cromwell, einer Regierungsform festen Bestand zu verleihen, die ohne seine Person bereits zusammengebrochen wäre. Vielleicht dachte er daran, für sich selbst die Monarchie wiederherzustellen. Er ernannte seinen Sohn, Richard Cromwell*, vor seinem Tod im September 1658 zu seinem Nachfolger.

(Photo John Webb)

Die Wiederherstellung des Stuartkönigtums

Der schwächliche Richard Cromwell trat schon nach 19 Monaten von der politischen Bühne ab. Es standen sich nunmehr die Republikaner der Stadt London, die immer noch ihrer Regierungsform und ihrem Langen Parlament nachtrauerten, und die Armee unter der Führung des Generals Monk* gegenüber. Im Hintergrund versuchte König Karl II., das Zünglein an der Waage zu spielen. Monk war

25

es klar, daß zwischen der Militärdiktatur und einer parlamentarischen Anarchie die Restauration des Königtums die einzig mögliche Lösung darstellte. Durch seine Vermittlung kehrte im Jahre 1660 Karl II. im Triumph nach England zurück. Der König besaß sicherlich weder die adlige Gestalt noch die Persönlichkeit seines Vaters. Er war vergnügungssüchtig und darin ein würdiger Enkel Heinrichs IV. Trotz aller Bemühungen seiner Verwandtschaft weigerte er sich, zum Katholizismus überzutreten.

Die Sorge um seinen Thron war für ihn wichtiger als Glaubensfragen. Er hatte seiner Meinung nach genug gelitten und wollte nun sein Leben genießen. Blumen und Jubel empfingen ihn, als er nach London zurückkehrte. Karl II. fragte angesichts dieser Begeisterung spöttisch, warum er so lange weggeblieben sei. Der König brachte Frieden, aber auch eine Lockerung der Sitten in das Königreich

zurück. Nach so viel Puritanismus leistete man sich nun einige Freiheiten.

Der König war ganz mit seinen Vergnügungen beschäftigt und begnügte sich mit dieser Rolle. Die Regierungsgeschäfte überließ er seinem Minister Clarendon*, der durch ein Amnestiegesetz die schlimmsten Erinnerungen an die Kämpfe der Vergangenheit auslöschte. Man richtete aber dreizehn Abgeordnete hin, die des Königsmordes beschuldigt wurden. Der Leichnam Cromwells wurde ausgegraben und an einen Galgen gehängt. Man wählte ein neues Parlament. Da es königstreu und anglikanisch war, nannte man es das »Kavaliersparlament«. Karl II. wollte um jeden Preis neue »Auslandsreisen« vermeiden und erklärte sich freiwillig bereit, mit den Abgeordneten zusammenzuarbeiten. Aber die Unbekümmertheit des »Schlaraffenkönigs«, wie Clarendon ihn zu nennen pflegte, war häufig nur vorgetäuscht. Er warf seinem Minister vor, daß dieser seine

(Photo Brompton)

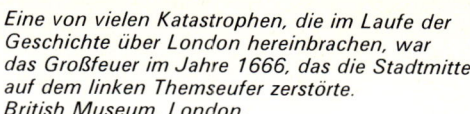
Tochter mit des Königs Bruder Jakob, dem zukünftigen Jakob II., verheiratet hatte. Die furchtbare Pestepidemie, die 1664 70 000 Einwohnern der Stadt London das Leben kostete, der verheerende Brand, der zwei Jahre später die Stadt zerstörte, und schließlich ein Angriff der holländischen Flotte, die das Mündungsgebiet der Themse verwüstete, legte das Volk dem alten, anspruchslosen Clarendon zur Last, der nach dem Frieden von Breda 1667 entlassen wurde. Zum Ausgleich eroberten die Engländer in Amerika Neu-Amsterdam, das man zu Ehren des Bruders des Königs, des Herzogs von York, New York* nannte.

Die Testakte

Nachdem sich Karl II. der Vormundschaft seines weisen Ministers entledigt hatte, versuchte er allmählich, die Regierungsgewalt selbst zu übernehmen. Er verfolgte Presbyterianer und radikalprotestantische Puritaner, deren geistige Unabhängigkeit ihn störte. Er beabsichtigte, die Katholiken zu begünstigen, aber das Parlament reagierte entschlossen und zwang ihm die Testakte auf, durch die alle öffentlichen Ämter den Anglikanern vorbehalten blieben. Jakob von York, der Bruder des Königs, der sich zum katholischen Glauben bekannte, mußte das Oberkommando der Marine abgeben. Seit der Pest im Jahre 1664 war im Volk die alte Furcht vor den »Papisten« wieder aufgeflackert, die man für alle Katastrophen verantwortlich machte. Diese Frage enthielt politischen Zündstoff. Die Freunde des Königs wurden versteckter Sympathie für den Katholizismus beschuldigt, ihre Gegner belegten sie mit dem Schimpfnamen »Tories«: ursprünglich irische katholische Partisanen. Die Royalisten nahmen den Fehdehandschuh auf und nannten ihre Gegner »Whigs«, eine Abkürzung von »whigamores«, den puritanischen Bauern Westenglands.

Im Jahr 1679 brachte das Unterhaus in die englische Gesetzgebung die berühmte Habeaskorpusakte ein, die es verbietet, einen Bürger länger als zwanzig Tage in Haft zu halten, ohne ihn einem Richter vorzuführen. Dieses Grundgesetz jeder Demokratie sollte den einzelnen vor Willkürakten schützen. Karl II. ließ jedoch bald die Maske fallen. 1681 löste er das Parlament auf. Er benötigte dessen Kredite nicht mehr, denn Ludwig XIV., sein Verbündeter, unterstützte ihn mit Geldmitteln als Gegenleistung für die englische Hilfe gegen die Vereinigten Niederlande. Dieses Mal reagierte das englische Volk nicht auf das absolutistische Vorgehen des Königs, denn die Erinnerung an den Bürgerkrieg war noch zu lebhaft. Die Whigs wurden überall verfolgt. Die Treue zum König war das erste Gebot. Karl II. konnte nun ungestört regieren. Auf dem Totenbett erhielt er die Letzte Ölung von einem katholischen Priester. Es scheint jedoch, daß er sich über die Zukunft seines Reiches keine Illusionen machte. Er sagte voraus, daß der neue König, sein Bruder Jakob II., bald ebenfalls eine »Auslandsreise« unternehmen werde.

27

Wilhelm I., Prinz von Oranien-Nassau, war ein entschlossener Gegner der Spanier im letzten Viertel des 16. Jahrhunderts. Der Prinz wurde schließlich ein Opfer seines Kampfes, aber er befreite die Vereinigten Niederlande von der spanischen Vorherrschaft. Porträt von Adriaen Thomasz. Rijksmuseum, Amsterdam.

DIE VEREINIGTEN NIEDERLANDE

Im Jahre 1648 erkannten Spanien und das Reich nach langjährigen Kämpfen gegen die aufständischen Niederlande die Unabhängigkeit der Vereinigten Niederlande an. Dieser Staat bestand aus sieben Provinzen. In zweien von ihnen, nämlich Holland und Seeland, wohnte weit über die Hälfte der Gesamtbevölkerung. Außer den sieben Provinzen Holland, Seeland, Utrecht, Geldern, Overijssel*, Friesland und Groningen* gehörten zum neuen Staatsverband die Provinzen Drente*, Limburg und Nordbrabant*, die man den Habsburgern abgenommen und unmittelbar den Generalstaaten unterstellt hatte. Die Provinzen behielten ihre Eigenständigkeit. Die Grundlage der Selbstverwaltung bildeten die Ratsherrenkollegien der Städte, denen ein Bürgermeister vorstand. Ein sogenannter Pensionär war für die öffentliche Ordnung verantwortlich. Jede Provinz entsandte Stadt- und Landabgeordnete zu den Generalstaaten, denen die gesamte Legislative und ein Teil der Exekutive zukam. Die Leitung dieser Landtage übte ebenfalls ein Pensionär aus. Die Truppen und die Polizei befehligte der Statthalter. 25 bis 40 Vertreter der Provinzen bildeten in Den Haag* mit dem Ratspensionär und dem Generalstatthalter die Generalstaaten. Holland, als wichtigste der Provinzen, stellte den Ratspensionär und den Generalstatthalter, der stets aus der deutschen Dynastie Oranien-Nassau, der Familie des Helden der Unabhängigkeitskriege, Wilhelm von Oranien, gewählt wurde.

Oranier und Republikaner

Zu Anfang des 17. Jahrhunderts übte das Bürgertum auf allen Ebenen die Regierungsgewalt aus. Es entstand jedoch sehr schnell ein Gegensatz zwischen dem reichen Großbürgertum und dem Adel, der hinter den Fürsten von Oranien stand. Die Bürger Hollands schlossen sich zu einer republikanischen Partei zusammen, deren Programm auf die Interessen der Kaufleute, Reeder und Bankiers abgestimmt war. Die Bürgerschaft stand dem Adel, den sie als dekadent bezeichnete, feindlich gegenüber und betrachtete die Republik als die einzige gerechte und vernünftige Regierungsform. Sie verurteilten eine zu weit gehende Zentralisierung der Staatsgewalt, da diese militärische Machtgelüste der Familie Oranien begünstigte, und forderten einen Bundesstaat, in dem Holland durch seinen Reichtum und seine Industrie eine bevorzugte Stellung einnehmen sollte. Ihre oberste Forderung war der Frieden als unabdingbare Voraussetzung für das Gedeihen des Handels und der Wirtschaft. Ihre Gegner schlossen sich in der Partei der Oranier zusammen. Zu Zeiten Wilhelms von Oranien stützte sich die Familie Oranien-Nassau auf den liberal gesinnten und gebildeten Adel von Antwerpen und Brabant. Nach der Rückeroberung dieser Gebiete im Jahre 1579 durch die Habsburger wurde der Sohn Wilhelms, Moritz von Oranien, von dem sehr viel ärmeren und daher auf das Bürgertum neidischen Adel des Ostens und dem Proletariat der Seeleute und Kleinhandwerker unterstützt, denen die privilegierten Gesellschaftsschichten keinerlei politische Rechte zuerkennen wollten. Auf innenpolitischem Gebiet war das Ziel der Oranier eine verstärkte Zentralisierung, um dem Adel seine Führungsrolle in der Gesellschaft und dem Statthalter die Rechte eines absoluten Herrschers zu sichern. Auf außenpolitischem Gebiet gab die Partei der Oranier, im Gegensatz zu den lokalpatriotischen und häufig egoistischen Zielen der Republikaner der Landesverteidigung den Vorrang und predigte den Krieg gegen Spanien. Neben dem politischen Kampf zwischen diesen beiden Parteien verlief ein religiöser Konflikt zwischen radikalen und reformierten Kalvinisten. Die erste Richtung, die man nach dem Universitätsprofessor Franz Gomar* aus Leiden* Gomaristen nannte, hielt sich streng an die kalvinistische Prädestinationslehre, verlangte die zwangsweise Zugehörigkeit zum reformierten Bekenntnis und die Einrichtung einer regelrechten Staatskirche auf dem gesamten Gebiet der Vereinigten Niederlande. Gomar verurteilte nicht nur den Wucher, sondern auch das Geldverleihen gegen Zinsen und gefährdete so das Vermögen und die Erwerbstätigkeit vieler holländischer Bürger. Aus diesen Gründen schlossen sie sich

29

*Der von den Spaniern 1609 unterzeichnete
Waffenstillstand kam einer Anerkennung der
Souveränität der Vereinigten Niederlande gleich.
Diese Ereignis wurde begeistert gefeiert.
Rechts: Ländliches Fest von Adriaen van de Venne.
Holländische Schule. Louvre, Paris.*

*Philipp Wilhelm von Nassau (unten) hatte großen
Anteil am Aufbau der Vereinigten Niederlande,
die das spanische Joch abgeschüttelt hatten.
Nationalbibliothek, Paris.*

einem anderen Theologen namens Arminius an, der einen gemäßigteren und weltoffeneren Kalvinismus lehrte und der religiösen Unabhängigkeit jeder einzelnen Provinz das Wort redete.

Im Verlaufe der Jahre, die auf die volle Unabhängigkeit der Vereinigten Nieder-

(Photo Josse)

lande folgten, bestimmte die republikanische Partei die Politik. An ihrer Spitze stand zu dieser Zeit ein außerordentlich begabter und auf die Interessen seiner Provinz bedachter Mann, der Ratspensionär Oldenbarnevelt*. Gegen den Widerstand des Moritz von Oranien hatte er im April 1609 die Unterschrift unter den zwölfjährigen Waffenstillstandsvertrag mit Spanien erzwungen, der den neuen protestantischen Staat anerkannte und ihm das Recht zugestand, überall und unbehindert

Handel zu treiben. Dieser Waffenstillstand gab den Auftakt für eine wirtschaftliche Wachstumsperiode Hollands, die mit dem Aufbau eines Kolonialreiches Hand in Hand ging. Die republikanische Partei beging aber den Fehler, sich nicht um die Armee zu kümmern und sie unter der ausschließlichen Kontrolle des Adels und des Generalstatthalters zu belassen. 1614 verbot Oldenbarnevelt angesichts der immer heftiger werdenden Konflikte zwischen Gomaristen und Arminianern die weitere Verbreitung der gomaristischen Lehre in Holland.

Drei Jahre später unterstützte Moritz von Oranien aus politischen Gründen die extremen Kalvinisten. Gegen den Widerstand der Provinz Holland gelang es ihm, die Mehrheit der Generalstaaten zur Einberufung einer Nationalsynode zu veranlassen. Vor dem Zusammentritt der Kirchenversammlung ließ er Oldenbarnevelt hinrichten. Die republikanische Partei war nun führerlos. Moritz benutzte diese Lage 31

und ernannte einen ihm ergebenen Pensionär, dem jedoch jegliche Tätigkeit auf außenpolitischem Gebiet untersagt wurde. Er machte sich in kurzer Zeit die Generalstaaten gefügig, deren Unterwürfigkeit so weit ging, daß sie die Erblichkeit der Ämter der Familie Oranien-Nassau anerkannten. Der Sieg der Oranier war vollständig. Als im Mai 1619 die Synode von Dordrecht die Arminianer als Ketzer und die Theologie Gomars als allein verbindlich erklärte, fiel zeitlich mit dem Sieg der Oranier das Ende des zwölfjährigen Waffenstillstandes zusammen. Als Gegenleistung

für die Verlängerung der Waffenruhe forderte König Philipp III. von Spanien die Freiheit der Religionsausübung für die Katholiken in den Vereinigten Niederlanden, die Wiedereröffnung der Scheldemündung, eine Maßnahme, die das Wiedererstarken von Antwerpen zum Nachteil Amsterdams und der übrigen holländischen Häfen bedeutete, und schließlich den Verzicht der Vereinigten Niederlande auf den Indienhandel. Die beiden letzteren Bedingungen, die einem Todesurteil für Holland gleichkamen, gaben der Oranierpartei, die seit langem den Krieg gegen Spanien wie-

Im Jahre 1648 erkannten die Spanier
offiziell die Unabhängigkeit
der Vereinigten Niederlande an.
Der Maler Bartholomäus van der Helst
schuf das Bild des Festmahls
der Bürgergarde der Stadt Amsterdam zur Feier
der Unterzeichnung des Friedens von Münster.
Rijksmuseum, Amsterdam.

deraufnehmen wollte, eine Handhabe, die
überwiegende Mehrheit der Bevölkerung
auf ihre Seite zu ziehen. So traten 1621
nach dem Bruch mit Madrid die Vereinigten Niederlande in den Dreißigjährigen
Krieg ein, in dessen Verlauf die Familie
Oranien-Nassau sich wiederholt auszeichnete. Allerdings begann der Krieg mit einigen Rückschlägen, wie die Eroberung von
Breda durch Spinola im Jahre 1625. Friedrich Heinrich von Oranien trat im gleichen Jahr an die Stelle seines Bruders
Moritz und erkämpfte für die Vereinigten
Niederlande eine eindrucksvolle Reihe mili-

tärischer Erfolge. Als Verbündeter Frankreichs eroberte er 1637 Breda zurück und vernichtete die spanische Flotte bei Dover.

Aber die wirtschaftliche Blüte der Vereinigten Niederlande hatte in den zwanzig Kriegsjahren sehr gelitten. Es fiel daher dem niederländischen Bürgertum nicht schwer, einen Separatfrieden mit Spanien zu erzwingen. Nach einem 80 Jahre mit Unterbrechungen währenden Krieg erkannte Spanien in Münster endgültig die Unabhängigkeit und die Souveränität der Vereinigten Niederlande an, willigte in die Blockade der Scheldemündung und damit in den wirtschaftlichen Niedergang der Stadt Antwerpen ein, öffnete den holländischen Kaufleuten die spanischen Häfen und verlangte nur die Religionsfreiheit für die Katholiken. Inzwischen war Wilhelm II. von Oranien* auf seinen Vater Friedrich Heinrich gefolgt, aber er starb schon 1650 nach dreijähriger Regierungszeit. Der Erbe war sein erst wenige Monate alter Sohn, der spätere Wilhelm III. Die Generalstaaten benutzten diese Gelegenheit, um wieder ihre politische Vorherrschaft zu erringen.

Jan de Witt

Sofort nach der Machtübernahme kehrte
man unter dem Antrieb des Bürgertums
zur politischen Struktur der Zeiten Oldenbarnevelts zurück. Die Generalstaaten besaßen wie früher das politische Übergewicht, die Vereinigten Niederlande wurden
erneut stark dezentralisiert, und jede Republik erhielt weitgehende Unabhängigkeit.
Das Amt des Statthalters war unvereinbar
mit jeglicher militärischen Machtausübung
und wurde in der Provinz Holland sogar
ganz abgeschafft.

Der Ratspensionär, der nach alter Über-
lieferung gleichzeitig der Parteiführer der
Republikaner war, wurde wieder mit der
Macht ausgestattet, die sein Amt zur Zeit
Oldenbarnevelts gekennzeichnet hatte. Am
30. Juli 1653 wurde in dieses hohe Amt
ein junger Bürger gewählt, der aus einer

holländischen Familie stammte, die seit
dem 15. Jahrhundert eine führende Rolle
in Handel und Bankwesen gespielt und
der Republik viele hohe Beamte geschenkt
hatte. Er gehörte zur Familie de Witt
und wurde 1625 in Dordrecht geboren.
Zunächst war er Pensionär seiner Heimatstadt und dann Abgeordneter in den Staaten der Provinz Holland. Jan de Witt*
zeigte sich nicht nur weltoffen und duld-
sam, sondern besaß auch eine umfassende
literarische und philosophische Bildung
sowie großes politisches Verantwortungsgefühl.

Unter seiner Führung kehrte der Wohlstand nach Holland zurück. Das geistige
und künstlerische Leben erreichte seinen
Höhepunkt, die persönliche Freiheit und
die religiöse Toleranz waren unantastbar.
Auf außenpolitischem Gebiet bezeichnete
die Rivalität zwischen England und den

35

Seeschlacht in der Sole Bay, nach Willem van de Velde dem Jüngeren. Rijksmuseum, Amsterdam.

Vereinigten Niederlanden den Beginn des Verfalls der holländischen Vorherrschaft. Nach der Revolution von 1648 erkannte Cromwell, daß die Verteidigung der wirtschaftlichen Interessen der britischen Kaufleute und Reeder eines der wirksamsten Mittel war, seine Macht im Inneren zu festigen. Schon seit langer Zeit kämpften beide Länder um die Vorherrschaft im Handel mit Ost- und Westindien.

Zunächst hatten die holländischen Gesellschaften die Oberhand behalten und spitzten den Konflikt noch weiter zu, indem sie die ehemaligen portugiesischen Besitzungen übernahmen. Wir haben bereits erwähnt, daß Cromwell mit der Navigationsakte von 1651 den holländischen Schiffen verbot, englische Häfen und Kolonien anzulaufen, wenn sie Waren beförderten, die nicht in den Vereinigten Niederlanden hergestellt worden waren. Ein erster Seekrieg endete mit der Niederlage der Niederlande, die 1654 die Navigationsakte und die englische Vormacht anerkennen mußten. Der zweite Krieg, der durch mehrere kühne Unternehmungen der Admiräle Tromp und de Ruyter* auf der Themse gekennzeichnet war, schloß mit dem Kompromißfrieden von Breda 1667. Die Vereinigten Niederlande traten zwar ihre Kolonie Neu-Amsterdam (New York) an England ab, erreichten aber durch mehrere Klauseln eine Milderung der Bestimmungen der Navigationsakte. Die Hauptgefahr bildete das Frankreich Ludwigs XIV., der 1667 die Städte der Spanischen Niederlande, das heißt das heutige Belgien, besetzte. Mit dem Eintritt in die Tripelallianz an der Seite Englands und Schwedens zwangen die Vereinigten Niederlande Ludwig XIV., seine Ansprüche zu mäßigen.

Der französische König war über diesen Schritt erbittert. Er haßte den Kalvinismus und den republikanischen Geist der Niederländer, deren wirtschaftliche Konkurrenz sich für Frankreich als immer gefährlicher erwies und das hauptsächliche Hindernis für ein wirtschaftliches und finanzielles Wiedererstarken Frankreichs bildete, um das sich Colbert bemühte. Er war gezwungen, die im Aufbau befindlichen Industrien, die Werften und die Handelsgesellschaften mit drückenden Zöllen und strengen Gesetzen zu schützen. Schon 1670 waren daher Ludwig XIV. und Colbert entschlossen, den schwelenden Wirtschaftskrieg zwischen den beiden Ländern mit den Waffen auszutragen. Sie brachen England aus der Tripelallianz heraus und ver-

pflichteten es durch den Geheimvertrag von Dover zur Waffenhilfe im Falle eines Krieges gegen die Vereinigten Niederlande. Alle Unternehmungen der holländischen Gesandten auf diplomatischem Gebiet schlugen fehl. Jan de Witt wurde immer unbeliebter bei der Bürgerschaft, die ihm alle Rückschläge seit seiner Amtsübernahme zur Last legte. Im gleichen Maße stieg die Popularität des jungen Wilhelm von Oranien, dem Jan de Witt unter Druck den Titel des Generalkapitäns und Generaladmirals zugestehen mußte.

Der Krieg gegen die Niederlande und die Niederlage der Republikaner

Im März 1672 erklärte Karl II. von England den Vereinigten Niederlanden den Krieg. Am 6. April rückte die französische Armee mit einer Kriegsstärke von 120 000 Soldaten unter Condé, Turenne und Vauban* in das Land der »Krämer und Käsehändler« ein. Trotz aller Bemühungen Jan de Witts war sein Heer für den Krieg nicht gerüstet. Mit 80 000 in aller Eile ausgehobenen, schlecht bewaffneten und geführten Soldaten, kaum organisiertem Nachschub und seit Jahren vernachlässigten Festungen war das Land gezwungen, defensiv zu kämpfen. Innerhalb weniger Tage fielen alle Grenzstädte in die Hand des Feindes. Am 12. Juni überschritt die französische Armee den Rhein, und wenige Tage später ergaben sich Arnheim* und Utrecht.

Der Stadtrat von Amsterdam beschloß daraufhin, die Deiche zu öffnen und das Land unter Wasser zu setzen. Die Felder waren sofort überschwemmt, und zwei Jahre lang blieb Holland uneinnehmbar. Trotz des erbitterten Widerstandes der Städte, die entschlossen waren, bis zum äußersten zu kämpfen, schlug Jan de Witt Ludwig XIV. Verhandlungen vor und bot ihm Maastricht*, einige befestigte Städte der Generalstaaten und eine Kriegsentschädigung von zehn Millionen Livre als Gegenleistung für die Anerkennung der politischen Souveränität der Vereinigten Niederlande an. Die Forderungen Ludwigs XIV. gingen jedoch weiter. Er verlangte zusätz-

lich das gesamte Gebiet zwischen Maas und Rhein, die freie Ausübung der katholischen Religion und die Unterzeichnung eines für Frankreich günstigen Handelsvertrages sowie eine Kriegsentschädigung von vierzehn Millionen. In den Niederlanden wuchs die Erbitterung, und man machte Jan de Witt für diese erniedrigenden Bedingungen verantwortlich. Bei einem ersten Attentat wurde er verletzt und mußte sich aus dem politischen Leben zurückziehen. Die Oranier benutzten die Gelegenheit, eifrig für Wilhelm von Oranien zu werben, der überall begeistert empfangen wurde. Die holländischen Städte stimmten nacheinander für die Wiedereinführung der Statthalterschaft.

Im Juli gaben auch die Generalstaaten nach und ernannten Wilhelm von Oranien zum Statthalter, Generalkapitän und Generaladmiral auf Lebenszeit. Seine erste Amtshandlung war die Zurückweisung der Bedingungen Ludwigs XIV., der Abbruch der Verhandlungen und die Wiederaufnahme des Krieges. Er begnügte sich nicht damit, die gesamte Macht in Händen zu halten, sondern ließ es zu, daß Jan de Witt und sein Bruder von der aufgebrachten Menge ermordet und ihre zerstückelten Leichen durch die Straßen von Den Haag geschleppt wurden. Die Staaten verhielten sich passiv und übertrugen dem neuen Statthalter die verlangten Vollmachten.

Die absolutistische Regierung Wilhelms III. von Oranien

Die durch die Überschwemmungen blockierte französische Armee konnte nicht mehr mit einem militärischen Sieg rechnen. Sie war daher 1673 gezwungen, sich aus den Niederlanden zurückzuziehen. Sie hinterließ ein Land, das durch Meerwasser, Brände und schwere Kriegslasten verwüstet war. Trotz der Zerstörungen wollte Wilhelm von Oranien die Niederlage seines Landes rächen und trat dem großen Bündnis bei, das zu dieser Zeit gegen den Sonnenkönig geschlossen wurde und zu dem das Haus Habsburg im Reich, in Spanien und die deutschen Fürsten gehörten. Frankreich blieb jedoch erfolgreich auf

dem Meer, wo Duquesne* vor der sizilianischen Küste siegte, und auch auf dem Kontinent, wo die Freigrafschaft Burgund, das Elsaß und Flandern besetzt wurden. Die Verbündeten waren besiegt und mußten am 10. August 1678 den Vertrag von Nimwegen unterzeichnen. Die Vereinigten Niederlande gingen aus diesem Krieg unversehrt hervor. Ludwig XIV. erkannte ihre Souveränität an und verlangte weder Gebietsabtretungen noch einen Handelsvertrag. Die ehrgeizigen Pläne Colberts waren zunichte geworden. Die Vereinigten Niederlande waren zwar verwüstet, aber sie hatten nicht aufgegeben und ihre Freiheit erfolgreich verteidigt.

Der Prinz von Oranien war ein gefühlskalter Herrscher, der von einem ungeheuren Ehrgeiz verzehrt wurde, aber zugleich eine überragende Intelligenz und einen unfehlbaren politischen Instinkt besaß. Er hatte Maria, die Tochter des Königs Jakob II. von England, geheiratet, des katholischen Stuartkönigs, den seine Untertanen haßten und dessen Tod und damit die Thronfolge seiner protestantischen

Erbin sie kaum erwarten konnten. Diese blieb dem Protestantismus treu. Am 20. Juni 1688 wurde jedoch in England ein Prinz von Wales geboren, wodurch Maria von der Erbfolge ausgeschlossen wurde. Eine katholische Dynastie drohte. Auf Ersuchen der einflußreichsten englischen Adligen landete Wilhelm von Oranien an der Spitze eines Heeres an der englischen Küste, rückte nach London vor, aus dem Jakob II. geflohen war, und berief das Parlament ein. Im Februar 1689 rief dieses Wilhelm und Maria als König und Königin von England aus. Diese friedliche Revolution zeitigte in den Vereinigten Niederlanden sofortige Folgen. Nach dem Frieden von Nimwegen hatte sich eine republikanische Bürgerpartei gebildet, die mit allen Mitteln die Kriegspolitik des Statthalters zu bremsen und seine persönliche Autorität zu untergraben versuchte. Die Widerrufung des Ediktes von Nantes in Frankreich und die Massenflucht französischer Protestanten in alle niederländischen Provinzen führten zu einem unerbittlichen Haß gegen Frankreich und zu einem

40

allgemeinen Mißtrauen gegen die Republikaner, die sich durch ihre Verbindungen mit diesem Lande verdächtig gemacht hatten. Die »Glorreiche Revolution«, durch die Wilhelm von Oranien als Verteidiger des Protestantismus in Europa erschien, bedeutete die endgültige Niederlage der republikanischen Partei und ihr Abtreten von der politischen Bühne.

Wilhelm ließ sich das Recht übertragen, selbst die Stadträte zu ernennen. Die Abgeordneten der Provinzstaaten waren ihm völlig ergeben, und nach einigen Jahren herrschte in den Niederlanden ein regelrechter Despotismus, der zwangsläufig zum Verlust der Unabhängigkeit des Landes führte. Als König von England war Wilhelm III. auf wirtschaftlichem Gebiet gezwungen, alle Maßnahmen aufrechtzuerhalten, die dazu bestimmt waren, dem niederländischen Handel zu schaden: Zollschranken, Navigationsakte und Förderungspolitik für englische Handelsgesellschaften. Auf außenpolitischem Gebiet

blieb das Hauptziel der Kampf gegen Frankreich. Um dieses Ziel zu erreichen, zählte er zunächst auf die Militärmacht Englands und erst in zweiter Linie auf diejenige der Vereinigten Niederlande.

Die Niederlande gerieten also in eine gewisse Abhängigkeit von Großbritannien. Ihre Interessen wurden denjenigen Londons untergeordnet, das die Hauptstadt aller Nationen wurde, die man damals die Seemächte nannte. Wir müssen daher zur Mitte des Jahrhunderts zurückkehren, um das Goldene Zeitalter des Landes zu behandeln, das von 1650 bis 1672 dauerte.

Die Fuhrleute des Meeres

Zu allen Zeiten beruhte der Wohlstand der Vereinigten Niederlande auf dem internationalen Handel. Schon im 15. Jahrhundert befuhren die Seeleute von Friesland, Seeland und Holland die Meere, um den Ertrag ihrer Fischereiflotten in den großen Häfen der Ost- und der Nordsee abzusetzen. Nach dem Niedergang Antwerpens im 17. Jahrhundert entstand im Verlaufe von wenigen Jahrzehnten eine sehr bedeutende Handelsflotte. Die Fahrzeuge wurden aus skandinavischem Holz von hochqualifizierten und billigen Arbeitskräften nach einer sehr vervollkommneten Technik gebaut. Um 1660 stellten die acht- bis neuntausend unter niederländischer Flagge fahrenden Schiffe mehr als die Hälfte der Flotte der gesamten Welt dar.

43

Unten: Je kälter die Winter waren, desto mehr schätzte man das warme Haus. Trotzdem bot das Eis den Bauern ein wenig Abwechslung. Breughel. Kunsthistorisches Museum, Wien.

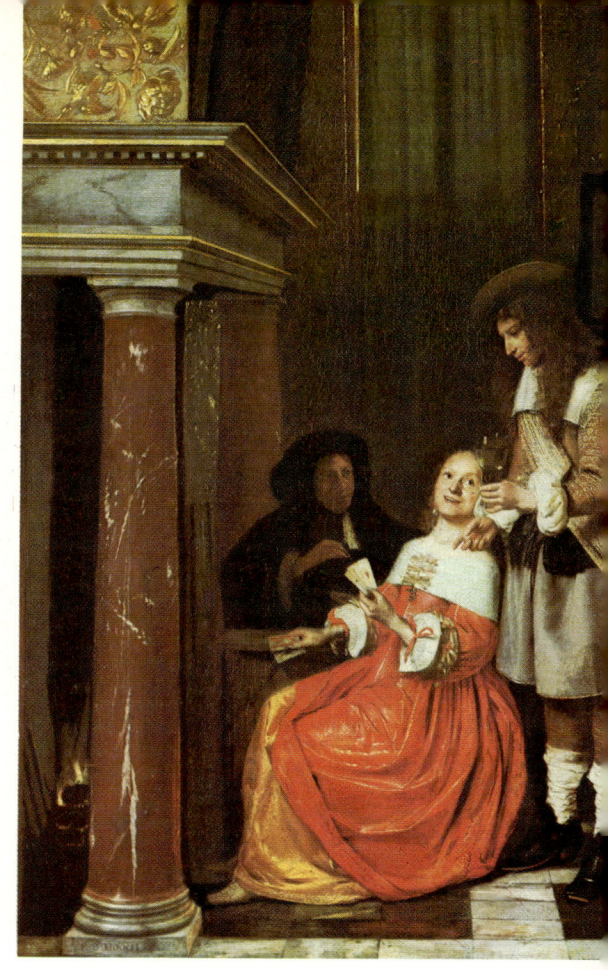

Die Bauweise der holländischen Handelsschiffe erlaubte ihnen, alle Weltmeere zu befahren und sehr niedrige Frachtraten zu berechnen. Einige Schiffahrtsgesellschaften besaßen ein regelrechtes Monopol im Verkehr mit den skandinavischen Ländern. Sie führten Getreide, eingesalzenes Fleisch, Leder, Wolle, Leinen, Hanf, Holz sowie Eisen und Kupfer aus schwedischen Bergwerken ein und verkauften diese Waren in ganz Westeuropa und im Mittelmeerraum weiter. Als Rückfracht erwarben sie Textilien, Luxusartikel, Weine, Öl und Kolonialwaren, die in den nordischen Ländern fehlten. Die Vereinigten Niederlande spielten im 17. Jahrhundert die Mittlerrolle, welche die deutsche Hanse viele Jahre ausgeübt hatte. Außer diesem Frachtmonopol beherrschten die niederländischen Kaufleute durch die Tätigkeit ihrer Vertreter in allen europäischen Häfen weit-

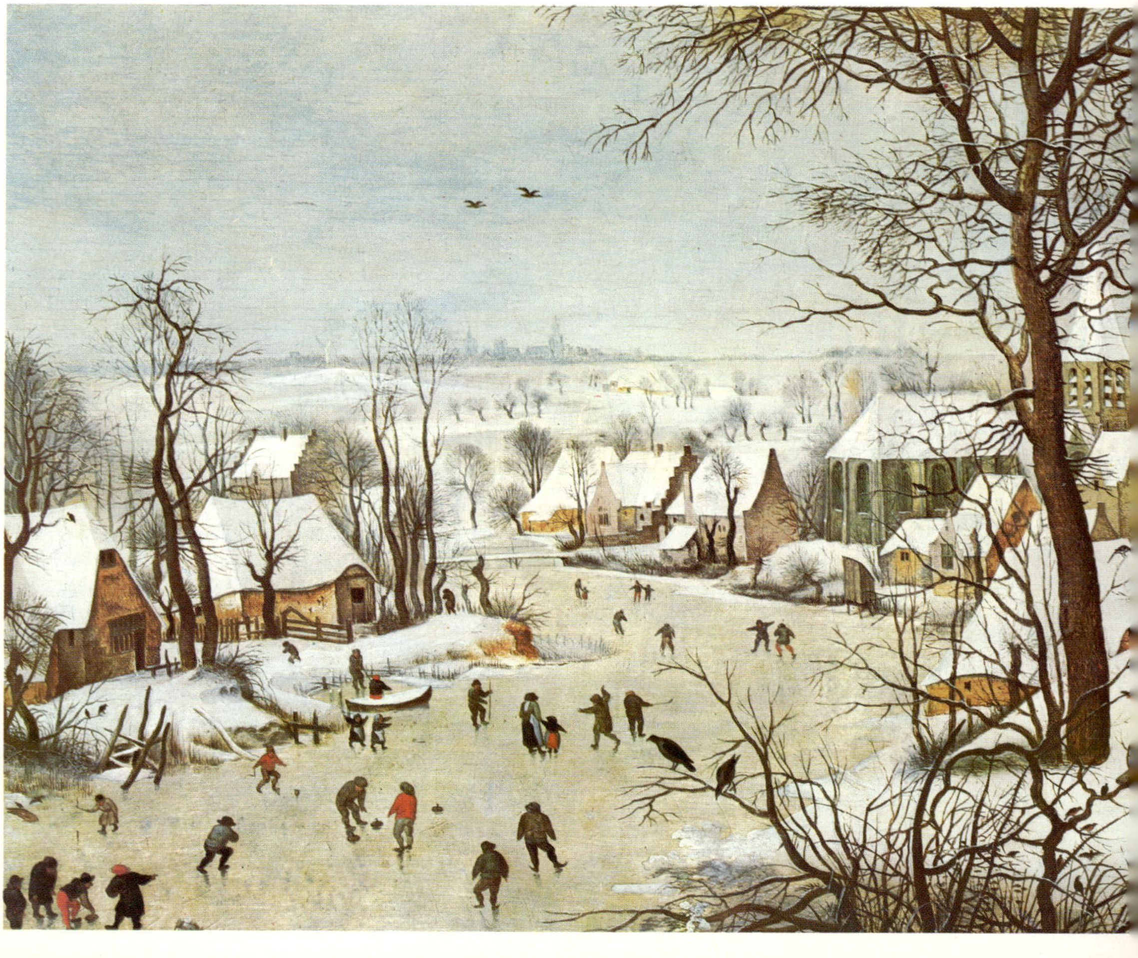

(Photo Josse)

(Photo Erwin Meyer)

Links: Nach dem Vorbild der zarten Gemälde Vermeers bemühte sich auch Pieter de Hooch, Lichteffekte in Innenräumen wiederzugeben. Die »Kartenspieler« boten ihm Gelegenheit, sein Können zu beweisen. Louvre, Paris.

gehend auch das Transit- und Lagergeschäft. In Neapel, Genua und Livorno* lagerten sie die aus dem Vorderen Orient importierten Waren ein, die sie anschließend in ganz Europa weiterverkauften. In Rouen, Bordeaux und Nantes wurden die Waren aus Spanien, England, Frankreich und Portugal umgeschlagen. In den Niederlanden selbst lagerten in ungeheuren Stapelhäusern Vorräte, welche die Händler bei günstiger Konjunktur auf den Markt warfen. Sie waren so in der Lage, die Preise der wichtigsten Güter zu kontrollieren. Dieses Handelssystem beruhte auf einem Kreditwesen, das die erste moderne Großbank, die 1609 gegründete Bank von Amsterdam, aufgebaut hatte. Sie stellte den Händlern zu niedrigen Zinssätzen erhebliche Darlehen zur Verfügung.

Die Kontrolle des Kolonialhandels bildete für die Vereinigten Niederlande eine unerschöpfliche Quelle des Reichtums. Die 1602 für den Handel mit dem Fernen Osten gegründete Holländisch-Ostindische Kompanie wurde zum eigentlichen Begründer des Kolonialreiches. Als Nachfolgerin einer Reihe Gesellschaften von Kaufleuten verfügte dieses gewaltige Unternehmen über ein Aktienkapital von 6 600 000 Gulden, das in den Händen der Großkaufleute und einiger Handelskammern lag, denen auch die Verwaltung oblag. Sie verfügte über eine fast unumschränkte Macht, denn sie besaß das ausschließliche Recht, östlich des Kaps der Guten Hoffnung Handel zu treiben, neue Gebiete in Besitz zu nehmen, Bündnisse abzuschließen und Münzen zu prägen. Andererseits übte der Staat nur einen geringen Einfluß auf die Kompanie aus, deren Abgaben selten drei Prozent erreichten, während die an die Aktionäre ausgeschütteten Dividenden bis zu 25 % anstiegen. Die gesamte Politik der Holländisch-Ostindischen Kompanie bestand in der Einrichtung von Handelskontoren in den eroberten Gebieten. Sie versuchte niemals, das Landesinnere zu kolonisieren, die Bevölkerung zu unterwerfen oder zu missionieren.

Diese oberflächliche Inbesitznahme, die sich später als unzureichend erweisen sollte, war zunächst erfolgreich. Die Ge- 45

Der Zustrom von Kapital hatte Leiden zum Zentrum der Tuchweberei gemacht. Seide, Utrechter Samt und Delfter Fayencen, die chinesisches Porzellan nachahmten, sowie der Schiffsbau rundeten das Bild auf industriellem Gebiet ab. Im Jahre 1670 waren die Niederlande das reichste europäische Land. Die Kriege, in welche es durch Wilhelm von Oranien verwickelt wurde, versetzten seinem Wohlstand schwere Schläge, und die Wirtschaft der Niederlande fiel schließlich auf eine zweitrangige Stufe zurück. Trotzdem wußte sich dieses Volk der Seeleute und Händler eine bedeutende Stellung zu bewahren, die noch bis in unsere Tage wirksam blieb.

Die Heimat der Freiheit

Das 17. Jahrhundert war für die Vereinigten Niederlande nicht nur eine Periode wirtschaftlichen Wohlstandes, sondern

sellschaft gründete Kontore in Java, welches das Zentrum der Kolonisierung des Orients bildete, in Ceylon, am Kap der Guten Hoffnung, in Kanton und Formosa*. Der Pfeffer, der zu Anfang die Hälfte des Wertes der Ladungen stellte, verlor seine Bedeutung zugunsten der Seide und der Baumwolle, die am Ende des 17. Jahrhunderts die wichtigsten Einfuhrgüter darstellten. Die 1621 gegründete Westindische Kompanie eröffnete Niederlassungen in Nordamerika mit Neu-Amsterdam, in Brasilien, in Guinea und auf den Kapverdischen Inseln. Der Verlust dieser Kolonien nach 1650 führte zum schnellen Niedergang dieser Kompanie. Gleichzeitig besaßen die Niederlande die fortschrittlichste Landwirtschaft der damaligen Zeit. Die Brachkultur war vollständig aufgegeben worden. Der Anbau der Futterrübe, die Koppelwirtschaft, die Pflanzenselektion und die Verwendung von Dünger, alle diese Errungenschaften moderner Landwirtschaft wurden von den Engländern im darauffolgenden Jahrhundert übernommen.

46

auch ein Jahrhundert intensiven künstlerischen und geistigen Bemühens. Freiheit und Toleranz, die bis zur Ermordung der Brüder de Witt herrschten, zogen alle großen europäischen Denker an, die in ihrer Heimat keine ähnlichen Arbeitsbedingungen vorfanden. Dieses einzigartige geistige Klima begünstigte die Forschung, wissenschaftliche Auseinandersetzungen, die Geburt literarischer Richtungen und das Aufblühen eines fruchtbaren künstlerischen Schaffens.

Den Rahmen dieses intellektuellen Lebens bildeten die Universitäten. Die 1575 gegründete Universität von Leiden besaß einen weitreichenden Einfluß, sowohl durch ihre philosophische Fakultät, an der so berühmte Lehrer wie Joseph Scaliger* wirkten, wie auch durch die Tätigkeit von Descartes*, der hier von 1629 bis 1649 lebte. Von 1630 an wurden auch Universitäten in Utrecht, Breda und Amsterdam gegründet. Gelehrte, Philosophen und Schriftsteller veröffentlichten unbehindert ihre Werke und ihre Entdeckungen. Viele Juden, die vor der intoleranten Politik Philipps II. von Spanien geflohen waren, ließen sich in Amsterdam nieder, wo sie Verlagshäuser und Buchhandlungen eröffneten und Hunderte von sehr billigen Werken herausgaben, die in ganz Europa Verbreitung fanden. Die bekannte Familie Elzevir* gab in französischer Sprache die »Gazette de Hollande« heraus, die erste freie Zeitung, welche alle großen Fragen der Zeit behandelte und eine internationale Lesergemeinde besaß. Vier Männer haben dieser Zeit ihre Persönlichkeit aufgeprägt und auf ihre jeweiligen Wissenschaften befruchtend eingewirkt. Der Jurist Hugo Grotius* (de Groot), ein extremer Republikaner und ehemaliger Pensionär der Stadt Delft, wanderte nach dem Tode Oldenbarnevelts nach Frankreich aus. Sein Werk »De iure belli ac pacis«, in dem er den Grundsatz der Freiheit der Schiffahrt

Hausmusik.
Gemälde von Jan Miense Molenaer.
Frans-Hals-Museum, Haarlem.

vertrat, war für lange Zeit die Grundlage des Völkerrechts. Den größten Einfluß auf seine Zeitgenossen übte jedoch zweifellos Descartes (Cartesius) aus, dessen Gesamtwerk in Holland geschrieben und veröffentlicht wurde. Der Kartesianismus wurde an allen Universitäten behandelt und bildete den Ausgangspunkt für neue wissenschaftliche Arbeiten. Christiaan Huygens*, Physiker, Geometer und Astronom, war ein Freund von Descartes. Er beeinflußte aber auch den größten holländischen Philosophen, Spinoza. Dieser stammte aus einer portugiesisch-jüdischen Familie, die nach Amsterdam geflohen war. Er wurde in einer jüdischen Schule erzogen und genoß eine betont religiöse Ausbildung.

Nach seiner Bekehrung zum Kartesianismus veröffentlichte er 1665 und 1670 seine beiden großen Werke »Ethica« und »Tractatus theologico-politicus«. In diesem Traktat führte er die Existenz des Staates auf die Freiheit und die Vernunft zurück. Zur Entstehung des Staates führt ein von Einzelmenschen geschlossener Vertrag, der ihre persönliche Freiheit garantiert. Um Spinoza sammelte sich die niederländische intellektuelle Elite, zu der auch die Brüder de Witt gehörten. Nach ihrem Tod ließ die Ausstrahlungskraft der niederländischen Philosophie nach. Auf dem Höhepunkt seiner wirtschaftlichen Macht hatte das Bürgertum auch die höchste geistige Stufe erreicht. Mit der unumschränkten Herrschaft Wilhelms von Oranien und dem Vorherrschen des englischen Einflusses trat eine Wende ein, und die Kultur erlebte eine Zeit des Niedergangs.

Nach der Ankunft der durch den Widerruf des Ediktes von Nantes vertriebenen französischen Protestanten trat zwar eine Wiederbelebung ein, die aber hinter der ersten Blütezeit zurückstand. Dieser Abschnitt war gekennzeichnet durch zahlreiche periodische Veröffentlichungen, die sich an eine europäische Elite wandten, wie die »Nouvelles de la République des Lettres«, die von Pierre Bayle* herausgegeben wurden, oder die »Bibliothèque universelle et historique«, die unter der Leitung von Jean Leclerc* erschien. Außerdem kam es zu einer Wiederbelebung der wissenschaftlichen Theologie.

49

Die niederländische Malerei

Die Kunst und vor allem die Malerei er-
lebten eine ähnliche Entwicklung. Zweifellos hat niemals mehr die Malerei so getreu
eine Kulturstufe widergespiegelt. Diese betont niederländische Kunst wurde in den
ersten Jahrzehnten des 17. Jahrhunderts als
Reaktion gegen die Kunstformen der Gegenreformation geboren. Den überladenen
Barockkirchen des Katholizismus setzten
die Vereinigten Niederlande die schlichte
reformierte Kirche entgegen. Die einfache,
aber behagliche Wohnung des niederländischen Bürgers stand im Gegensatz zur
prachtvollen Wohnkultur der romanischen
Länder, die sich an den Luxus des Hoflebens anlehnte.

Die italienische Malerei des ausgehenden
16. Jahrhunderts hielt an ihren mythologischen und religiösen Themen fest. Die
niederländische Schule war jedoch ganz
auf die Gegenständlichkeit abgestellt. Ihre
Lieblingsthemen waren Szenen aus dem
täglichen Leben, der Familie und der Stadt
sowie Landschaften. Das Kennzeichen dieser Malerei war das Bemühen um Vollkommenheit in Komposition und Zeichnung, die Genauigkeit der Wiedergabe bis
in das kleinste Detail und die Natürlichkeit
des Kolorits. Ihre außerordentliche Entwicklung verdankt sie dem Bürgertum, das
seine Künstler durch zahlreiche Aufträge
unterstützte.

Die Werke von Frans Hals* und Rembrandt haben die ausdrucksvollsten Zeug-
nisse dieses rührigen Bürgertums der Nachwelt überliefert. Hals hatte sich auf
Gruppenporträts, die meist im Rahmen
eines Banketts dargestellt waren, und auf
Wiedergabe besonderer offizieller Anlässe
spezialisiert. In jedem seiner Werke fällt
die Genauigkeit der Zeichnung auf. Der
Gesamteindruck wird häufig durch die
Pracht der Uniformen und der Fahnen
beherrscht. Frans Hals hinterließ außerdem
ungefähr 200 Bildnisse von Persönlichkeiten der Stadt Haarlem*.

In den Werken Rembrandts, deren Mo-
tive meist aus seiner Umgebung stammten,
herrscht der Eindruck des Geheimnisvollen
vor. In seinen großen Bildern wie den
»Staalmeesters«, der »Nachtwache« oder

(Photo Josse)

den »Emmausjüngern« bringt er eine menschliche Größe, die kaum mehr erreicht wurde, zum Ausdruck. Im Gegensatz zu Frans Hals beschränkte sich Rembrandt nicht auf das Porträt. Seine besondere Liebe galt mythologischen Themen antiker und biblischer Herkunft. So tritt die ganze Größe seines Talents in seinen Werken »Homer« sowie »Saul und David« zutage. Die holländischen Landschaftsmaler wie van Goyen*, Cuyp* und besonders Hobbema* und Ruisdael* verliehen der Natur durch ihre liebevolle Beobachtung und ihren Sinn für Beleuchtungseffekte eine ganz neue Bedeutung. Mit dem Ausgang des Jahrhunderts erlosch die große Epoche der Niederlande, die eine Zeitlang die Szene der europäischen Geschichte beherrscht hatten.

Ihr Aufstieg beruhte auf dem wirtschaftlichen Vorsprung, den sie am Ende des 16. Jahrhunderts errungen hatten, auf dem ungeheuren Reichtum, den der Fernhandel ins Land gebracht hatte, und der Entwicklung gewisser Methoden innerhalb des kapitalistischen Wirtschaftssystems, die bisher in Europa unbekannt waren. Umgekehrt wurde der Niedergang verursacht durch den Verlust dieses Vorsprungs und die Konkurrenz mit Ländern, deren militärischer Überlegenheit die kleine Republik zwangsläufig unterliegen mußte. Frankreich versuchte, allerdings vergeblich, diese mit Waffengewalt niederzuzwingen. England annektierte seinen Rivalen für einige Zeit und machte ihn von sich abhängig. So gelang es ihm im 18. Jahrhundert, die Führungsrolle auf dem Weltmarkt zu erobern. 51

Eine kulturelle Hochblüte Frankreichs fiel in die Regierungszeit Ludwigs XIV. Der Sonnenkönig regierte im sogenannten »Grand Siècle«. Der Maler René Antoine Houasse schuf dieses Porträt Ludwigs XIV., der seine Truppen in den Kampf führt. Im Leben dieses Königs spielte der Krieg allerdings eine allzu beherrschende Rolle. Museum von Versailles.

DAS ZEITALTER LUDWIGS XIV.

Nach dem Tode des Kardinals Mazarin im März 1661 sah Ludwig XIV. endlich den »so sehr ersehnten und gefürchteten« Augenblick kommen, an dem er die unumschränkte Herrschaft antreten konnte. Es handelte sich um eine regelrechte »Machtübernahme«, denn er erklärte ohne Umschweife, daß er keinen Ersten Minister ernennen, sondern allein regieren werde. Die Herrschaft Ludwigs XIV. dauerte bis 1715. Wir werden diesen Zeitabschnitt unter seinen beiden wichtigsten Aspekten betrachten — zunächst dem der Kriege, durch die der Sonnenkönig die Vorherrschaft in Europa erringen wollte. Sie begannen ruhmvoll und endeten mit großen Rückschlägen. Am Ende seiner Regierungszeit läßt sich unschwer eine erste Bilanz seines Absolutismus ziehen, der pompöse Fassaden hinterlassen hatte, hinter denen sich schwere Fehlschläge und unverwirklichte Pläne verbargen.

Zu Anfang des 17. Jahrhunderts lag für das Haus Habsburg die Weltherrschaft noch im Bereich des Möglichen.

Der Kaiser träumte zunächst noch davon, das römisch-deutsche Wahlkaisertum in ein Erbkaisertum der Habsburger umzuwandeln und die deutschen Länder zentralistisch zusammenzufassen. Wir haben aber bereits gesehen, daß der Westfälische Frieden im Jahr 1648 den Schlußstrich unter diese Träume zog.

Der Pyrenäenfrieden
und die französische Vorherrschaft

Zwischen Frankreich und Spanien zog sich der Krieg nach 1648 noch elf Jahre hin. Philipp IV. war es gelungen, die Vereinigten Niederlande, früher ein getreuer Verbündeter Frankreichs, durch die förmliche Anerkennung ihrer Unabhängigkeit zu einem Sonderfrieden zu veranlassen.

Er rechnete damit, daß die Fronde und der Bürgerkrieg die Widerstandskraft Frankreichs schwächen würden. Die beiden bedeutendsten französischen Heerführer, Condé und Turenne, kämpften zeitweilig sogar auf spanischer Seite.

Aber dem diplomatischen Genie Mazarins war es gelungen, eine Reihe von westdeutschen Fürsten zu einem separatistischen Rheinbund* unter französischer Führung zusammenzuschließen und so den Kaiser zu politischer Neutralität zu zwingen. Gegen die Abtretung des zu dieser Zeit noch spanischen Dünkirchen erhielt Mazarin die Unterstützung Cromwells und half seinerseits den Aufständischen in Portugal.

Die Lage Frankreichs verbesserte sich bald. Nach dem Sieg bei Dünkirchen (1658) fiel Flandern in die Hand der französischen Truppen. Die Situation war paradox: Turenne, der reumütig zurückgekehrt war und dem der König verziehen hatte, schlug Condé, der immer noch gegen sein Vaterland kämpfte. Der Pyrenäenfrieden des Jahres 1659 hatte schwerwiegende Folgen für Spanien. Es mußte das Roussillon, das Artois und befestigte Städte entlang der Nordgrenze Frankreichs von Flandern bis Luxemburg abtreten. Während der Verhandlungen bezüglich der Heirat der ältesten Tochter Philipps IV., der Infantin Maria Theresia*, mußte Spanien auch die Frage der Erbfolge des französischen Königs auf die spanische Krone erörtern.

Die Infantin, die französische Königin werden sollte, verzichtete formell auf den spanischen Thron. Dieser grundsätzliche Verzicht war jedoch an die Zahlung einer Mitgift von 500 000 Goldtalern gebunden, die das ausgeblutete Spanien allerdings nicht aufbringen konnte. Dies hatte Mazarin mit Vorbedacht in seine Rechnungen einbezogen, und die Zukunft sollte zeigen, daß er recht gehabt hatte. Durch seine Heirat, seine Bündnisse mit deutschen Fürsten, mit Karl II. von England und zeitweise mit den Vereinigten Niederlanden sowie durch die wirtschaftlichen Schwierigkeiten Spaniens und Österreichs war Ludwig XIV. schon mit Beginn seiner Herrschaft der mächtigste Monarch Europas.

Die Prachtentfaltung

Die Politik des zweiundzwanzigjährigen Königs zielte darauf, die Völker Europas mit allen Mitteln zu beeindrucken und die französischen Vorherrschaftsansprüche bei

jeder Gelegenheit zum Ausdruck zu bringen. Ludwig XIV. besetzte beispielsweise die zum Kirchenstaat gehörende südfranzösische Grafschaft Venaissin, nur weil ein päpstlicher Gardist einen Pagen des arroganten Herzogs von Créqui*, der als Gesandter Frankreichs am päpstlichen Hof in Rom weilte, getötet hatte. Der König untersagte auch allen seinen Schiffen, die englische Flagge als erste zu grüßen.

Nach dem Einfall der Türken nach Ungarn brach Ludwig XIV. scheinbar mit der Politik, die seit Franz I. geübt worden war, und entsandte der Armee des von ihm abhängigen Rheinbundes ein französisches Kontingent. In der Schlacht von Sankt Gotthard* an der Raab im Jahre 1664 brachte sein Eingreifen die Entscheidung.

Die nordafrikanischen Barbaresken machten die Küsten des Mittelmeers unsicher. Die französische Marine nahm 1664 Djidjelli* ein und beschoß 1665 Tunis und Algier.

Neben militärischen Machtmitteln setzte Ludwig XIV. das Geld als politische Waffe ein und erleichterte so die Aufgabe seiner Diplomaten. Er verteilte großzügig Pensionen und Geschenke an niederländische Abgeordnete, polnische Adlige, skrupellose deutsche Fürsten, an den englischen und den dänischen König.

Als Karl II. von England auf Anraten Ludwigs XIV. die Schwester des portugiesischen Königs Alfons VI. heiratete, sandte ihm der französische König eine sehr hohe Summe, gewissermaßen als Mitgift, mit der Auflage, daß englische Truppen Portugal bei der Wiederherstellung seiner Unabhängigkeit gegen Spanien beistehen sollten. Gegen einen großzügig bemessenen Preis erhielt Ludwig XIV. auch 1662 Dünkirchen von den Engländern.

Links: Nach der Eroberung des Artois und des Roussillon besetzte Ludwig XIV. die flandrische Stadt Dünkirchen, in die er im Dezember 1658 feierlich einzog. Bildteppich aus dem Museum von Versailles.

Unten: Der Pyrenäenfriede zwischen Spanien und Frankreich ergänzte 1659 die günstigen Bedingungen der westfälischen Friedensverträge. Museum von Versailles.

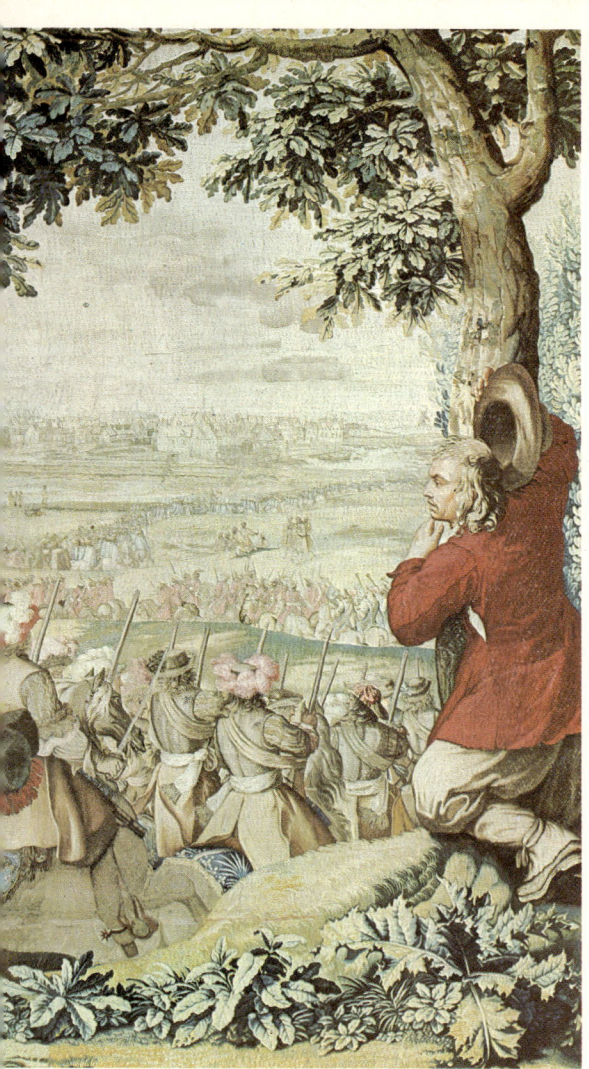

Der Krieg gegen Spanien

Während dieser »Großmachtpolitik« stellte sich plötzlich das Problem der spanischen Thronfolge.

Nach dem Tod Philipps IV. im Jahre 1665 fiel das Weltreich einem vierjährigen Kind zu, dem Infanten Karl II.*

Das Testament des Königs sah im Fall des Todes seines Nachfolgers unter Berufung auf die Verzichterklärung im Rahmen des Pyrenäenfriedens nicht die französische Königin Maria Theresia, sondern ihre jüngere Schwester Margarete Theresia*, die Gemahlin des römisch-deutschen Kaisers Leopold I.*, vor. Aber die 500 000 Goldtaler, mit denen die Erbansprüche Maria Theresias abgegolten werden sollten, waren niemals bezahlt worden.

Ludwig XIV. übertraf in dieser Situation sogar noch Mazarin an Unaufrichtigkeit und Tücke. Er warf sich zum angeblichen »Beschützer« des jungen Erben auf und berief sich auf ein brabantisches Gewohnheitsrecht, demzufolge die Kinder aus erster

(Photo Josse)

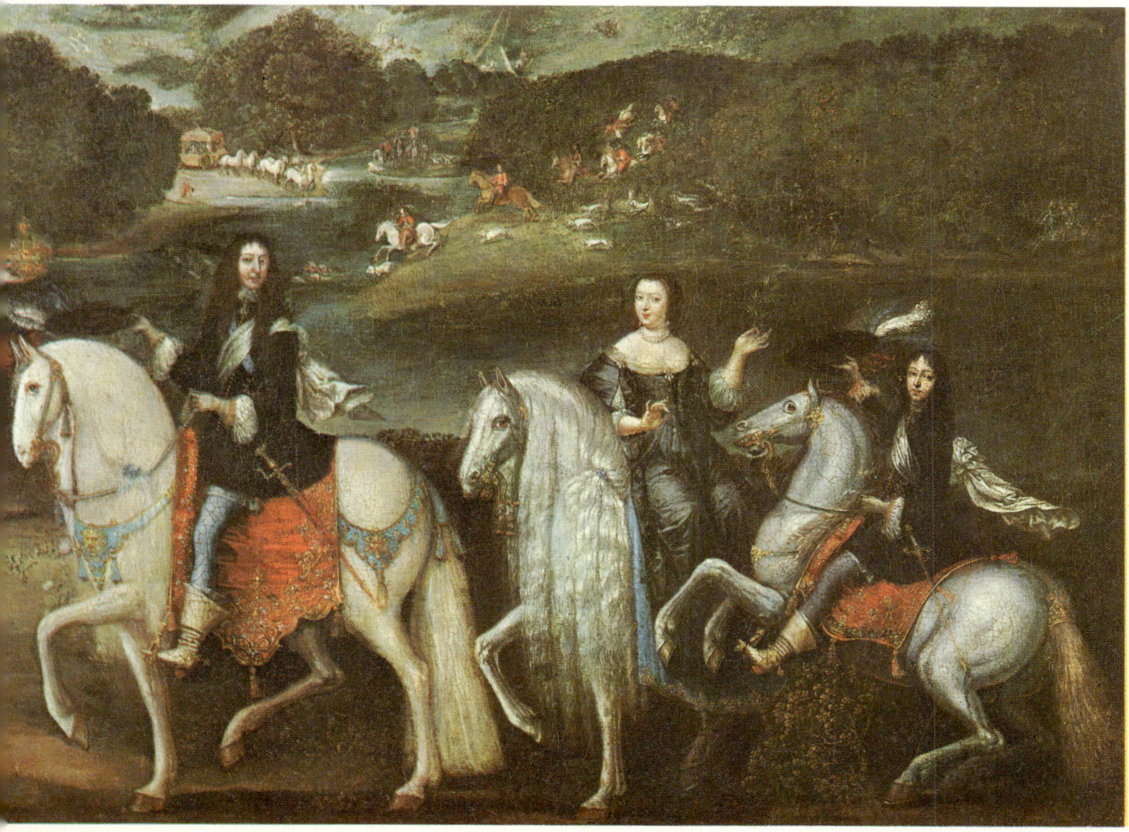

Rechts: Diplomatische Vertreter Persiens erweisen dem französischen Hof ihre Ehrerbietung. Museum von Versailles.
Ludwig XIV. war ebenso auf sein persönliches Ansehen bedacht wie auf den Ruhm seines Staates in der Welt.

Unten: Empfang der Abgeordneten der Schweizer Kantone am 11. November 1663. Gemälde von Adam Frans van der Meulen. Museum von Versailles.

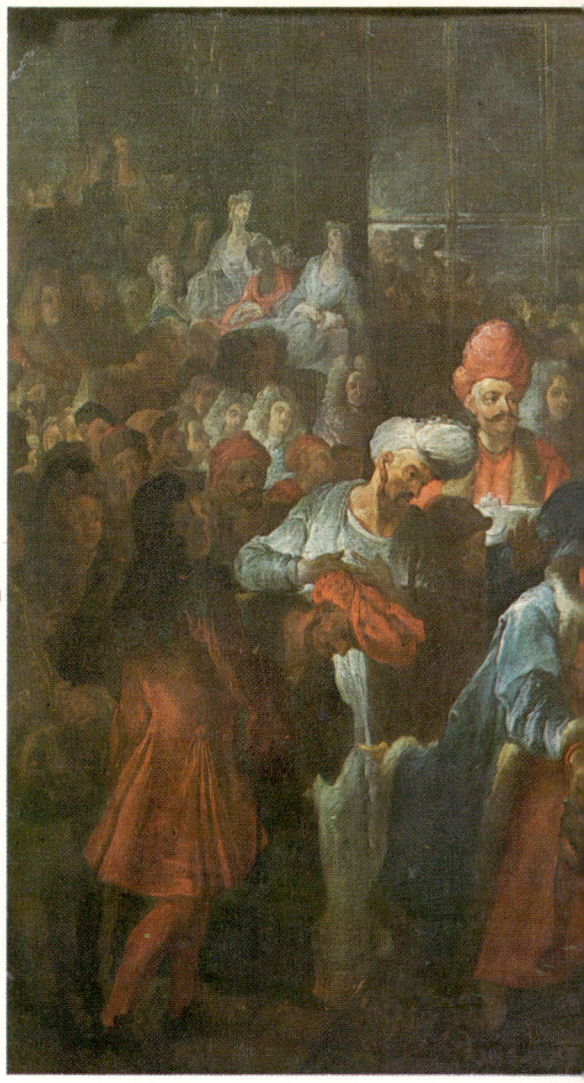

Ehe in Erbfragen den Vorrang gegenüber den Kindern aus zweiter Ehe genossen.

Maria Theresia war die älteste Tochter Philipps IV. Im Namen seiner Gemahlin verlangte Ludwig die »Abtretung« der Spanischen Niederlande, indem er ganz unbekümmert ein privates Gewohnheitsrecht auf staatliche Verhältnisse übertrug.

Der Krieg wurde für seine Armee zu einem militärischen Spaziergang. Der Hof und seine Damen begleiteten die von Turenne befehligte Armee, die 1667 ohne Schwierigkeiten Lille (Rijssel) und die wichtigsten flandrischen Städte eroberte. Im darauffolgenden Jahr eroberte der wieder in Gnaden aufgenommene Condé in wenigen Tagen die Freigrafschaft Burgund.

Ein im Januar 1668 von Frankreich und den österreichischen Habsburgern unterzeichneter Geheimvertrag erkannte die Ansprüche Ludwigs XIV. an. Man vereinbarte allerdings auch, daß im Falle des Todes Karls II. dem Kaiser ein großer Teil der spanischen Erbschaft zufallen sollte.

In Europa stieg jedoch die Empörung über das skrupellose Verhalten Frankreichs. Die Vereinigten Niederlande waren ebenso

(Photos Josse)

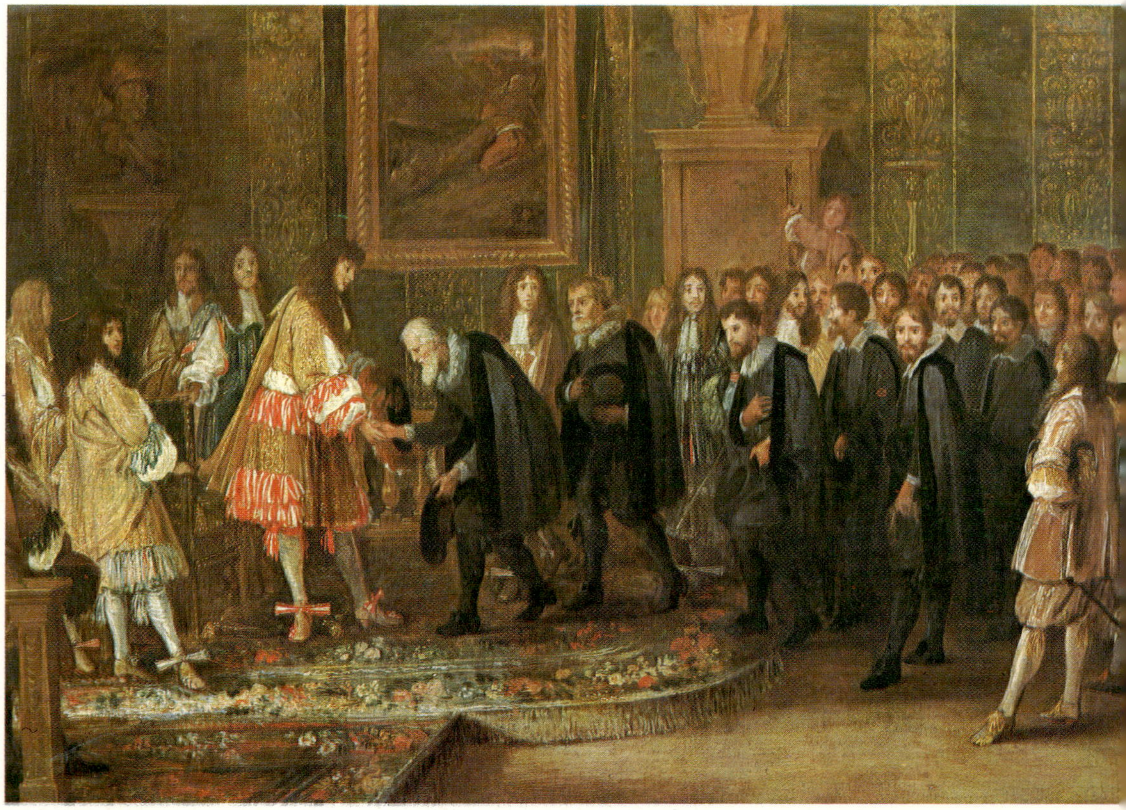

beunruhigt wie England, als Frankreich sich nun an der Scheldemündung niederließ und ihren Handel ernsthaft bedrohte.

Die beiden bislang rivalisierenden Länder verbündeten sich daraufhin, und es gelang ihnen, mit finanziellen Mitteln auch Schweden in den Bund gegen seinen ehemaligen Waffengefährten zu ziehen. Die 1668 in Den Haag unterzeichnete Tripelallianz hatte sich zum Ziel gesetzt, ein weiteres Vordringen Ludwigs XIV. in den Spanischen Niederlanden zu verhindern. Der französische König bewies eine bemerkenswerte politische Klugheit und unterzeichnete den Aachener Frieden.

Er ließ jedoch Spanien nur die Wahl, entweder die von Frankreich eroberten flandrischen Städte oder die Freigrafschaft Burgund zu verlieren.

Spanien gab Flandern auf. Vauban befestigte sofort die neue Grenze, da sie die gefährdetste des ganzen Staates war.

Der Überfall auf die Generalstaaten

Das Vermittlungsangebot der Niederländer war nicht unklug gewesen, denn es beraubte Frankreich teilweise der Früchte des Sieges. Ludwig XIV. haßte die Vereinigten Niederlande ohnehin sowohl wegen ihres Protestantismus als auch wegen ihrer republikanischen Staatsform.

Condé erklärte ohne Umschweife: »Es gibt nur ein Mittel, die Spanischen Niederlande zu erobern, nämlich die Macht der Generalstaaten zu brechen oder sie, wenn möglich, ganz zu vernichten.« Ein raffiniertes diplomatisches Meisterstück führte zur Umkehrung der Bündnisse. Genauer gesagt, die neuen Bundesgenossen wurden ganz einfach gekauft: Karl II. von England ging gegen das Versprechen einer Zahlung von drei Millionen Livre jährlich in das französische Lager über. Nach langem Feilschen folgte ihm Schweden.   57

Einzug Ludwigs XIV. und Maria Theresias von Spanien am 30. Juli 1667 in Arras, nach Adam Frans van der Meulen.

Museum von Versailles.

(Photo Josse)

Auch rheinische deutsche Fürsten konnten der Anziehungskraft des französischen Geldes nicht widerstehen, die übrigen versprachen, neutral zu bleiben.

Frankreich und seine gekauften Trabanten waren nun bereit, über dieses Land freiheitlich gesinnter Bürger herzufallen.

Am 12. Juni 1672 überschritt eine 120 000 Mann starke französische Armee den Rhein. Jan de Witt entsandte sofort Bevollmächtigte, um die Einstellung der Feindseligkeiten zu erreichen. Aber die französischen Bedingungen waren so unerbittlich, daß die Holländer zu einer verzweifelten Maßnahme griffen: Sie öffneten die Schleusen und setzten ihr Land unter Wasser. Der französische Vormarsch kam darauf zum Stehen.

Wir haben bereits berichtet, daß Wilhelm von Oranien als Statthalter nach der Ermordung Jan de Witts, den man ungerechtfertigterweise für den französischen Überfall verantwortlich machte, die Führung des Kampfes gegen Frankreich übernahm. »Wenn man den Krieg einmal angefangen hat, hat man es nicht mehr in der Hand, ihn zu beenden«, sagte Louvois*. Der Kampf dauerte sechs Jahre. Er war blutig, und es kam zu zahllosen Grausamkeiten.

Der zähe Widerstand des besetzten Landes ließ jedoch die Möglichkeit erkennen, die ehrgeizigen Pläne Ludwigs XIV. zu durchkreuzen. Im Jahre 1673 unterzeich-

neten der Kaiser, der Kurfürst von Brandenburg und die Vereinigten Niederlande in Den Haag ein Verteidigungsbündnis.

Condé rückte in das Rheinland ein, Turenne operierte in Westfalen. Die Franzosen eroberten Maastricht, aber der niederländische Admiral de Ruyter leistete einer englischen Flotte unter dem Herzog von York erfolgreich Widerstand. Spanien und der Herzog von Lothringen traten nun dem Bündnis gegen Frankreich bei.

Die europäische Koalition und der Friede von Nimwegen

Anfang 1674 schloß der englische König unter dem Druck der öffentlichen Meinung Frieden mit den Generalstaaten. Ludwig XIV. stand nun allein. Er ließ die Niederlande räumen und besetzte die Freigrafschaft Burgund, während Turenne das Elsaß, Schomberg* das Roussillon und Condé das Land an der Maas hielten.

Turenne, der im Elsaß einen berühmt gewordenen Winterfeldzug leitete, warf die kaiserlichen Truppen auf das rechte Rheinufer zurück. Im Juli 1675 wurde er jedoch im Verlauf eines Gefechtes im Herzogtum Baden bei Sasbach durch eine Kanonenkugel tödlich verwundet.

Vauban leitete in Flandern einen siegreichen Belagerungsfeldzug. Im Mittelmeer führte Duquesne die junge französische

60

Flotte gegen die vereinigten spanischen und niederländischen Streitkräfte von Erfolg zu Erfolg. De Ruyter fiel 1676 vor der Küste Siziliens.

Die Lage entwickelte sich nun für Frankreich immer günstiger. Die Verbündeten glaubten nicht mehr an einen endgültigen Sieg, folgten dem Beispiel der Niederlande und leiteten Verhandlungen ein. Die Verträge von Nimwegen (1678–1679) besiegelten den Sieg und die Vorherrschaft Ludwigs XIV.

Spanien trug die Kosten des Friedens. Frankreich behielt Flandern*, »begradigte« die Grenze von 1668 zu seinem Vorteil durch zwölf neugewonnene befestigte Städte, zu denen Valenciennes*, Maubeuge* und Cambrai gehörten, und bekam die Freigrafschaft Burgund. Der Kaiser trat Freiburg im Breisgau* und Altbreisach ab, wichtiger war jedoch, daß er nicht mehr in den Krieg in Norddeutschland eingriff. Frankreich war so in der Lage, Brandenburg zu zwingen, die eroberten schwedischen Gebiete wieder herauszugeben.

Die Vereinigten Niederlande erlitten keinerlei Gebietsverluste. Durch eine Ironie des Schicksals gelang es dem Land, das Colbert wirtschaftlich zugrunde richten wollte, eine Ermäßigung der Zölle zu erreichen, die Frankreich zum Schutz für seine Industrie aufgebaut hatte. Der Gewinn der Freigrafschaft Burgund ließ jedoch Frankreich diese Enttäuschung vergessen. Paris schmückte Ludwig XIV. mit dem Beinamen »der Große«.

Ludwig XIV. auf dem Höhepunkt der Macht. Die Reunionspolitik

Ein einziges Land hatte einen bedeutenden Teil Europas besiegt. Der Stolz des Königs kannte keine Grenzen mehr. Er beschloß, sein militärisches Ansehen auszunutzen, um seine Grenzen, diesmal ohne Krieg, weiter vorzuverlegen. Er legte seinen Parlamenten und seinen Gerichten einige unklar abgefaßte Artikel der Friedensverträge von Münster und Nimwegen vor, welche die Abtretung bestimmter Gebiete »mit den von ihnen abhängigen Besitzungen« vorsahen.

Der König fand so fadenscheinige »Rechtsgrundlagen«, um sich zahlreiche Festungen, vor allem im Herzogtum Pfalz-Zweibrücken*, und Städte in Lothringen und Luxemburg anzueignen, die zu irgendeinem Zeitpunkt — man ging bis zu König Dagobert (629–639) zurück — von den Frankreich neu zugesprochenen Gebieten abhängig gewesen waren. Im Falle Straßburgs, das während des niederländischen Krieges seine Neutralität zugunsten des Kaisers gebrochen hatte, verfügte Ludwig XIV. 1681 ganz einfach die »Wiedervereinigung« mit Frankreich — Straßburg hatte stets zum Reich gehört —, um »den 61

Deutschen das Einfallstor nach Frankreich zu verschließen«.

Gleichzeitig kaufte er von dem Herzog von Mantua die Festung Casale* am Po, die zusammen mit Pinerolo das gesamte Piemont beherrschte. Diese »friedlichen« Eroberungen empörten zu Recht ganz Europa. Es kam zu neuen Bündnisbestrebungen. Der König von Schweden, der den Verlust des Herzogtums Pfalz-Zweibrücken, dessen Erbe er war, nicht hinnehmen wollte, unterzeichnete einen Bündnisvertrag mit den Vereinigten Niederlanden.

Der Kaiser und Spanien erklärten ihren Beitritt. Aber nur der unglückliche Karl II.

von Spanien, der gerade eine Tochter des Bruders von Ludwig XIV. geheiratet hatte, griff zu den Waffen. Im Verlaufe eines kurzen Krieges wurde er vernichtend geschlagen.

Im August 1684 gestanden in Regensburg der römisch-deutsche Kaiser und der König von Spanien dem König von Frankreich für die Dauer eines zwanzigjährigen Waffenstillstandes die Überlassung der eroberten und reunierten Gebiete zu.

Es schien keine Hindernisse mehr für Ludwig XIV. zu geben. Genua hatte sich schuldig gemacht, indem es zur Unterstützung Spaniens Galeeren geliefert hatte.

(Photo Josse)

Nach einem unbedeutenden Zwischenfall wurde 1684 die Stadt durch ein furchtbares Bombardement zum größten Teil zerstört, und der Senat mußte sich 1685 beim Sonnenkönig obendrein in der demütigsten Weise entschuldigen.

Wir werden später die Gründe behandeln, die Ludwig XIV. veranlaßten, das Edikt von Nantes 1685 zu widerrufen. Die grausame Verfolgung und die Massenemigration der Protestanten erregten zu Recht den Haß der protestantischen Staaten, die bis zu diesem Zeitpunkt fast alle seine Verbündeten gewesen waren, gegen die französische Intoleranz.

Außerdem belagerten 200 000 Türken 1683 die Kaiserstadt Wien. An diesem Ereignis trug Ludwig XIV., der ein Bündnis mit den Türken geschlossen hatte, die größte Schuld. Er benötigte diese furchtbare militärische Drohung, um den Kaiser zu zwingen, seine räuberischen »Wiedervereinigungen« anzuerkennen.

Die Wende. Der Raubkrieg gegen die Pfalz

Aber das Entsatzheer der deutschen Fürsten und des Kaisers, unterstützt durch den Polenkönig Johann Sobieski*, hatte inzwischen die Türken am Kahlenberg* vor Wien vernichtend geschlagen. Die kaiserlichen Truppen nutzten ihren Sieg zögernd aus und drangen bis Buda (Ofen) vor, das 1686 erobert wurde. Venedig ging seinerseits in Dalmatien zur Offensive über.

Nach dem Wegfall der türkischen Bedrohung verstärkte der Kaiser seine Autorität in den Erblanden und im Reich durch den völligen Anschluß des befreiten Ungarn. Das habsburgische Österreich wurde für Jahrhunderte die Großmacht im Donaugebiet.

Im Juli 1686 schloß Kaiser Leopold I. mit Spanien, Schweden, Bayern, der Pfalz und vielen süddeutschen Fürsten die Augsburger Allianz. Das Bündnis trug von Anfang an einen rein defensiven Charakter und hatte die Aufrechterhaltung der bestehenden Verträge zum Ziel.

Für Ludwig XIV. folgte nun ein Rückschlag auf den anderen. Der mit französischem Gold gekaufte Karl II. von England, der für die freundliche Haltung seines Landes gesorgt hatte, starb 1685. Sein Nachfolger, Jakob II., war ein überzeugter Katholik und wurde von seinem Volk mit Mißtrauen aufgenommen. Er verbarg auch nicht seine Pläne, England zum Katholizismus zurückzuführen.

Maria, seine älteste Tochter, war die Gattin Wilhelms III. von Oranien. Im Vertrauen auf einen Volksaufstand landete der Statthalter mit einer Armee 1688 in England. Jakob II. stand allein und mußte nach Frankreich fliehen. Im folgenden Jahr bot das Parlament Maria und Wilhelm die englische Krone an. Wilhelm trat mit

(Photo Josse)

seinem Reich der Augsburger Allianz bei.

Ludwig XIV. hatte sich unvorsichtiger-weise wieder einmal brutal in inner-deutsche Angelegenheiten eingemischt. Der Kurfürst Karl von der Pfalz war 1685 gestorben, und seine Nachfolge sollte der Schwiegervater des Kaisers Leopold I. übernehmen. Die Pfalz erschien Ludwig als eine Bedrohung für das eroberte Elsaß. Ludwig XIV. forderte einen Teil des Lan-des im Namen seiner Schwägerin, der Herzogin von Orleans*, der Schwester des

verstorbenen Kurfürsten, obwohl diese dar-auf formell verzichtet hatte und sich von diesem Angriff auf das unglückliche Land distanzierte.

Das Heer Ludwigs XIV. fiel in das Erzbistum Köln ein, und der französische Thronfolger belagerte im September 1688 Philippsburg* am Rhein, das sich erst nach vierwöchiger tapferer Verteidigung ergab.

Um die Ostgrenze zu schützen, befahl der verbrecherische Louvois, die Pfalz in eine einzige Wüste zu verwandeln, damit sie dem Gegner nicht als Ausgangsbasis für einen Gegenangriff dienen könne. Die Städte und Dörfer wurden furchtbar verheert und seine Bewohner ohne Gnade in die umliegenden Fürstentümer vertrieben. Worms und Speyer wurden zerstört, die Kaisergräber im Speyrer Dom geplündert, das Heidelberger Schloß in die Luft gesprengt.

Der Krieg Frankreichs gegen Kaiser und Reich. Die große Allianz

Frankreich stand nun wieder einem mächtigen Bündnis gegenüber. England und die Vereinigten Niederlande traten unter dem Zepter Oraniens an die Seite des Reiches, der deutschen Fürsten, Spaniens, Schwedens und des Herzogs von Savoyen.

Um dieser Bedrohung entgegenzutreten stellte Ludwig XIV. ein Heer von über 200 000 Mann unter dem Befehl der Marschälle von Luxembourg* und Catinat* auf. Tourville* befehligte die Kriegsmarine. Duguay-Trouin* und Jean Bart* unternahmen wahre Kaperkriege. Die Kampfhandlungen dauerten neun Jahre, und zwar von 1688 bis 1697. Sie wurden mit größter Grausamkeit geführt, verursachten ungeheure Kosten, brachten aber weder der einen noch der anderen Seite Erfolg.

Man schlug sich an allen Grenzen, von den Pyrenäen bis zu den Alpen, vom Rhein bis zu den Niederlanden und sogar in England, wo Ludwig XIV. den geflohenen Jakob II. unterstützte. Frankreich hielt stand, wenn auch unter großen Verlusten.

Trotzdem erwiesen sich alle gewonnenen Schlachten, die schwerste Verluste forderten, wie Fleurus* (1690), Steenkerke* (1692) und Neerwinden* (1693) nicht als entscheidende Siege. Der Marschall von Luxembourg starb 1695. Durch die allgemeine Erschöpfung der Gegner schleppte sich der Krieg nur noch hin, forderte aber trotzdem weitere Menschenleben und verursachte furchtbare Verwüstungen.

(Photo Josse)

An der Alpenfront zwangen jedoch die Siege Catinats den Herzog von Savoyen, der seine Gebiete verloren hatte, 1696 zu einem Sonderfrieden. Die Landung Jakobs II. mit einer kleinen französischen Armee in Irland schlug trotz der Unterstützung durch die Katholiken fehl. Ihm blieb also nur noch die Möglichkeit einer Landung in England.

Dank Colbert besaß Frankreich eine bedeutende Kriegsmarine, die den Flotten Englands und der Vereinigten Niederlande zahlenmäßig überlegen war.

Im Jahre 1692 erteilte jedoch Ludwig XIV. Tourville den strikten Befehl, in den Ärmelkanal einzulaufen, ohne die Mittelmeerflotte abzuwarten. Tourville stieß auf einen überlegenen englisch-niederländischen Verband und zog sich nach La Hougue* zurück. Dort kam es 1692 zu einer Seeschlacht, in der er klar unterlag. Ludwig XIV. mußte den Plan, England auf seinem eigenen Territorium anzugreifen, ein für allemal aufgeben.

Nur Jean Bart und einige andere Freibeuter führten den Seekrieg auf ihre Weise fort, fingen Geleitzüge ab, versenkten Handelsschiffe und behinderten den Handel der gegnerischen Länder. Eine militärische Entscheidung des Krieges wurde immer fragwürdiger.

Am 20. September 1697 wurden die Franzosen, die seit vielen Jahren an die Erfolge ihrer Politik gewöhnt waren, durch den Frieden von Rijswijk* überrascht. Außer Straßburg und den Reunionen im Elsaß mußte Ludwig XIV. die meisten Gebiete zurückgeben, die er sich nach dem Frieden von Nimwegen angeeignet hatte.

Er erkannte förmlich Wilhelm III. als König von England an und ließ die Stuarts fallen. Die französische Politik war gescheitert und Frankreich total erschöpft.

Das Testament Karls II.

Der schwächliche König von Spanien, Karl II., dessen Gesundheit von jeher Anlaß zur Besorgnis gegeben hatte, war hinfälliger denn je. Das Problem seines ungeheuren Erbes wurde unmittelbar nach dem Friedensschluß akut.

Kaiser Leopold, der mit Margarete Theresia, der Schwester Karls II., verheiratet war, hatte die Absicht, seine Rechte geltend zu machen und die gesamte Erbschaft für einen seiner Söhne zu beanspruchen. Das Testament Philipps IV. bestimmte seine 1675 verstorbene Gemahlin als Alleinerbin. Ludwig XIV. war sich unter dem Eindruck des Rückschlages von Rijswijk darüber im klaren, daß er sich mit einem Teil der spanischen Monarchie zufriedengeben mußte. Da Spanien die Mitgift seiner ebenfalls verstorbenen Frau noch immer nicht gezahlt hatte, war der Thronverzicht nicht wirksam geworden, und ihre Rechte gingen auf den Thronfolger über.

Der Kaiser lehnte jeden Gedanken an eine Teilung ab. Die Vereinigten Niederlande und England wollten jedoch unter keinen Umständen dulden, daß das Gesamterbe an einen einzigen Fürsten fiel, ganz gleich ob es sich um einen Bourbonen oder um einen Habsburger handelte.

Wilhelm III. verständigte sich daher mit Frankreich und unterzeichnete mit Ludwig XIV. 1699 in London einen Teilungsvertrag, der die Übertragung Spaniens, der Spanischen Niederlande und der Kolonien an den Erzherzog Karl*, den zweiten Sohn des Kaisers, vorsah, während die italienischen Besitzungen dem französischen Thronfolger zufallen sollten.

Ludwig XIV. zeigte sich zunächst sehr zurückhaltend in seinen Ansprüchen. Er hatte die Absicht, Mailand gegen Lothringen sowie Neapel und Sizilien gegen Savoyen und die Grafschaft Nizza einzutauschen, um der alten Politik der »natürlichen Grenzen« treu zu bleiben.

Der Kaiser weigerte sich hartnäckig, diesem Vertrag beizutreten. Jeder Verhandlung abgeneigt war auch der König von Spanien, Karl II. Er und sein Volk wollten, daß sein Reich ungeteilt blieb. Als im November 1700 ein Kurier atemlos die Botschaft des seit langem erwarteten Ablebens des Königs überbrachte, erfuhr der Hof zu seiner Überraschung, daß Karl II. alle seine Staaten an Philipp*, den Herzog von Anjou, den zweiten Sohn des französischen Thronfolgers, vermacht hatte. Dieses Testament war ihm allerdings unmittelbar vor seinem Tod abgenötigt worden.

Hinter dieser Erbschaft lauerten jedoch
furchtbare Gefahren. Noch niemals hatte
Ludwig XIV. eine schwerwiegendere Entscheidung treffen müssen. Wenn er die
Erbschaft annahm, zog er sich die Feindschaft der Seemächte, die zu den Unter-
zeichnerstaaten des Londoner Vertrages
gehörten, und diejenige des Kaisers zu.
Das bedeutete erneut den Krieg. Wenn er
ablehnte, würde der Kaiser die begehrte
Erbschaft nur allzu bereitwillig annehmen,
und auch diese Entscheidung mußte einen
Krieg gegen das dann wiedererstandene
Reich Karls V. nach sich ziehen.

Am 16. November stellte König Ludwig XIV. in Versailles seinen Enkel Philipp dem Hof vor: »Meine Herren, dies
ist der neue König von Spanien.« Die Entscheidung war gefallen. Im Februar 1701
zog Philipp in Madrid ein.

Der Kaiser entschloß sich zum Krieg.
Wilhelm III. und der Ratspensionär der
Niederlande wollten sich ihm anschließen,
weil sie sich von Ludwig XIV. betrogen
fühlten, aber ihre Völker waren kriegs-
müde und sehnten sich nach Frieden.

Es blieb daher zunächst nichts anderes
übrig, als Philipp V. anzuerkennen, aber
Wilhelm III. schrieb an Heinsius*, den
Ratspensionär: »Das einzige Spiel, das ich
mit diesem Volk vorhabe, ist, es unmerk-
lich auf den Krieg vorzubereiten.«

Die Große Allianz von 1701

Ludwig XIV. schien alles zu tun, um ihm
diese Aufgabe zu erleichtern. Er sperrte
den englischen und holländischen Kaufleuten den Zugang zum spanischen Kolonialreich, und französische Truppen besetzten
niederländische Festungen. Am 7. September 1701 unterzeichneten England und die
Niederlande die Große Allianz in Den
Haag.

Ludwig XIV. schlug zurück. Er erkannte
offiziell den Sohn des in Frankreich verstorbenen Jakob II. als König von England
an. Handelte es sich dabei um eine Pro-
vokation oder um ein Einschüchterungs-
manöver? Wilhelm III. starb jedoch im
März 1702 an den Folgen eines Sturzes
von seinem Pferd. Es war aber schon zu

(Photos Josse)

spät, die Ausbreitung des Konfliktes zu verhindern. Zur Großen Allianz gehörten nun
England, die Niederlande, der römisch-
deutsche Kaiser, die deutschen Fürsten und
Dänemark. Savoyen und Portugal traten
später ebenfalls bei.

Frankreich besaß nur noch das Kurfürstentum Bayern als Verbündeten. Schweden war durch Kämpfe in Skandinavien
gebunden. Zudem war die Truppenführung
der Gegner der französischen weit überlegen. Die Große Allianz wurde von einem
Triumvirat geleitet. Heinsius, der Ratspensionär der Niederlande, handelte im
Geist Wilhelms, zwei hervorragende Heerführer, die auch für Frankreich hätten
kämpfen können, standen ihm zur Seite:
zunächst John Churchill, der in England
zum Herzog von Marlborough* ernannt 69

worden war. Er hatte das Waffenhandwerk im Lager Turennes erlernt. Aber Louvois tadelte seine Ausschweifungen, bis Churchill schließlich gekränkt nach England zurückkehrte. Der zweite Heerführer, der auf verbündeter Seite kämpfte, war Prinz Eugen von Savoyen*, ein Sohn der Olympia Mancini*, einer Nichte des Kardinals Mazarin. Von Louvois, dem es dabei eindeutig an Weitsicht gefehlt hatte, war ihm die Bitte um Zuerteilung eines Regimentes abgeschlagen worden, worauf Eugen von Savoyen in kaiserliche Dienste getreten war. Er zeichnete sich bereits 1683 bei dem Entsatz von Wien gegen die Türken aus und war mit 24 Jahren schon Marschall.

Der Spanische Erbfolgekrieg

Frankreich ging zunächst in Italien und in Deutschland zur Offensive über. Die Rückschläge ließen aber nicht lange auf sich warten: In Deutschland bei Höchstädt*, in den Niederlanden bei Ramillies* und in Italien bei Turin gingen die Schlachten verloren. Die französischen Grenzen waren ernsthaft bedroht. 1704 eroberten die Engländer Gibraltar. Hierdurch gerieten das bourbonisch gewordene Spanien und das Mittelmeer in Gefahr.

Kurz darauf landete Erzherzog Karl, der zweite Sohn des Kaisers, in Katalonien und begann die Eroberung Spaniens. Philipp V. mußte 1704 aus Madrid fliehen. In Frankreich griff Entmutigung um sich. Die Meinungen waren geteilt. Die einen wollten bis zum bitteren Ende kämpfen, die anderen waren zu jeder Konzession bereit. Ludwig XIV. blieb dagegen unerschüttert, aber er beging den Fehler, den Oberbefehl über die Flandernarmee zwei gegensätzlichen Heerführern zu übertragen, nämlich dem volkstümlichen und von den Lastern des Hofes unberührten Herzog von Burgund*, dem ältesten Sohn des Thronfolgers, und dem zynischen Vendôme*, einem unehelichen Sohn Heinrichs IV. und seiner Geliebten Gabrielle d'Estrées.

Die Folgen dieses Mißgriffes waren die Niederlage von Oudenaarde*, der Verlust von Lille und das Eindringen der Verbün-

(Photos Josse)

deten nach Frankreich 1708. Das Jahr 1709 nahm einen dramatischen Verlauf. Ein furchtbarer Winter und eine schreckliche Hungersnot verschlimmerten noch die Folgen der selbstverschuldeten militärischen Katastrophen. Der Gedanke an einen Frieden war nicht mehr von der Hand zu weisen. Ludwig XIV. bat schließlich in Den Haag um einen Waffenstillstand.

Das Triumvirat hatte einen glänzenden Erfolg davongetragen. Ludwig XIV. wollte

den harten Bedingungen für einen Frieden
zustimmen, außer einer einzigen, die ihn
zwingen sollte, selbst seinen Enkel abzusetzen, der sich weigerte, Spanien zu verlassen.

Der französische König wandte sich mit
einem leidenschaftlichen Aufruf an sein
Volk und forderte es auf, selbst über die
Friedensbedingungen zu entscheiden. Sein
Appell verhallte nicht ungehört. Frankreich
brachte noch einmal Soldaten und Geld

auf. Die Armee wurde nun zwei beliebten
Heerführern anvertraut, Boufflers* und
dem berühmten Marschall von Villars*,
der in diesem langen Krieg mehrfach Sieger
geblieben war. Im September 1709 fand
bei Malplaquet* eine der größten Schlachten des Jahrhunderts statt. 100 000 Franzosen standen 120 000 Verbündeten gegenüber. Die Alliierten blieben die Herren des
Schlachtfeldes, aber ihre Verluste waren
so hoch, daß sie nicht mehr in der Lage 71

waren, die französische Armee zu verfolgen und ihren Feldzug fortzusetzen.

Die unmittelbare Gefahr einer Invasion Frankreichs war abgewandt. Im folgenden Jahr bat Ludwig XIV. noch einmal um den Frieden. Man forderte erneut, daß er selbst »Krieg gegen den spanischen König führen solle«. Aber da er »es vorzog, gegen seine Feinde statt gegen seine Kinder zu kämpfen«, gingen die Kampfhandlungen weiter, und der König sandte zur Unterstützung Philipps V. Vendôme mit einer Armee. Zuerst gelang es Vendôme tatsächlich, die bereits von spanischen Guerillakämpfern geschwächten englisch-österreichischen Truppen im Dezember 1710 bei Villaviciosa* weiter zurückzudrängen und Spanien allmählich wiederzuerobern. Ein Ereignis veränderte aber schlagartig die ganze politische Lage. Am 17. April 1711 starb plötzlich Kaiser Joseph I.*, der Leopold I. 1705 auf dem Kaiserthron nach-

gefolgt war, und hinterließ das Reich seinem Bruder, dem Erzherzog Karl, der unter dem Namen Karl VI. zum Kaiser gewählt wurde. Die Engländer befürchteten nun ihrerseits, daß der neue Kaiser unter seinem Zepter ein gewaltiges Reich vereinigen würde, und unterzeichneten im Oktober 1711 mit Frankreich schleunigst den Vorfrieden von London. Aber Prinz Eugen, der weiterhin siegreich geblieben war, sah sich bereits in der französischen Hauptstadt.

Der französische Hof wollte den König veranlassen, nach Blois zu fliehen. Er weigerte sich und unterstellte Villars seine letzte Armee. Ludwig XIV. war entschlossen, nicht zurückzuweichen. Er sagte sogar: »Ich beabsichtige, nach Péronne oder nach Saint-Quentin zu gehen und dort alles zusammenzuziehen, was ich noch an Truppen habe, um mit ihnen eine letzte Schlacht zu schlagen.« Einige Tage später kam es am 24. Juli 1712 zum Sieg bei Denain. Die geschlagenen Alliierten waren uneins. Den Franzosen gelang es, die festen Städte Nordfrankreichs wiederzuerobern. Der Kaiser weigerte sich noch einige Zeit, den Kampf einzustellen, aber die anderen kriegführenden Mächte schlossen Frieden. 1713 wurde der Vertrag von Utrecht unterzeichnet und ein Jahr später durch die Verträge von Rastatt* und Baden* in der Schweiz zwischen Kaiser und Frankreich ergänzt.

Die Friedensschlüsse von Utrecht und Rastatt

Gegen die Bestimmungen des Testamentes Karls II. und gegen den Willen seines Volkes wurde das spanische Erbe geteilt. Der Bourbone Philipp V. wurde als König von Spanien anerkannt unter der Bedingung, daß er ausdrücklich auf seine Rechte als französischer Thronfolger verzichte. Die Kronen Frankreichs und Spaniens sollten niemals unter einem Herrscher vereinigt werden.

Philipps Rivale, Kaiser Karl VI., erhielt die sogenannten Spanischen Niederlande, die von nun an österreichisch wurden, das heißt das heutige Belgien. Außerdem fie-

(Photo Josse)

len ihm in Italien das Herzogtum Mailand, das Königreich Neapel und Sardinien zu. Dem Herzog von Savoyen wurde Sizilien als Königreich zugesprochen. Der Kurfürst von Brandenburg erhielt vom Kaiser zur Belohnung für seine Dienste die Anerkennung des Titels König in Preußen* für das nicht zum Reich gehörende Herzogtum Preußen. Die Vereinigten Niederlande verloren ihre Großmachtstellung, sie waren nur noch ein »Schleppkahn im Kielwasser Englands«. Frankreich trat einige Städte in den habsburgischen Niederlanden ab, die ihm auf Grund der voraufgegangenen Friedensverträge zugefallen waren. Sonst blieb der territoriale Besitz Frankreichs nach so vielen Kriegszügen fast unberührt. Alle Eroberungen der Regierungszeit Ludwigs XIV. in Europa, so das Elsaß, blieben erhalten. Spanien trat England Menorca* und Gibraltar ab und räumte ihm im Assiento-Vertrag bedeutende Handelsprivilegien, Vorzugszölle und das Monopol des Sklavenhandels im spanischen Kolonialreich ein. Ein weiteres Zugeständnis an England bestand in dem Vorrecht, jedes

Jahr in die spanischen Kolonien in Amerika ein Schiff mit einer Ladefähigkeit von 500 Tonnen zu entsenden. Frankreich trat in Nordamerika koloniale Gebiete ab, nämlich Neuschottland* (Akadien), Neufundland und die Gebiete der Hudsonbai*-Kompanie. Die Tore nach Kanada standen England nun offen. Kaum fünfzig Jahre später wurde auch dieses Land von Engländern erobert.

Diese Verträge stellen Marksteine der Geschichte dar. In ihnen kamen entscheidende politische Veränderungen zum Ausdruck. Spanien sank zu einer zweitrangigen Macht herab. Auch die Vereinigten Niederlande verloren erheblich an Bedeutung. Frankreich war vorübergehend geschwächt. In Italien und in den Niederlanden traten die österreichischen Habsburger an die Stelle Spaniens. Brandenburg-Preußen und Savoyen meldeten Ansprüche für die Zukunft an. Von nun an übte England unumschränkt die Herrschaft auf allen Weltmeeren aus und war seitdem politisch und wirtschaftlich an Frankreichs Stelle die Vormacht Europas.

LUDWIG XIV. UND FRANKREICH

Wir haben bereits die Außenpolitik Frankreichs mit ihrem triumphalen Auftakt und ihrem dramatischen Ende untersucht. Wie sah es im Inneren des Landes aus? Wenn es überhaupt einen Herrscher gibt, der in vollem Umfang für die Geschehnisse während seiner Regierungszeit verantwortlich gemacht werden kann, dann ist es Ludwig XIV. Durch die Verhaftung und Verurteilung Nicolas Fouquets und die Aufhebung des Amtes des Ersten Ministers machte er von Anfang an deutlich, daß er unumschränkt herrschen und alle wichtigen Entscheidungen selbst treffen wollte.

Ludwig XIV. schuf selbst die theoretische Basis seiner Macht. Der Ausgangspunkt seiner Staatsphilosophie war die Überzeugung von der überragenden Stellung des Königs als Stellvertreter Gottes auf Erden. »Es ist der Wille Gottes, daß jeder, der als Untertan geboren wird, bedingunglos gehorche!« »Die Nation verwirklicht sich nicht in Frankreich, sondern ausschließlich in der Person des Königs.« In den Augen eines Zeitgenossen aus England, wo die Macht der Monarchie durch das Parlament, die Rechte des Bürgers und die Tradition begrenzt war, mußte Frankreich wie ein despotischer Staat erscheinen. Dort war der Herrscher gleichzeitig auch der persönliche Besitzer seines Landes. Die Kirche schuldete ihm daher Abgaben für die Güter, die der König ihr übertragen hatte. Als Stellvertreter Gottes sollte es eigentlich nun die Aufgabe des Königs sein, der Gerechtigkeit zum Siege zu verhelfen und die Schwachen zu schützen. Verantwortlich war er aber nur sich selbst und Gott. Bossuet* drückte es so aus: »O Könige, ihr seid Göttern gleich!« Die Regierung Ludwigs XIV. verwirklichte diese absoluten Theorien. Aus dem Kronrat schloß er alle Angehörigen seiner Familie, die Prinzen von königlichem Geblüt und diejenigen aus, deren gesellschaftliche Stellung und Selbstachtung einen Mangel an der von ihnen geforderten Unterwürfigkeit befürchten ließen. Am Anfang seiner unumschränkten Herrschaft arbeitete er nur mit drei Männern zusammen: Hugues de Lionne*, Le Tellier* und Colbert. An der Spitze der Verwaltung standen vier Staatssekretäre (Angelegenheiten des Königshauses, Krieg, Kriegsmarine, Außenpolitik), ein Generalkontrolleur des Finanzwesens und der Kanzler und Siegelbewahrer. Diese Minister besaßen weder Ernennungsschreiben noch Urkunden. Von einem Tag zum anderen konnte der König auf ihre Dienste verzichten. Diese Ämter waren, wie auch die der königlichen Räte, ausschließlich Männern bürgerlicher Herkunft vorbehalten. »Es entsprach nicht meinen Interessen«, schrieb Ludwig XIV., »Untertanen aus bekannten Familien einzusetzen . . ., da ich nicht die Absicht hatte, meine Autorität mit ihnen zu teilen. Es kam mir darauf an, daß sie sich für ihr Fortkommen nicht mehr Hoffnungen machten, als ich ihnen zugestehen wollte.« Das Mißtrauen des Königs gegen den gesamten Adelsstand verließ ihn nie. Er erinnerte sich nur zu gut an die Haltung der Aristokratie während der Fronde. Allerdings adelte er viele seiner Mitarbeiter und ließ es zu, daß Söhne ihren Vätern in deren Ämtern nachfolgten. Der Sohn Le Telliers wurde zum Marquis de Louvois ernannt, sein Enkel war Marquis de Barbezieux. Der Sohn Colberts trug den Titel eines Marquis de Seignelay, dessen Bruder ernannte er zum Marquis de Croissy. Obwohl die Minister vom Adel verachtet wurden, waren sie, solange sie auf die Gnade des Königs zählen konnten, reich, mächtig und gefürchtet. Saint-Simon beklagte sich beispielweise über die »lange Regierungszeit des verächtlichen Bürgertums«.

Die Struktur des Staates: Kommissare und Intendanten

Im Gegensatz zu England, das die Habeaskorpusakte besaß, kannte Frankreich keinerlei Schutz der persönlichen Freiheit. Durch einen Geheimbrief (lettre de cachet) konnte der König jeden Untertanen willkürlich zu Gefängnis oder Verbannung verurteilen und ein bereits ergangenes Urteil, wie im Falle Fouquets, eigenmächtig verschärfen. Fast alle diese Entscheidungen wurden im Kronrat getroffen. Ludwig XIV. war aber auch der Vorsitzende aller anderen Räte, die auf den Einzelgebieten tätig

Ludwig XIV., der Sonnenkönig, nach Hyacinthe Rigaud. Museum von Versailles.

(Photo Josse)

waren. Der Depeschenrat, der sich mit dem Briefverkehr der Intendanten und inneren Angelegenheiten des Landes beschäftigte, trat zweimal wöchentlich zusammen. Zu ihm gehörten die vier Staatssekretäre und der Kanzler. Im Finanzrat unterzeichnete der König persönlich die Zahlungsanweisungen und prüfte das Budget seines Landes. Der Parteienrat war für die Rechtspflege zuständig.

Der König spielte geschickt diese verschiedenen Räte gegeneinander aus und sorgte bewußt für eine Überschneidung ihrer Kompetenzen, um eine übertriebene Spezialisierung zu verhindern, die seiner eigenen Autorität abträglich gewesen wäre. Die

(Photo Josse)

stehenden Einrichtung geworden war. In der Provinz besaßen sie, die vom König völlig abhängig waren, in Polizei-, Finanz- und Verwaltungsfragen nach unten unumschränkte Vollmacht. Gleichzeitig überwachten sie die Städte und deren Körperschaften. Die Tätigkeit der Gerichtshöfe (Parlamente) beschränkte sich allein auf die Rechtspflege. Von 1673 an wurde es zum Beispiel dem Parlament von Paris untersagt, sich mit Vorhaltungen und Beschwerden an den König zu wenden. Colbert schrieb 1679: »Schwierigkeiten mit dem Parlament gibt es nicht mehr. Die letzten liegen schon so lange zurück, daß sich niemand mehr daran erinnert.« Die mächtigen Finanzbeamten, deren Körperschaft der König schon 1662 aufgelöst hatte, wurden durch Kommissare ersetzt, die den Intendanten unterstanden.

Auch das Volk wurde in Schranken gehalten, überwacht und, wenn nötig, bestraft. Wenn es zu Aufständen gegen die Steuereinnehmer kam, schlug der König rücksichtslos zu. Die Armee griff ein, die Schuldigen wurden gehängt und verbannt, unerwünschte Elemente auf Galeeren verschickt. Über Paris mit seinen 400 000 Bewohnern und 4000 Intendanten wachte der König mit ganz besonderer Aufmerksamkeit. 1667 schuf Ludwig XIV. das Amt des »Generalleutnants der Pariser Polizei«, dessen erster Inhaber Nicolas de La Reynie* wurde. Ihm standen Polizeisoldaten und berittene Beamte zur Verfügung.

»Auch wenn er im Staube geboren worden wäre, hätte die Welt in ihm ihren Herrn erkannt. Diese Worte, ursprünglich für Titus gedacht, sind auch oft auf Ludwig XIV. angewandt worden. Saint-Simon, der keinerlei Sympathien für den König hegte, schrieb: »Unter allen anderen Menschen fiel er durch seine Größe, seine Haltung, seine Anmut und seine Schönheit auf, sogar durch den Klang seiner Stimme, seine Geschicklichkeit und die natürliche und majestätische Anmut seines ganzen Wesens ...« In diesem bewußten und theatralischen königlichen Auftreten spiegelten sich die Größe und das Gottesgnadentum wider, die beiden Eigenschaften, die in den Augen Ludwigs XIV. seine

Gerichtshöfe und die Offiziere, die ihre Kommandostellen käuflich erworben hatten, wurden immer mehr von königlichen Kommissaren verdrängt, die willkürlich ernannt und abgesetzt werden konnten. Die mächtigsten Männer im Staat waren die Intendanten, die an der Spitze eines Steuerbezirkes standen und deren Amt zu einer

(Photo Josse)

Links: Ludwig XIV. heiratete Maria Theresia
von Spanien in Saint-Jean-de-Luz im Juni 1660.
Bildteppich aus der Reihe
der Geschichte des Königs von Le Brun.
Museum von Versailles.

einzig aus seiner Hand Ämter und Ehren, Tadel und Strafen empfangen konnten.

Ludwig XIV. wollte seinem Ruhm einen würdigen Rahmen geben. Seit dem berühmten Fest von Vaux, das der unglückliche Fouquet dazu benutzt hatte, in aufdringlicher Weise seinen Reichtum zur Schau zu stellen, dachte der König unablässig an prachtvolle Gebäude, plätschernde Springbrunnen und romantische Gärten. Schon 1661 beauftragte er den Architekten Le Vau*, dem kleinen Jagdpavillon, den Ludwig XIII. einst in Versailles errichten ließ, ein »Luxusgewand« zu geben.

Versailles und der Hof

Sicherlich hatte der König schon zu diesem Zeitpunkt Vorstellungen von dem ungeheuren Bauvorhaben, das er verwirklichen wollte. Die Künstler und Handwerker, die für Fouquet gearbeitet hatten, tra-

Würde kennzeichneten. Niemand ging so vollständig in dieser Würde auf, die er selbst als »groß, edel und köstlich« bezeichnete. Ein halbes Jahrhundert lang widmete er diesem Ziel seiner Selbstdarstellung in unermüdlicher Arbeit trotz Krankheiten seine ganzen Kräfte. Bis in das hohe Alter zeigte er einen ausgeprägten Lebenshunger, der in seinem Streben nach Ruhm und Eroberungen und in seiner Vorliebe für Vergnügungen, Waffenfreuden und schöne Frauen zum Ausdruck kam. Seine Gemahlin, die melancholische Maria Theresia, aber auch seine zahlreichen Geliebten betrachteten ihn als einen Übermenschen. Die sanfte Louise de La Vallière* schämte sich zwar, die Mätresse des Königs zu sein, liebte ihn aber trotzdem bis zu dem Tage, an dem Madame de Montespan* ihren Platz einnahm, der wiederum Angélique de Fontanges* folgte. Die Geliebten des Königs griffen allerdings niemals in die Politik ein. Nach der bitteren Erfahrung mit der Fronde, während der er als Kind in einer eisigen Winternacht aus der aufständischen Hauptstadt fliehen mußte, und durch die Erkenntnis, daß das Fortbestehen ständischer Sonderinteressen eine Gefahr für die königliche Macht bedeutete, war es sein Ziel, der ausschließliche Herrscher seiner Untertanen zu werden, die

78

Ludwig XIV. wollte den unter Richelieu noch sehr
Er versammelte daher seine Höflinge im Schloß von

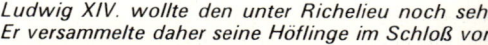

ten nun in die Dienste des Königs: Le Vau als Architekt, Le Nôtre für die Gartengestaltung und Le Brun für die Ausstattung. Erst 1682 konnte Ludwig XIV. das klimatisch und politisch ungesunde Paris, in dem die Monarchie stets unter dem Druck der Volksmassen stand, verlassen und den Regierungssitz nach Versailles verlegen. Schon lange vor seiner Fertigstellung hatte das Schloß von Versailles, das als das eindrucksvollste Zeugnis für die Prachtentfaltung der Regierungszeit Ludwigs XIV. gilt, ständigen Protest herausgefordert. Es ging das Gerücht, daß es niemals vollendet werden würde. Die Baukosten waren enorm. Der Klerus tadelte die Prunksucht des Königs. Versailles wurde als der wirtschaftliche Ruin Frankreichs bezeichnet. Ludwig XIV. selbst ließ sich nicht beeindrucken. Dieses Schloß sollte ihn ebenso berühmt machen wie die großen Mäzene des Altertums. Keine einzige Skulptur und keine einzige Gartenanlage

wurde begonnen, bevor der König nicht die Pläne gutgeheißen hatte. An jedem einzelnen künstlerischen Vorhaben war er so unmittelbar beteiligt. In Versailles, seiner eigenen Schöpfung, in gebührender Entfernung von der aufsässigen Stadt Paris, umgab sich der König mit einem Hofadel, den er durch die aufwendige Hofhaltung wirtschaftlich vollends zugrunde richtete. Gleichzeitig machte er ihn sich durch die Hoffnung auf Pensionen und Mitgifte restlos gefügig. Ludwig XIV. verlangte die ständige Anwesenheit aller seiner Höflinge und zwang sie, ihre Schlösser und Güter im Stich zu lassen und nach Versailles zu ziehen. Der Hochadel Frankreichs, dessen Ahnen Richelieu die Stirn geboten hatten, zitterte bei dem Gedanken, auf Besitzungen in die Provinz verbannt zu werden. Jedes Ereignis des Hoflebens war einem strengen, von den Habsburgern übernommenen Zeremoniell unterworfen. Die Condé und La Rochefoucauld vergaßen ihre alten Träume von Ruhm und Ehre und stritten sich eifrig um das Vorrecht, die Ärmel des königlichen Hemdes halten zu dürfen. Ludwig XIV. fühlte sich in Sicherheit, wenn dieser habgierige und sittenlose Hof tausend Intrigen spann, um den Kerzenleuchter des Königs tragen zu können. Inmitten seiner Höflinge, die mehr

79

(Photos Josse)

als alles andere die Gleichgültigkeit ihres
Herrn fürchteten, führte der König ein
streng geregeltes Leben: »Mit Hilfe eines
Kalenders und einer Taschenuhr konnte
man dreihundert Meilen weit entfernt genau sagen, was der König in diesem Augenblick tat.« Nachdem er um halb acht
geweckt worden war, »zelebrierte« er die
komplizierten Riten des »kleinen« und des
»großen Lever«, also des Aufstehens, der
Ankleidung und des Morgenmahls.

Von zehn bis zwölf Uhr führte er den
Vorsitz im Rat und wohnte anschließend
der Messe bei. Nachdem er so sein Gewissen beruhigt hatte, suchte er seine jeweilige
Geliebte auf und speiste an der Seite der
Königin vor dem gesamten Hofstaat, wobei
er stets einen unglaublichen Appetit zeigte.
Nachmittags jagte oder arbeitete er bis
neun Uhr abends. Um zehn Uhr nahm er
im Kreise seiner Familie sein Abendessen
ein und ging bis zum »großen« und »kleinen Coucher«, dem Sich-zu-Bette-Legen,
das genau so feierlich wie das »Lever« ablief, noch einmal zu seiner Mätresse. Die
Nacht verbrachte er immer mit seiner Ge-

mahlin. An festlichen Abenden durfte die
Bevölkerung dem feenhaften Schauspiel
beiwohnen, das in den Gärten ablief. Dem
König war es also gelungen, den Adel zu
seiner gefügigen Dienerschaft am Hofe
herabzuwürdigen, indem er das Bürgertum
mit den Verwaltungsaufgaben betraute.
Unter seiner absolutistischen Regierung
konnten somit beide Stände in einem
künstlichen Gleichgewicht gehalten werden. Der schwache Ludwig XVI.* aber
mußte nicht einmal hundert Jahre später

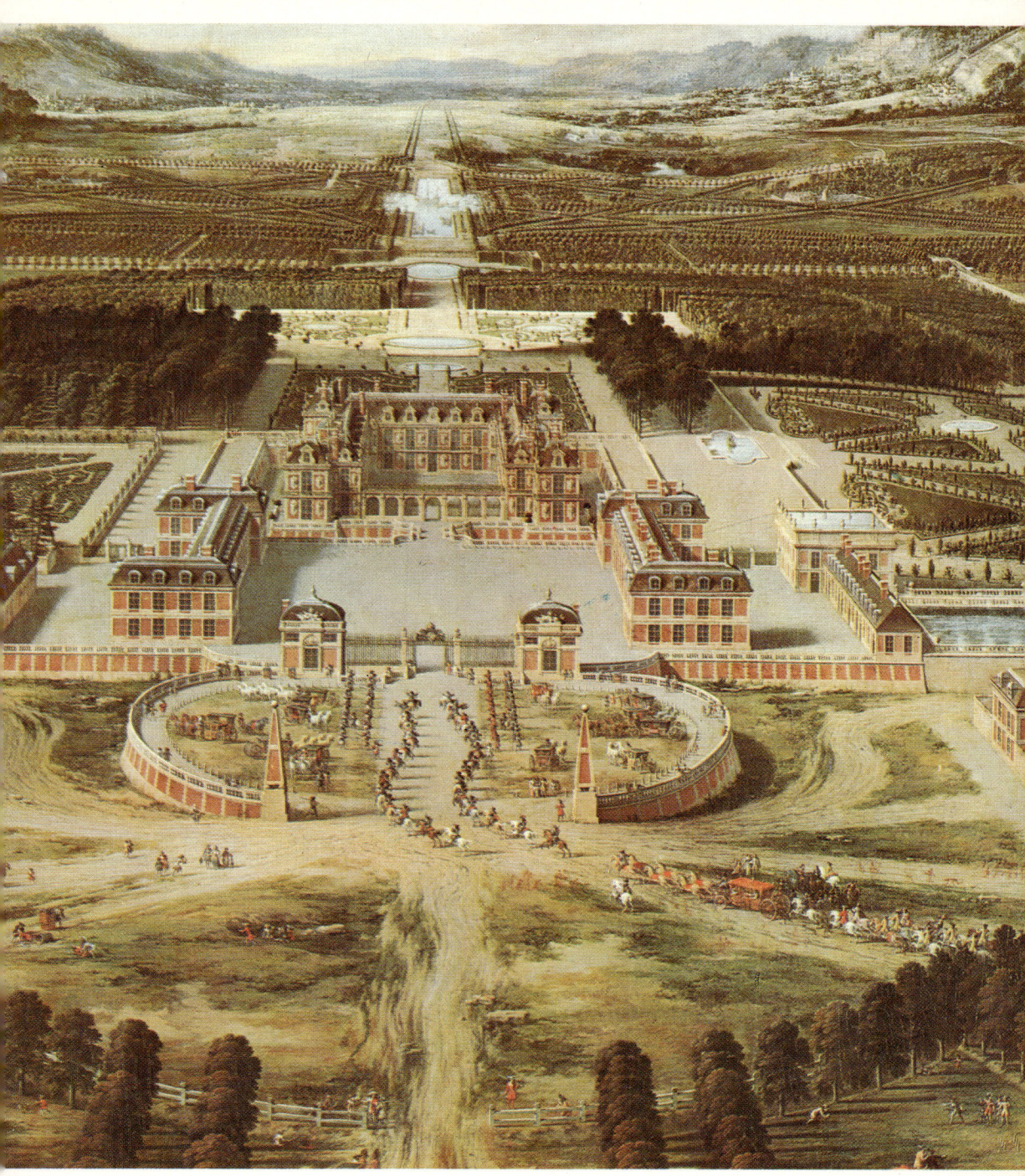

die Nachteile dieses Systems kennenlernen, als der Aufstand der Privilegierten die Erhebung des Bürgertums einleitete. Die Tatsache, daß die englische Monarchie alle Krisen überlebt hat und heute noch besteht, verdankt diese ihrer Bereitschaft, Einschränkungen ihrer Macht rechtzeitig auf sich zu nehmen. Das Gottesgnadentum Ludwigs XIV. aber bereitete mittelbar den Boden für die Revolution, die ein Jahrhundert später ausbrach und das absolute französische Königtum zertrümmerte.

Colbert, die Finanzen und die Industrie

Trotz der hohen Befriedigung, die Ludwig XIV. bei der unumschränkten Ausübung seiner Macht empfand, und trotz seiner eingehenden Kenntnis der Struktur der gesamten Verwaltung, hatte der König in dem mürrischen Colbert einen idealen Mitarbeiter gefunden. Das Zusammenwirken dieser beiden so verschiedenen Männer ermöglichte erst die Verwirklichung eines umfassenden Wirtschaftssystems. Der ehemalige Beamte des Kardinals Mazarin verstand es, sich seinem neuen Herrn anzupassen. Er fiel niemals ernstlich in Ungnade, da der König die Rechtschaffenheit, die Kompromißlosigkeit, die Begeisterungsfähigkeit und die ungeheure Arbeitsleistung seines Ministers schätzen gelernt hatte. Colbert wurden nacheinander die Finanzen, das Bauwesen, die Kriegsmarine und die Verwaltung des königlichen Hauses übertragen. Den Steuerpächtern galt sein erster Angriff. Nach dem Fall Fouquets zwang er sie, unrechtmäßig erworbene Summen zurückzuzahlen. Colbert stellte einen genauen Finanzplan auf, in dem Ausgaben und Einnahmen festgehalten wurden. Kreditbereitstellungen und genaue Abrechnungen gaben dem König ständig einen Überblick über die Finanzlage. Zehn Jahre lang erwies sich dieses Vorgehen als ein voller Erfolg. Durch die Streichung oder die Herabsetzung von Renten und den Rückkauf Tausender völlig überflüssiger oder sogar lächerlicher Ämter zu einem Viertel ihres Wertes wurden die auf dem Staat lastenden Verpflichtungen um die Hälfte verringert. Trotz seines guten Willens gelang es Colbert aber nicht, das rückständige Besteuerungssystem umzugestalten. Er verringerte jedoch die direkte Besteuerung und setzte den Anteil der verschiedenen Steuererheber, der sich auf 25 % belief, auf 4 % herab. Die Provinzparlamente und den Klerus zwang er, ihre »freiwilligen« Abgaben zu erhöhen. Der königliche Grundbesitz, der früher zu lächerlichen Preisen verpachtet worden war, brachte plötzlich Geld ein. Die Einkünfte des Königs verdoppelten sich von 1661 bis 1671. Diese Finanzpolitik und die hohe Bevölkerungsdichte in Frankreich erklären den anfangs erfolgreichen Widerstand Ludwigs XIV. gegen das verbündete Europa.

Von 1672 an entstand durch den Bau des Schlosses Versailles, durch unnötige und aufwendige Feste, Kriege und an die Höflinge gezahlte Pensionen erneut eine bedeutende Staatsschuld. Um sie zu beheben, griff man zu neuen Steuern, Anleihen und zum Verkauf der Ämter. Als Colbert 1683 starb, war das Defizit schon erdrückend. »Sparen Sie fünf Sou an erforderlichen Dingen, aber werfen Sie Mil-

(Photo Josse)

lionen aus dem Fenster, wenn es sich um Ihren Ruhm handelt«, hatte er immer wieder unbedacht Ludwig XIV. empfohlen. Die volkswirtschaftlichen Vorstellungen Colberts waren reichlich einfach: ein Staat ist dann reich und mächtig, wenn er viel geprägtes Geld besitzt. Seiner Überzeugung nach genügte es also, möglichst große Summen Geldes in das Land hereinzuholen und dafür zu sorgen, daß es auch dort verblieb. Mit anderen Worten, er wollte exportieren, aber nicht importieren. Da Frankreich keine Goldgruben besaß, konnte Geld nur durch den Export von Waren ins Land fließen. Colbert versuchte, die französische Industrie sowohl quantitativ als auch qualitativ auszubauen, indem er ausländische Waren mit hohen Einfuhrsteuern belegte. Um gleichbleibend gute Qualität zu gewährleisten, wurde die Herstellung der Waren durch 38 Gesetze und 150 Verordnungen geregelt. Inspektoren waren damit beauftragt, ihre Anwendung zu überprüfen. So glaubte Colbert, das Erforderliche getan zu haben, um mit einwandfreien Waren auf dem Exportmarkt bestehen zu können. Zur Ausweitung der

Produktion stellte er außerdem Kapital zur Verfügung und räumte neugegründeten Manufakturen zahlreiche Vorrechte ein, besonders den Teppichwirkereien der Gobelins* in Beauvais und Aubusson*, den Seidenmanufakturen in Lyon, der Spitzenfabrikation in Aubusson und der Glasherstellung in Saint-Gobain*. Die Textilindustrie (Tuchwebereien in Sedan* und in der Normandie) und die Eisenindustrie in Saint-Etienne* genossen ebenfalls staatliche Förderung. Das Straßennetz wurde verbessert. In Südfrankreich stellte man eine Verbindung zwischen Mittelmeer und Atlantik durch den sogenannten »Kanal der zwei Meere« (Canal du Midi*) her. Der Straßenzoll wurde gestrichen, und zwölf Provinzen Nord- und Mittelfrankreichs faßte man zu fünf großen Steuerbezirken zusammen, zwischen denen keinerlei Zölle mehr erhoben wurden.

Die Kriegs- und die Handelsflotte wurden stark ausgebaut. Gleichzeitig befestigte Vauban die Häfen. Das Schiff »RoyalLouis« und die Galeere »La Réale« waren von so berühmten Künstlern wie Le Brun und Puget* ausgestattet worden. Auf finanziellem Gebiet war das Werk Colberts teils durch Verständnislosigkeit des Königs, teils durch zahlreiche Interessengruppen gefährdet. War sein Wirken auf wirtschaftlichem Gebiet fruchtbarer? Obwohl es ihm gelang, den Umfang der industriellen Produktion eindeutig auszuweiten und die Grundlagen der französischen Luxusindustrie zu schaffen, sind doch viele Punkte seines Systems negativ zu bewerten. Die strengen Gewerbevorschriften, die im

Rechts: Nach der Gründung von wissenschaftlichen Akademien in London und in Florenz beschloß Ludwig XIV., auch Paris mit einer Akademie auszustatten. Hier entschied diese im Rahmen einer Feier, von Testelin dargestellt, den Bau eines Observatoriums. Museum von Versailles.

Unten: François de Salignac de La Mothe-Fénelon, Erzbischof von Cambrai, war einer der größten französischen Prediger Ende des 17. Jahrhunderts. Gemälde von Joseph Vivien. Museum von Versailles.

(Photo Josse)

Grunde genommen nur mittelalterliche Zunftvorstellungen fortsetzten, schadeten der Privatinitiative und behinderten die Entwicklung des Kapitalismus. Die Schutzzollpolitik war gefährlich und erwies sich schließlich als unvorteilhafter als der Freihandel, der eigene vorantreibende Kräfte in sich trägt. Die englische industrielle Revolution war sehr viel umfassender und tiefgreifender.

Der französische Klassizismus

Der Sonnenkönig strebte an, daß Frankreich die Rolle Spaniens und Italiens über-

nehmen sollte, die seit der Renaissance die Vorbilder westlichen Kulturschaffens waren. Er konnte dabei auf einige zeitgenössische große Künstler und Dichter Frankreichs zählen. Man muß jedoch dem Louis-XIV-Stil hohes Pathos und bloße Äußerlichkeit vorwerfen. Dieser wurde aber trotzdem von vielen Höfen übernommen. Die Verherrlichung des Königs war die vornehmste Pflicht der öffentlichen Einrichtungen, zu denen die Kunst und die Literatur herabgewürdigt wurden. Von 1663 an erhielten alle Maler und Bildhauer den Befehl, der königlichen Akademie beizutreten, zu deren Direktor Le Brun ernannt worden war. Die Académie française

war der Zusammenschluß der Dichter und Schriftsteller, während die Architekturakademie erst aufgebaut wurde. Die Akademie der Wissenschaften wurde 1666 gegründet. 1672 war das Geburtsjahr der Musikakademie, der Lully* vorstand. Der König liebte die Musik und verlangte, daß alle Ereignisse seines Tagesablaufs musikalisch untermalt wurden. Diese Akademien dienten zur gleichen Zeit der Ausbildung und der Beratung von Künstlern. Die Zugehörigkeit zu diesen Körperschaften war Pflicht. Ihre Aufgabe war außerdem die Verbreitung und Verteidigung der künstlerischen Vorstellungen eines Poussin oder eines Malherbe gegen allen anderen Ein- 85

flüsse. Unter diesen Umständen lief der Klassizismus schnell Gefahr, alle Zweige der Kunst in tyrannische Vorschriften zu zwängen und jede Unabhängigkeitsbestrebung oder Entwicklung einer selbständigen künstlerischen Persönlichkeit im Keime zu ersticken. Le Brun herrschte unumschränkt auf dem Gebiet der Plastik. Bei der Ausstattung des Schlosses von Versailles leistete er geradezu Übermenschliches. Er erfand und zeichnete die gesamte Dekoration, Malereien, Bildteppiche, Möbel, Holztäfelungen, Vasen und Kunstschmiedearbeiten. Er verteilte selbst die Aufträge und überwachte ihre Ausführung. Aber auch die anderen königlichen Bauvorhaben wie Val-de-Grâce*, Porte Saint-Denis, Louvre und Hôtel des Invalides* in Paris sowie die Schlösser von Marly* und Sceaux* unterstanden seiner Leitung. Gleichzeitig herrschte Lully ebenso unumschränkt über die Musik, erneuerte die Choreographie,

vertonte Tragödien und verlieh seiner Musik eine Art königlicher Majestät. Die französische klassische Kunst wurde eine Zeitlang zum Vorbild für ganz Europa.

Die Dichter und die Macht

Die französische Literatur des 17. Jahrhunderts hat in ihrer Größe und Ausgewogenheit eine eigene Vollkommenheit erreicht. Colbert versuchte, die Schriftsteller für politische Ziele einzusetzen, und auch der König war sich über die Bedeutung dieser Männer im klaren, die dazu dienen konnten, ihn zu verherrlichen. Er unterzeichnete eine Liste von Pensionen, die auf Veranlassung seines Ministers aufgestellt worden war und von den offiziellen Geschichtsschreibern Seiner Majestät bis zu einem jungen Dichter namens Racine* reichte. Als Gegenleistungen für diese Zu-

Links: Darstellung italienischer Possenreißer.
Comédie-Française, Paris.

Unten: Durch ihre Vorliebe für die Posse
beeinflußte die italienische Komödie
vom 16. Jahrhundert an das französische Theater.
Jean-Baptiste Poquelin, der unter
seinem Künstlernamen Molière bekannt ist,
schuf jedoch die klassische Charakterkomödie
mit zeitlosen Gestalten. Gemälde
von Antoine Coypel. Museum von Versailles.

wendungen verpflichteten sich die Dichter,
die »Fanfaren der Tugenden des Königs«
zu werden. Sie wetteiferten darin, den König mit Helden aus der Antike zu vergleichen, und da die meisten von ihnen wenigstens Talent, einige sogar Genie besaßen,
umgaben sie den Sonnenkönig mit einem
regelrechten Strahlenkranz. Trotzdem unterstützte er die Literatur nicht nur seines
eigenen Ruhmes willen. Er war weit davon
entfernt, ein Intellektueller zu sein, aber
er besaß eine sichere Menschenkenntnis,
und alle großen Schriftsteller, außer dem
Fabeldichter La Fontaine*, einem Freund
Fouquets, und La Bruyère*, der den Condé
zu nahe stand, gaben ihr Bestes im Schatten seines Thrones. Während dieser Zeit
entwickelte sich vor allem die Académie
française. Ihr Präsident war Chapelain*,
der auch das Verfügungsrecht über die
Pensionen besaß. Molière*, der Sohn eines
Dekorateurs, war so berühmt, daß Lud-

(Photo Josse)

wig XIV. sogar die Patenschaft für sein Kind übernahm. Allerdings war der scharfsinnig beobachtende und unbarmherzig kritisierende Molière dem König eine wertvolle Hilfe gegen die Sittenlosigkeit der Jugend und gegen jede Frömmelei. Als der große Komödiendichter 1673 starb, war sein Ansehen beim König jedoch stark gesunken. »Wer war der größte Schriftsteller meiner Regierungszeit?« fragte eines Tages Ludwig XIV. Boileau*. »Sire, das war Molière!« — »Das hätte ich nicht gedacht«, antwortete der König, »aber das wissen Sie besser als ich.«

In seiner »Kunst der Poesie« (»Art poétique«) hatte Boileau die Grundlagen der klassischen Dichtkunst zusammengefaßt. Racine führte die französische Tragödie sprachkünstlerisch und ideell zur Vollendung. Wie Boileau bekleidete auch er das Amt eines königlichen Geschichtsschreibers. Er verfügte über eine Wohnung im Schloß, und als 1696 Ludwig XIV. erkrankte, ließ dieser ihm ein Bett in seinem eigenen Schlafgemach aufstellen, damit er ihm vorlesen könne. Nur die unverhohlene Sympathie Racines für den Jansenismus schadete ihm in den Augen des Königs.

Beim Tode des Dichters 1699 aber war Ludwig XIV. ihm bereits wieder wohlgesinnt. Ein Gegensatz zwischen offizieller Kunst einerseits und einer modernen und mißverstandenen Kunst andererseits war in diesem Jahrhundert undenkbar. Wie in alle anderen Gebiete des Lebens, so griff der Staat auch leitend und nicht selten schulmeisternd in die Kunst ein, deren Talente von ihm lebten.

Madame de Maintenon

Im Jahre 1668 wurde der erste Sohn des Königs und der Madame de Montespan geboren. Man vertraute ihn der Witwe Scarron*, einer geborenen Françoise d'Aubigné, an. Diese junge, sehr religiöse Frau aus guter Familie war so mittellos, daß sie früher die Truthühner ihrer Tante hüten mußte. Als Ludwig XIV. sie zum erstenmal sah, fand er sie unsympathisch. Allmählich änderte er jedoch seine Meinung, und er machte die Frau, die seinen Sohn mit so viel Hingabe erzog, zu seiner Vertrauten.

Mit der Zustimmung der Kirche versuchte die Scarron, den König zu einer strengeren Lebensführung zu bestimmen. Der Reiz der schönen Montespan ließ im Laufe der Jahre nach, dagegen nahm der Einfluß der Scarron, die nun den Titel einer Marquise von Maintenon* trug, immer mehr zu. 1682 wurde Madame de Montespan in die sogenannte Giftaffäre* verwickelt. Die Untersuchung ergab, daß sie ständig mit der Giftmischerin Voisin* und ihren Komplicen in Verbindung gestanden hatte, um mit Drogen der nachlassenden Zuneigung des Königs aufzuhelfen. Sie fiel in Ungnade. Ludwig XIV. fühlte sich erniedrigt und verletzt. Trotz seiner 42 Jahre und seiner überschäumenden Lebenskraft entschloß er sich, seine außerehelichen Abenteuer aufzugeben. Die Königin Maria Theresia erlebte ein spätes Glück. 1683 starb die Königin. »Das ist das erste Mal, daß sie mir Kummer macht«, sagte ihr Gemahl.

Schon eine Woche später sprach er mit seinen engsten Vertrauten über einen zunächst scheinbar absurden und zudem völlig unglaublichen Gedanken, nämlich

(Photos Josse)

Madame de Maintenon zu heiraten. Doch
im Jahre 1684 wurde die Trauung in der
Tat vollzogen. Die vorsichtige und furcht-
same Marquise wußte sich immer mehr
Einfluß zu verschaffen. Ihrer unglaublichen
Geschicklichkeit gelang es sogar, was allen
anderen Frauen des Königs vor ihr miß-
lungen war, nämlich sich politische Macht
zu verschaffen und den König an sich zu
fesseln. Sie war zwar bescheiden und
streng, aber trotzdem unbeliebter als die
verschwenderischste Mätresse. Es war ihr
gelungen, um den König eine Atmosphäre
der Unduldsamkeit, der Unaufrichtigkeit
und der Frömmelei zu schaffen. Um 1684
waren die Veränderungen, die sich in seiner Persönlichkeit seit einiger Zeit vollzogen hatten, deutlich zu erkennen: der
König wurde immer stärker religiösen

eigene Macht auf die Kirche Frankreichs
begrenzte. Die Krönung des mystischen
und starrköpfigen Papstes Innozenz XI.*
im Jahre 1676 brachte neue Schwierigkeiten in den Beziehungen mit Rom. Auf
Grund des sogenannten Regalienrechtes
durfte der König im Falle der Vakanz
eines Bistums durch den Tod des Bischofs
dessen Einkünfte vereinnahmen und über
die Pfründen verfügen. Dieses Recht, das
mit der Ernennung eines Nachfolgers erlosch, galt nur für bestimmte Diözesen,
aber Ludwig XIV. wollte es auf das gesamte Reich angewandt wissen. Zwei südfranzösische Bischöfe widersprachen ihm
darin und fanden die Unterstützung des
Papstes. Als der Konflikt zu einer Prestige-
frage wurde, berief der König eine Versammlung des Klerus ein (Nationalkonzil

(Photo Josse)

Stimmungen zugänglich. Sein Stolz, sein
Egoismus und seine Herrschsucht blieben
davon unberührt. Seine Gefühlskälte nahm
sogar zu, weil er sich durch äußerliche
Ausübung der Religion des göttlichen
Wohlwollens sicher zu sein glaubte.

Der Sieg des Gallikanismus

Das Selbstbewußtsein der französischen
Protestanten störte Ludwig XIV., da er
als absoluter Herrscher über ein im Glauben völlig geeintes Volk regieren wollte.
Andererseits waren die Beziehungen des
Königs zum Heiligen Stuhl kaum mehr als
ein oberflächlicher Respekt. Ludwig XIV.
wollte jedenfalls unter keinen Umständen
dulden, daß ein äußerer Einfluß seine

(Photo Requet)

1681–1682), die unter dem beherrschenden Einfluß des Bischofs von Meaux, Bossuet, stand. Nach einer Intervention Colberts verabschiedete die Versammlung die sogenannte Erklärung der Vier Artikel (Déclaration des Quatre Articles), deren Inhalt sich wie folgt zusammenfassen läßt: In weltlichen Angelegenheiten ist die Macht des Königs unumschränkt; in geistlichen Angelegenheiten unterstehen die Päpste den Konzilen; die Gesetze und Rechte der gallikanischen Kirche sind unantastbar; die Entscheidungen des Papstes in Glaubensfragen sind nur unwiderruflich, wenn sie die Zustimmung der Kirche erhalten haben.

Der Papst antwortete auf diese Herausforderung, indem er die Investitur neuer Bischöfe verweigerte. 1688 waren 35 Diözesen ohne Oberhirten. Schließlich kam es durch die außenpolitischen Schwierigkeiten Ludwigs XIV. und die Wahl des konzilianteren Innozenz XII.* (1691) zu einem Kompromiß. Der Papst erkannte die Gültigkeit des Regalienrechtes für ganz Frankreich an, und der König verzichtete auf die Vier Artikel. Die Folge dieses Streites war jedoch das Wiedererstarken des Gallikanismus, der Tendenz der Kirche Frankreichs, eine gewisse Unabhängigkeit gegenüber Rom zu beanspruchen. Ludwig XIV. verstand sich trotzdem als Verteidiger der katholischen Rechtgläubigkeit. Dies erklärt seine unnachgiebige Haltung gegenüber

den Jansenisten, deren Auffassungen in der Heils- und Gnadenlehre denjenigen Calvins ähnelten. Diese religiöse Richtung war in Kreisen des parlamentarischen Bürgertums und auch bei einigen Adligen verbreitet. Die strenge Lebensführung und Härte der Jansenisten machte sie dem König verdächtig. Er befürchtete, daß diese zu selbständigem politischem Denken, wenn nicht sogar zum Widerstand finden könnten. Außerdem kam im Augenblick des Konfliktes mit dem Papst Ludwig XIV. die Möglichkeit, seine Rechtgläubigkeit zu beweisen, nicht ungelegen. Nach mehrjährigen Verfolgungen wurde das Kloster Port-Royal*, die Keimzelle der Lehre, nach der Vertreibung der Nonnen im Jahre 1710 dem Erdboden gleichgemacht. Der Papst verurteilte in seiner Enzyklika Unigenitus 1713 feierlich den Jansenismus, aber die französischen Bischöfe protestierten dagegen. In seiner Fehde mit Rom und den Jesuiten fand der Jansenismus einen Verbündeten im Gallikanismus.

Die Aufhebung des Edikts von Nantes

Die Verfolgung der Protestanten verlief sehr viel tragischer. Die religiöse Einheit war Gebot des Absolutismus: »Ein Glaube, ein Gesetz, ein König!« Daneben führte der Erfolg der Gegenreformation und das Wiedererstarken des Katholizismus zu einer gewissen Schwächung des Protestantismus. Auch in reformierten Kreisen und bei einigen protestantischen Geistlichen zeichnete sich eine Strömung ab, die unter der Bedingung beiderseitiger Zugeständnisse auf eine Wiedervereinigung mit dem Katholizismus hinzielte. Die Vielzahl der protestantischen Kirchen und Konventikel sowie die harte Haltung der Kalvinisten stießen manche Gläubige ab. Schon unter der Regierungszeit Ludwigs XIII. hatten etliche protestantische Adlige konvertiert. Im Jahre 1668 erregte die Rückkehr zum Katholizismus des großen Feldherrn Turenne ungeheures Aufsehen. Das wohlhabende und hauptsächlich in der Wirtschaft tätige protestantische Bürgertum war nicht stark religiös gebunden und stand den katholischen Untertanen in der hemmungslosen Vergötzung des Königs kaum nach. Ludwig XIV. durfte daher annehmen, daß es nicht schwer sein würde, den Protestantismus auszurotten und seinen Taten und Erfolgen noch die Wiederherstellung der Einheit des Christentums in seinem Reiche hinzuzufügen. Er traf seinen Entschluß nicht allein. Angehörige des Klerus und servile Höflinge unterstützten ihn eifrig. Von 1661 an wurde das Edikt von Nantes, durch das Heinrich IV. die Religionsfreiheit auf Dauer sichern wollte, zur Unterdrückung benutzt. 1663 wurde den Katholiken der Übertritt zur reformierten Kirche untersagt. Neu errichtete protestantische Kirchen mußten abgerissen werden. Aus einem besonderen Fond, der dem Schriftsteller Pellisson* unterstand, wurde ab 1676 an bekehrungswillige Hugenotten Geld ausgezahlt. Protestanten waren von öffentlichen Ämtern ausgeschlossen. Ihre Kinder konnten schon mit sieben Jahren konvertieren und von Katholiken erzogen werden. Der Herzog von Noailles*, der Gouverneur des Languedoc, wollte seine Pflichttreue beweisen. Er verlegte Dragonerregimenter in protestantische Ortschaften und gestattete ihnen jede Willkür, Vergewaltigung, Plünderung und Zerstörung. Aus Angst vor »Dragonaden« schworen ganze Dörfer ab, und der Herzog konnte 1681 mit der Rekordzahl von 38 000 Bekehrungen aufwarten. Die allgemeine Empörung führte zu seiner Abberufung.

Der Tod Colberts, der aus wirtschaftlichen Gründen viele Verfolgungen abgewendet hatte, weil große Teile der Industrie im Besitz der Reformierten waren, verursachte noch stärkere Unduldsamkeit. Als Staatssekretär für das Kriegswesen redete Louvois dem König ein, daß schon große Erfolge zu verzeichnen seien. Zu diesen Gründen traten noch Erwägungen aus dem Bereich der großen Politik. Ludwig XIV. hatte, wie einst Franz I., Absichten auf die römisch-deutsche Kaiserkrone und begann, sich die Stimmen einiger deutscher Kurfürsten zu sichern. Er wollte durch eine weitreichende politische Entscheidung auch als Beschützer der Religion auftreten. Zudem hoffte er, daß der mit ihm verbündete Jakob II., der ab 1685 König von England war, in seinem Land den Katholizismus wiederherstellen würde. Die »Dragonaden« wurden nun systematisch durchgeführt, und im Oktober 1685 fiel mit dem Erlaß von Fontainebleau (Revokationsedikt) der entscheidende Schlag. Die reformierte Kirche hatte aufgehört, rechtmäßig zu bestehen. Alle Kirchen wurden zerstört und die Geistlichen verbannt. Da die katholische Kirche gleichzeitig standesamtliche Aufgaben ausübte, standen hartnäckige Protestanten außerhalb des Gesetzes, weil sie keine Personenstandsurkunden besaßen.

Die Aufhebung des Edikts von Nantes wurde von offiziellen Stellen mit Begeisterung begrüßt. Der mutige Vauban gehörte zu den wenigen, die Widerspruch erhoben. Die Folgen für Frankreich waren jedoch katastrophal. Weit über 300 000 Reformierte verließen unter Lebensgefahr das Land und nahmen ihre Erfahrung, ihre Geldmittel und ihre Arbeitskraft mit nach den Niederlanden, England und Deutschland; hier wurden sie vor allem in Brandenburg-Preußen freundlich aufgenommen. Eine Elitegruppe, die ungezählten Franzosen Brot und Arbeit gegeben hatte, war verloren. Als Folge entstand eine schwere wirtschaftliche und soziale Krise. Die nicht ausgewanderten Protestanten ließen sich weder durch Verfolgungen noch durch Zurücksetzungen aller Art zum Übertritt bewegen. Bis 1702 gelang es mit Mühe und Not, sie im Zaum zu halten, dann aber kam es zu einem Massenaufstand. 93

*Die französische Malerschule des 17. Jahrhunderts
wurde von der Größe, Strenge
und Prachtentfaltung des Königs beeinflußt
und entwickelte einen großartigen,
gelegentlich aber auch schwülstigen Stil.
Ansicht einer Kunstgalerie
nach Cornelis de Baellieur.
Louvre, Paris.*

Vor den Augen des alten Königs tauchte wieder das alte Gespenst des Bürgerkriegs auf. Die Aufständischen in den Cevennen gingen zum Terror über. Gegen die »Camisards« und ihren Anführer Jean Cavalier* mußte eine regelrechte Armee unter dem Befehl des Marschalls von Villars eingesetzt werden. Auf beiden Seiten wurde gerädert, verbrannt und gemordet. Schließlich gelang es den königlichen Truppen, den Widerstand der »Camisards« zu brechen. 1710 erlosch der Aufstand.

Hinter der Fassade

Zu den schweren Verlusten, welche die Auswanderung der Hugenotten verursacht hatte, kamen die Kosten des Krieges gegen die große Allianz von Augsburg (1688–1697) und des Spanischen Erbfolgekrieges (1701–1714). Das Finanzsystem Colberts war zusammengestürzt. Von seinem Werk blieb nur ein schwerfälliger und wirkungsloser Protektionismus übrig. Die ganze Last der Staatsschuld ruhte auf dem Bauernstand, der neun Zehntel der Bevölkerung ausmachte. 1688 schrieb La Bruyère sein berühmt gewordenes Buch über die Landbevölkerung. Furchtbare Unwetterkatastrophen verschlimmerten noch deren ohnehin schon großes Elend. Mißernten, Hungersnöte und Epidemien verwandelten in kurzer Zeit wohlhabende Bauern in Bettler. Durch den Einfluß der Zollpolitik Colberts waren die Preise für landwirtschaftliche Erzeugnisse zusammengebrochen, und die Rentabilität des Bodens ging um die Hälfte zurück. Die gesamten im Umlauf befindlichen Zahlungsmittel wurden für die Armee benötigt und fielen daher in ihrer normalen wirtschaftlichen Bedeutung aus. Ein dauernder Rückgang der Preise war unvermeidlich. Ludwig XIV. versuchte, jeden Untertan nach seinen wirtschaftlichen Verhältnissen zur Verminderung der gemeinschaftlichen Last heranzuziehen. 1695 führte er die Kopfsteuer und 1710 die Einkommensteuer ein. Da es aber einerseits an Beamten zur Überprüfung der Steuererklärungen fehlte und andererseits sich die einflußreichen Bevölkerungsschichten der Besteuerung zu entziehen wußten,

war der Gewinn aus diesen Maßnahmen gering.

Der König versuchte es daraufhin mit indirekten Steuern, nämlich mit Zöllen und Steuermarken. Das Steueraufkommen blieb unzureichend. Man verfiel schließlich als letzten Ausweg auf Anleihen, die Einführung des Papiergeldes, den Verkauf von Adelsbriefen und auf Glücksspiele . . . Der Winter des Jahres 1709 war ein Inferno aus Eis, Hunger und Pest. Das Vieh ging ein, sogar die Kaninchen erfroren in ihren Bauten. Die Bevölkerung Frankreichs war um zwei Millionen Einwohner zusammengeschmolzen. Wenn auch das Bürgertum durch den Handel noch einen gewissen Wohlstand bewahren konnte, so waren das einfache Volk und der Landadel um so härter betroffen. Der Klassenhaß wurde immer erbitterter. 1709 marschierte die Pariser Bevölkerung nach Versailles. Das Bandenwesen nahm erschreckende Ausmaße an, Klöster und Schlösser wurden überfallen. Der König ließ sein Goldgeschirr und seine Silbermöbel einschmelzen. Trotzdem wurden an den Toren der Stadt Paris, an den Kirchentüren und in den Straßen Schmähschriften gegen den König, seinen Lebenswandel und seine Regierung angeschlagen. Man erfand die berühmte Litanei: »Unser gottloser Vater, der du in Versailles bist . . .«

Der König blieb davon unbeeindruckt. Er zwang sich zur Gelassenheit und duldete weder den geringsten Widerspruch noch irgendeinen Zwang. Seine Gefühlskälte schien sogar zuzunehmen. Sie wurde besonders deutlich im Zuge der Ereignisse um Vaubans »Vorschlag für einen königlichen Zehnten«. Der große Techniker hatte versucht, die Fehler des herrschenden Wirtschaftssystems zu ergründen und Mittel zu dessen Gesundung zu finden. In der Einleitung seines Vorschlages wies Vauban auf das entsetzliche Elend der Armen hin, dann schlug er eine revolutionäre Maßnahme vor, nämlich den Wegfall der vielen Steuern und die Einführung einer einzigen Einkommensteuer. Niemand, nicht einmal der König, sollte von ihr befreit werden. Das Werk erschien 1706 zur großen Entrüstung der begüterten Bevölkerungsschichten. Die Minister redeten Ludwig XIV. ein,

daß Vauban seine Autorität antasten wolle.
Als dieser unbefangen dem König sein
Buch überbrachte, wurde er sehr ungnädig
empfangen und sein Werk sofort verboten.
Vauban war verzweifelt und starb am
30. März 1707. Dieses Ereignis verschärfte noch die bestehenden Gegensätze. Ludwig XIV. schloß sich in Versailles ab, das
er ständig weiter verschönerte und das zum
Museum seiner eigenen Vergangenheit
wurde. Unter den wie zur Parade aufge-
stellten Baumreihen, inmitten der Statuen,

Wasserbecken, Springbrunnen, Blumen-
beete, Nymphen und vergoldeten Gondeln
schien das Unglück fern.

Der Schatten des Todes

Während der letzten Lebensjahre des Königs traf ihn ein Schicksalsschlag nach
dem anderen. 1711 starb in Meudon* der
Grand Dauphin*, als Kronprinz der letzte
der sechs Kinder Ludwigs und Maria The-

resias. Dem König war sein Erbe zwar immer gleichgültig geblieben, aber trotzdem brachen mit dem Tode dieses unscheinbaren Mannes zahllose Pläne und Hoffnungen zusammen. Während der ganzen fünfzig Jahre seines Lebens hatte der Kronprinz nicht so viel von sich reden gemacht wie in der Stunde seines Todes. Die Hoffnung der Monarchie ruhte nunmehr auf den Schultern des Herzogs von Burgund, dem Schüler Fénelons*, und zum erstenmal trat der König einen Teil seiner Macht an den neuen Thronfolger ab. Man gewann sogar den Eindruck, daß der König seinem Enkel gegenüber seine Unzugänglichkeit aufgegeben hatte. Auch der Thronfolgerin Maria Adelaide* gegenüber schien er aufgeschlossener zu sein. Aber die leidenschaftliche, geistreiche und lebhafte Prinzessin erkrankte ein Jahr später und starb. Einige Tage darauf folgte ihr der Thronfolger, ihr Gemahl.

Der Schmerz des Königs kannte keine Grenzen: »In jedem Augenblick meines Lebens werde ich um sie trauern«, sagte er. Aber der Schatten des Todes wich nicht von der königlichen Familie. Der kleine Herzog der Bretagne*, der Sohn des Thronfolgers, überlebte seine Eltern nicht lange. Schließlich starb 1714 der Herzog von Berry*, der Bruder des Herzogs von Burgund, an den Folgen eines Reitunfalls. So überlebte schließlich nur der kränkliche, viereinhalbjährige Herzog von Anjou, der Urenkel des Sonnenkönigs und zukünftige Ludwig XV.*. Trotz seines hohen Alters hatte Ludwig XIV. an seinem Tagesablauf nichts geändert. Nach wie vor jagte er viel und arbeitete zu den gewohnten Stunden. Im August 1715 jedoch erschienen auf seinem linken Unterschenkel schwarze Flecken, ein Zeichen des Brandes. Der Gedanke an den Tod erschreckte ihn nicht. Als er seinen Neffen, den Herzog von Orleans* und zukünftigen Regenten, empfing, sagte er: »Sie werden einen König im Grab und einen in der Wiege sehen. Vergessen Sie nicht das Andenken an den einen und die Interessen des andern!« Dann wandte er sich an den kleinen Thronfolger: »Ich habe zu sehr den Krieg geliebt, begehen Sie nicht den gleichen Fehler, auch was die übermäßigen Ausgaben betrifft, die ich gemacht habe!« Ludwig XIV. starb am 1. September 1715 um acht Uhr morgens.

Die Bilanz einer Regierungszeit

Im Alter von zwanzig Jahren war Ludwig XIV. entschlossen, alles zu tun, damit sein Andenken Jahrhunderte überdauern sollte. Die zehn ersten Jahre seiner Regierungszeit waren verheißungsvoll. Er beeindruckte die Welt durch seine Großzügigkeit, sein majestätisches Auftreten, sein Kunstverständnis und seine unüberwindliche Flotte und Armee. Auch im Unglück blieb er gelassen, sogar im Schatten des Todes. Die befestigten Städte im Norden, Straßburg, Burgund und die von Vauban geschaffene »eiserne Grenze« bedeuteten zweifellos einen Machtzuwachs für Frankreich. Andererseits darf nicht übersehen werden, daß von 1681 an alle mit ungeheuren Kosten geführten Kriege diesen Besitzstand gerade noch erhalten konnten. An einigen Stellen kam es sogar zu Gebietsverlusten. Die Abtretung von Neufundland und Neuschottland an England war der Auftakt zum Verlust Kanadas. Auf religiösem Gebiet war die Politik Ludwigs XIV. ein völliger Fehlschlag. Der Jansenismus lebte weiter bis zur Revolution von 1789, und die Verfolgung der Protestanten schwächte Frankreich und stärkte seine Nachbarn, die Vereinigten Niederlande und besonders Brandenburg-Preußen.

Die oft beschworene »klassische Größe« des sogenannten Großen Jahrhunderts sollte man nicht überschätzen. Diese Ära dauerte gerade fünfzehn Jahre. Schon von 1680 an ging der staatliche Einfluß in der Literatur zurück. Individualismus und Kritik waren die Vorläufer der gedanklichen Kühnheit, aber auch der Auflösungserscheinungen der Aufklärungsphilosophie. Diese Entwicklung spricht jedoch weder gegen den Geschmack noch gegen den Weitblick Ludwigs XIV., der einem Molière die Möglichkeit gab, sein reiches Talent zu entfalten.

Es ist auch fraglich, inwieweit die absolutistische Form der Regierung Ludwigs XIV. wirksam wurde. Die Macht der »Beamten«, die nichts als Parasiten am Körper des Staates waren, sowie der Einfluß der Gerichtshöfe, der sogenannten Parlamente, der Ständeversammlungen, der Provinzen, des Adels und der partikularistischen Strömungen im Lande schienen zwar gebrochen. Aber schon in der Régence* regten sie sich wieder, und unter der Regierung Ludwigs XV. trugen alle diese Kräfte zum Untergang der Monarchie bei. Dies beweist, daß es den Intendanten nicht im entferntesten gelang, die alten Gewohnheitsrechte, Privilegien und den Standesegoismus zu brechen. Der König stand allein, denn seine Macht stützte sich auf keine Gesellschaftsschicht; er versuchte vielmehr, sich gegenseitig bekämpfende Kräfte in einem stets gefährdeten Gleichgewicht zu halten. Nach dem Tod Ludwigs XIV. gingen diese Gruppen wieder ihre eigenen Wege und kämpften für ihre egoistischen Ziele bis zum endgültigen Zusammenbruch der Monarchie. Der schwerwiegendste Irrtum Ludwigs XIV. auf außenpolitischem Gebiet war die Unterschätzung der Macht der Vereinigten Niederlande. Denn sogar nach dem furchtbaren Feldzug von 1672 und der Überschwemmung ihres Landes blieben die Niederländer reich, und ihr Einfluß war ungebrochen. Nach Wilhelm von Oranien konnte der Ratspensionär Heinsius als Verbündeter Großbritanniens weiterhin große Politik treiben. Großbritannien* ging aus den Kriegen mit Ludwig XIV. beträchtlich gestärkt hervor. Trotz aller dieser Fehlschläge und Irrtümer läßt sich nicht bestreiten, daß Ludwig XIV. Frankreich größer und besser befestigt hinterließ, als er es vorgefunden hatte. Er gab seinem Lande eine Ausstrahlungskraft und ein Ansehen, das ihm die kulturelle und sprachliche Vorherrschaft im Zeitalter der Aufklärung sicherte. Wenn es ihm auch nie gelang, echte Sympathien oder gar Zuneigung zu erwerben, so verdient er doch Respekt, denn er verstand es, über ein halbes Jahrhundert lang der Welt zu imponieren.

Der Nachruf seines alten Feindes Saint-Simon »Das nennt man leben und regieren« war wohl verdient. Aber vor dem königlichen Katafalk in Saint-Denis begann der Prediger Massillon* seine Leichenrede vor dem versammelten Hof mit den Worten: »Gott allein ist groß, meine Brüder . . .«

*Im 16. und im 17. Jahrhundert zerfiel Deutschland praktisch in eine Vielzahl
von Fürstentümern und freien Reichsstädten.
Unser Bild zeigt einen deutschen Fürsten, Wilhelm IV. von Bayern (er regierte 1508 bis 1550),
nach einem Gemälde von Hans Wertinger. Pinakothek, München.*

DEUTSCHLAND
UND DIE HABSBURGER

Die Friedensverträge von Münster und Osnabrück zogen den Schlußstrich unter den Dreißigjährigen Krieg und besiegelten die politische Ohnmacht des Reiches.

Die 355 deutschen Einzelstaaten waren nun praktisch souverän und besaßen das Recht, Verträge und Bündnisse mit dem Ausland abzuschließen.

Deutschland hatte diese Unabhängigkeit der Reichsstände teuer bezahlt. Dreißig Jahre voller Kriege, Massenmorde, Hungersnöte und Seuchen hatten über die Hälfte des Landes verwüstet. Manche Gegenden hatten bis zu vier Fünftel ihrer früheren Einwohnerzahl verloren. Wälder und Sümpfe nahmen das urbar gemachte Land wieder in Besitz. Die hauptsächlichen Ausfuhrhäfen und die Mündungen aller großen deutschen Ströme waren in ausländischer Hand. Das Herzogtum Bremen (ohne die Stadt Bremen*) und Stettin* gehörten zu Schweden, Danzig* zu Polen, die Rheinmündung war in der Hand der nun selbständigen Niederlande.

Der Glaube an eine deutsche Nation war nahezu erloschen. Während der furchtbaren Zeit des Dreißigjährigen Krieges war das kulturelle Leben verkümmert und entwickelte sich trotz der vielversprechenden Ansätze im 16. Jahrhundert nur langsam wieder, im Anschluß an die einzelnen fürstlichen Residenzen. Die Arbeit der Philosophen vollzog sich in einem übernationalen, weltbürgerlichen Rahmen. Viele Wissenschaftler schrieben im folgenden Jahrhundert ihre Werke in französischer Sprache. Der verhängnisvolle Zwiespalt zwischen weltumspannender Kultur und engstirniger Politik wurde zu einem beherrschenden Zug des neueren Deutschland.

Der Niedergang des Reichsgedankens

Die politische Wirksamkeit der Kaiserwürde war so sehr in den Hintergrund getreten, daß andere Monarchien, wie England, Schweden und vor allem Frankreich, dem Kaisertitel jegliche Bedeutung absprachen.

Ludwig XIV. stützte sich auf die Nachfolge Karls des Großen, in dem er fälschlicherweise einen französischen Herrscher erblickte, und betrachtete in politischer Hinsicht das Reich als eine »Republik von Fürsten«, in der die Habsburger nicht mehr Rechte besaßen als er selbst in seiner Eigenschaft als Besitzer des Elsaß. Wie sein Vorgänger Franz I. erwog er 1683 allen Ernstes die Möglichkeit, mit der Unterstützung gekaufter Kurfürsten sich zum römisch-deutschen Kaiser wählen zu lassen.

Die 1648 zaghaft begonnene Reform der politischen Struktur des Reiches blieb stecken. Die wichtigste politische Körperschaft blieb der Reichstag, der sich aus den drei Kurien des gesamten Staatswesens zusammensetzte, nämlich acht (von 1648 an) Kurfürsten, den geistlichen und weltlichen Fürsten und 61 freien Reichsstädten. Den beherrschenden Einfluß übten die acht Kurfürsten aus, die das Recht besaßen, den »römischen König«, damit den zukünftigen Kaiser, zu wählen. 1648 waren es die Erzbischöfe von Köln, Trier und Mainz, der König von Böhmen, der Markgraf von Brandenburg, der Kurfürst von der Pfalz und die Herzöge von Sachsen und Bayern. 1692 wurde Hannover* zum neunten Kurfürstentum erhoben.

Der neue ständige Sitz des Reichstags war Regensburg. Von 1658 an tagte dieser in Permanenz. Aber nur die kleinen Fürsten und die freien Reichsstädte unterstützten das Reich und den Kaiser, welche die Garantie ihres Fortbestandes bedeuteten. Die Kurfürsten dagegen, die über ausgedehnte Gebiete regierten, und auch andere bedeutendere Fürsten, welche die Kurwürde nicht besaßen, betrachteten beide politischen Größen als unzeitgemäß. Diese partikularistische Aufteilung der Macht ist von 1648 an die wesentliche Erscheinung in der deutschen Geschichte.

Zu einer Zeit, in welcher der Absolutismus die vorherrschende Regierungsform in Europa war, konnte der Kaiser nur in seinen habsburgischen Stammlanden unumschränkt herrschen. Wenn es auch keinen »deutschen« Absolutismus gab, so existierte im Reich doch eine Vielzahl untereinander rivalisierender absolutistischer Landesherrschaften, die alle mehr oder weniger nach dem französischen Vorbild ausgerichtet waren und ihre eigenen Hauptstädte und Höfe besaßen.

(Photo Blauel)

Die deutschen Länder

Die Politik der einzelnen deutschen Fürsten in ihren mehr oder weniger kleinen Staaten stand ab 1648 überall unter dem gleichen Vorzeichen. Sie waren bestrebt, ihren Landbesitz zu vergrößern, die bestehenden Ständevertretungen, die Landtage, entweder ganz auszuschalten oder sich wenigstens botmäßig zu machen, sobald diese einen eigenen politischen Willen zeigten, und eine eigene Armee und Verwaltung aufzubauen. Einige Landesherren kamen auf wirtschaftlichem Gebiet zu guten Ergebnissen, besonders durch die Beschneidung der unangemessenen Zunftrechte. Um sich die Ergebenheit der Armee zu sichern, blieben die Standesvorrechte des Adels, der die Offiziere stellte, ungeschmälert. Die Steuerlast ruhte daher auf der breiten

Masse, vor allen Dingen auf den Bauern. In dieser Zeit entstanden der Gehorsam und die Disziplin, die zur Tradition wurden.

Die Deutschen unterstanden Dutzenden von meist strengen und kleinlichen Fürsten, die von ihren Untertanen Unterwürfigkeit forderten und auf ihre eigene Würde größten Wert legten. Der Gedanke einer kulturellen und politischen Gemeinsamkeit und eines deutschen Nationalgefühls ging jedoch trotz der konfessionellen und politischen Schranken und Zerwürfnisse nie ganz verloren. Über der faktischen Zugehörigkeit zu einem Einzelstaat und seinem Duodezfürsten bestand die geistige und sprachliche Zusammengehörigkeit weiter. In dieser Gemeinschaft fanden auch die Kalvinisten einen Platz. Eine am Ende des Jahrhunderts entstehende religiöse Strömung, der Pietismus, trug dazu bei, eine versöhnlichere Haltung zu prägen, weil er sowohl die Reformierten als auch die Lutheraner beeinflußte.

Das in Kleinstaaten gegliederte Deutschland lebte nicht auf sich selbst zurückgezogen. Der Machthunger der Landesfürsten ging über die eigenen Staatsgrenzen hinaus. Die bayrischen Wittelsbacher träumten von Königskronen in Sizilien, Sardinien und in den österreichischen Niederlanden. Der Kurfürst Friedrich August I. von Sachsen* scheute kein Opfer, um Wahlkönig von Polen zu werden. Ein Kurfürst von Hannover wurde als Georg I. 1714 König von England und begründete dort eine deutsche Dynastie. Deutsche Prinzen und Prinzessinnen gab es in ganz Europa, in Skandinavien wie in Rußland. Heiraten knüpften ein vielfältiges Netz verwandtschaftlicher Beziehungen. Deutschland besaß mächtige Nachbarn wie Schweden und Frankreich, die Garanten der Verträge von 1648, denen Gebiete innerhalb des Reiches gehörten und die sich um Bündnisse mit deutschen Staaten bemühten, die dadurch in alle möglichen internationalen Konflikte hineingezogen wurden. Bis zum Ausbruch des Krieges zwischen Frankreich und den Vereinigten Niederlanden im Jahre 1672 blieb der französische Einfluß vorherrschend. Während dieser Zeit unterhielten viele deutsche Fürstenhäuser Beziehungen zu Frankreich, die allerdings durch großzügige Geldzuwendungen auch einen besonderen Anreiz besaßen. 1658 kam es auf Betreiben des Kurfürsten Johann Philipp von Mainz zur Bildung des separatistischen Rheinbundes. Zu ihm gehörten die Kurfürsten von Mainz, Köln und Trier, die Herzöge von Braunschweig und Württemberg* sowie der Landgraf von Hessen-Kassel. Brandenburg und Sachsen traten nach 1664 bei. Nur der Pfalzgraf und der Kurfürst von Bayern blieben auch den wohlgefüllten Kassen Ludwigs XIV. gegenüber unzugänglich. Die meisten Fürsten besaßen weder die Mittel für eine prunkvolle Hofhaltung noch die Möglichkeit, ihre absolutistische Regierungsform ohne fremde Hilfe aufrechtzuerhalten.

Die Machtbestrebungen Ludwigs XIV. riefen jedoch schon um 1670, im Augenblick der Kriegsvorbereitungen Frankreichs gegen die Niederlande, trotz aller hohlen Erklärungen, in denen er sich als den angeblichen »Verteidiger der deutschen Freiheiten« bezeichnete, überall tiefe Unruhe hervor. Die Besetzung des zum Reich gehörenden Herzogtums Lothringen führte zum Protest des Landtags in Brandenburg. Der große Philosoph Leibniz*, Rat am höchsten Gericht des Kurfürstentums Mainz, forderte ein geeintes Deutschland zum Widerstand gegen Frankreich. Ludwig XIV. mußte die Neutralität der Fürsten von Bayern und Hannover teuer bezahlen.

Der hartnäckige Widerstand der Generalstaaten erschwerte noch die Lage Frankreichs. Eine ebenso nachteilige politische Wirkung folgte der räuberischen Besetzung Straßburgs im Jahre 1681, die durch eine Erinnerungsmedaille mit der höhnischen Umschrift »Clausa Germanis Gallia« (Frankreich ist den Deutschen verschlossen) gefeiert wurde.

Durch den Waffenstillstand von Regensburg im Jahre 1684 blieb Deutschland noch unter französischer Vorherrschaft. Die schamlose Verwüstung der Pfalz auf Befehl von Louvois 1688 sowie die Zerstörungen von Heidelberg*, Mannheim*, Speyer und Worms hatten weitreichende psychologische und politische Folgen. Nach dem Spanischen Erbfolgekrieg und den Verträgen von Utrecht und Rastatt in den Jahren 1713 und 1714 mußte Ludwig XIV. auf alle politischen Rechte in Deutschland verzichten. In der Zwischenzeit zeichneten sich inmitten der vielfältigen deutschen Staatenwelt bereits die Konturen des aufsteigenden Staates der Hohenzollern* ab.

Die Hohenzollern auf dem Wege zur Macht

Die Hohenzollern stammten aus einer schwäbischen Familie, denen Kaiser Sigismund aus dem Haus Luxemburg 1415 Brandenburg, eine Grenzmark, übertragen hatte. Die eigentliche Belehnung erfolgte am 17. April 1417.

Der Kurfürst von Brandenburg trat im 16. Jahrhundert zum Luthertum über und säkularisierte die Kirchengüter. Zudem wurde ein Prinz aus der jüngeren Linie des Hauses Hohenzollern, Albrecht von Brandenburg, im Jahre 1511 Großmeister des Deutschritterordens, der sich einst die Urbarmachung Preußens zum Ziel gesetzt hatte. Auch er trat 1525 zum lutherischen Glauben über und wurde, nachdem er die Besitzungen des Ordens säkularisiert hatte, weltlicher Herzog von Preußen unter der Lehnshoheit des Königs von Polen.

Schon in diesem Augenblick waren die Ziele der Familie klar abgesteckt: die Vereinigung Brandenburgs und Preußens, die Eroberung der Gebiete, die beide Länder voneinander trennten, und schließlich die Befreiung Preußens aus der polnischen Lehnsherrschaft, die seit der Niederlage des Deutschritterordens bei Tannenberg im Jahre 1410 bestand. Die Verwirklichung dieser Pläne beanspruchte allerdings noch zwei Jahrhunderte.

Im Jahre 1609 starb der Herzog von Kleve-Jülich. Kurfürst Johann Sigismund von Brandenburg* trat Weihnachten 1613 öffentlich und aus innerer Überzeugung vom Luthertum zum Kalvinismus über.

Der Vertrag von Xanten* sprach nun 1614 dem Markgrafen von Brandenburg das Herzogtum Kleve sowie Mark und Ravensberg zu. Auf diese Weise gelang es ihm, in Nordwestdeutschland Fuß zu fassen. 1618 erbte er nach dem Tode des schwachsinnigen Sohnes Albrechts von

Unten: Die Kampfkraft des brandenburgischen Heeres zur Zeit des Großen Kurfürsten, Friedrich Wilhelm, zeigte sich 1675 in der Schlacht bei Fehrbellin gegenüber der gefürchteten schwedischen Armee. Der Kurfürst hatte übrigens sein Heer nach dem Vorbild seiner Gegner aufgebaut. Zeitgenössischer Wandteppich.

Rechts: Zwei Jahre später bewährten sich Friedrich Wilhelms Truppen erneut bei der Belagerung von Wolgast.

(Photos Josse)

Brandenburg, der kinderlos starb, das Herzogtum Preußen. Der König von Polen erklärte sich mit der Erblichkeit des Lehens einverstanden. Im Westfälischen Frieden 1648 wurden Friedrich Wilhelm*, dem Großen Kurfürsten von Brandenburg, der an der Seite Frankreichs zeitweise gegen den Kaiser gekämpft hatte, Hinterpommern nebst Cammin, Minden und Halberstadt sowie die Anwartschaft auf das Erzbistum Magdeburg zugesprochen.

Der Westfälische Friede machte die deutschen Fürsten zu unumschränkten Herren ihrer Länder. In diesem Augenblick entstand der erste brandenburg-preußische Staat. Vor den Augen der Hohenzollern, deren Besitz durch den Erwerb der niederrheinischen Gebiete mit ihren reichen Städten seinen ehemals provinziellen und ländlichen Charakter verloren hatte, taten sich neue Möglichkeiten auf. Ihr Staat bildete um seinen Mittelpunkt, die Kurmark mit Berlin*, eine geschlossene Einheit. Im Osten und im Westen waren Gebiete vorgelagert, welche die Hohenzollern Brandenburg noch angliedern wollten. Sie besaßen im übrigen den Vorteil, Anrainer an allen großen Flüssen von der Oder bis zum Rhein zu sein.

Der Große Kurfürst

Friedrich Wilhelm, der ab 1640 die Kurwürde besaß, begann als zäher und weitblickender Herrscher sofort nach dem Westfälischen Frieden, seine Pläne zu verwirklichen. Er war mit dem Kurfürsten von der Pfalz und der Familie Oranien-Nassau in den Niederlanden verwandt, die beide kalvinistisch waren.

Seine erste Entscheidung nach dem Friedensschluß war die Auflösung des alten Feudalheeres und die Aufstellung einer zwar zahlenmäßig schwächeren, aber besser bewaffneten und disziplinierteren Armee.

Auf militärischem Gebiet genoß in Norddeutschland die schwedische Armee bei weitem das höchste Ansehen. Friedrich Wilhelm übernahm ihre Gesetzgebung, ihr Versorgungssystem und ihren Aufbau in einem 30 000 Mann umfassenden Heer. Schließlich schuf er einen geheimen Staatsrat, um die einzelnen Zweige der Regierung, die sich teilweise in den Händen des Adels befanden, unter seiner Führung zu vereinheitlichen.

In Berlin entstand eine durch und durch bürokratische Regierung. Die Hauptstadt eines Staates von 600 000 Untertanen zählte bei Ende seiner Regierung nur 11 000 Einwohner, in Königsberg, der Hauptstadt Ostpreußens, lebten dagegen 20 000.

Die Landwirtschaft war wenig erträglich. Die Hohenzollern hatten stets den grundbesitzenden Landadel unterstützt, dessen Bauern meist Leibeigene waren. Die Ostgebiete waren, mit Ausnahme der Städte, dünn besiedelt.

Trotz hoher Steuern mußte der Staatshaushalt durch ausländische Unterstützung ausgeglichen werden. Friedrich Wilhelm verstand es vorzüglich, die jeweilige politische Lage auszunutzen. Aus Mißtrauen gegen das Haus Habsburg verbündete er sich zunächst mit Frankreich und Schweden. Als nach 1658 die Gefahr von seiten des Reiches und der Katholiken ausgeschaltet war, kehrte Brandenburg zur Neutralität zurück.

Im Krieg Frankreichs gegen die Generalstaaten kämpfte Friedrich Wilhelm auf seiten des Kaisers gegen den französischen Angreifer und besonders gegen Schweden, das Pommern und Niedersachsen bedrohte. Während der ersten Kriegsjahre (1672–1673) behielt Ludwig XIV. jedoch in allen

Schlachten die Oberhand. Mit der Wendigkeit, die eines der Kennzeichen der preußischen Diplomatie bleiben sollte, unterzeichnete Friedrich Wilhelm einen unumgänglich notwendigen Separatfrieden mit Frankreich, griff aber unter dem Eindruck des heroischen Widerstandes der Niederlande 1674 wieder gegen Ludwig XIV. und die Schweden zu den Waffen.

An der Ostsee kämpfte er erfolgreich gegen die schwedische Armee Karls XI.*, der in die Mark Brandenburg eingefallen war und Berlin bedrohte. Am 28. Juni 1675 schlug er bei Fehrbellin*, nicht weit von

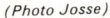

seiner Hauptstadt, die Schweden vernichtend, vertrieb sie aus Brandenburg, aus Schwedisch-Pommern und aus Stettin, dem lebenswichtigen Ausfuhrhafen seines Landes. Durch diesen Sieg wurde er zum Großen Kurfürsten.

Geschwächt durch eine französische Offensive in seinen westfälischen Besitzungen im Jahre 1679 mußte Friedrich Wilhelm aber seine Ansprüche auf die eroberten schwedischen Gebiete herabschrauben. Gegen eine entsprechende Kriegskostenentschädigung verbündete er sich erneut mit Ludwig XIV., schwenkte aber 1685 nach Aufhebung des Edikts von Nantes wieder auf die kaiserliche Seite über.

Friedrich Wilhelm starb 1688, und sein Sohn, Kurfürst Friedrich III.*, machte sofort Front gegen Frankreich.

Die Regierung des Großen Kurfürsten hatte reiche Früchte getragen. Er hatte viele Flamen und Holländer in sein Land geholt, um Sümpfe trockenzulegen. Ein Verbindungskanal zwischen Oder und Elbe machte den Umweg über die Ostsee überflüssig und ersparte gleichzeitig die Zahlung von Zöllen an die Schweden.

Der Erlaß von Potsdam* des Jahres 1685 lud die durch die Aufhebung des Edikts von Nantes zur Auswanderung gezwungenen französischen Protestanten nach Bran-

(Photo Josse)

ver hatte auch sein Land mit einer neuen und zentral ausgerichteten Verwaltung ausgestattet. Dazu war der von einem prunkvollen Hof umgebene Herzog Friedrich August (August der Starke) von Sachsen 1697 als August II. gegen den Kandidaten Ludwigs XIV. zum König von Polen gewählt worden. Die Königskrone Friedrich Augusts und die Kurwürde des Herzogs von Hannover ließen Friedrich III. nicht ruhen.

Er wollte eine Krone als Symbol seiner Überlegenheit. Der Kaiser war auf seinen Bundesgenossen im Spanischen Erbfolgekrieg angewiesen und unterstützte not-

(Photo Josse)

denburg ein. Die ersten Anfänge waren schwierig, denn die Hugenotten zogen das reichere England oder die Niederlande dem ärmeren Brandenburg vor. Die Zahlung der Reisekosten, die Schenkung von Grund und Boden und geldliche Unterstützung bewogen jedoch viele, diese Einladung anzunehmen.

Um die Jahrhundertwende hatten sich 25 000 Franzosen in Preußen niedergelassen. Sie bauten Seiden- und Tuchwebereien und eine Luxusindustrie auf, die sich vor allem mit der Herstellung von Spiegeln, Papier, Uhren und Schmuck befaßte. In einem Berliner Stadtviertel, das den biblischen Namen Moabit trägt, gaben sie den Ton an. Von den 11 000 Berliner Einwohnern waren 4000 französische Flüchtlinge. Hunderte von französischen Adligen traten als Offiziere in preußische Dienste und wirkten am Aufbau der Armee mit, die sich später mit der französischen messen sollte.

König in Preußen

Friedrich III., der Sohn des Großen Kurfürsten, kämpfte im Krieg der Augsburger Allianz gegen Ludwig XIV. Er hatte ehrgeizige Pläne, denn der Herzog von Hanno-

*Der furchtbare Bauernkrieg des Jahres 1525
war zweifellos einer der heftigsten
Bauernaufstände in der ganzen deutschen Geschichte.
Aber auch später gab es in Deutschland weitere
örtlich begrenzte Unruheherde wie der Aufstand
in Bayern im Jahre 1705.
Gemälde von Franz von Defregger.
Depot Meisenstraße, München.*

gedrungen dessen Ansprüche. Die deutschen Fürsten erkannten ihm schließlich das Recht auf den Titel König in Preußen, also zunächst nur in dem formell nicht zum Reich gehörigen Herzogtum Preußen zu, und im Januar 1701 fand in Königsberg die feierliche Krönung des Königs Friedrich I. statt.

Der neue Herrscher erlebte aber das Ende der Kriege zwischen dem verbündeten Europa gegen Ludwig XIV. sowie Karl XII.* von Schweden gegen Peter den Großen* nicht mehr. Als Verbündeter der Russen erhielt sein Sohn, König Friedrich Wilhelm I., der Soldatenkönig, Vorpommern bis zur Peene und Stettin nach der militärischen Niederlage Karls XII. im Jahr 1720 durch den Friedensschluß in Stockholm.

Mit diesem Ereignis ging die erste Etappe des Aufstiegs von Brandenburg-Preußen zu Ende. Der preußische König schien von nun an im Reich nahezu ebenso mächtig wie der Kaiser. Eine protestantische Dynastie stand einer katholischen gegenüber. Der Kampf um die Vorherrschaft zwischen dem Haus Hohenzollern und dem Haus Habsburg begann und wurde erst im deutschen Bruderkrieg 1866 in der Schlacht bei Königgrätz durch den Sieg der vereinigten preußischen Armeen entschieden.

Die habsburgischen Stammlande, Kaiser Leopold I.

Im 17. Jahrhundert wurde das Reich, im Gegensatz zu England und Frankreich, durch keine starke innere Ordnung zusammengehalten. Es bestand aus einem losen Bund vieler Einzelstaaten.

Nach 1648 bis zum Ende des Jahrhunderts standen alle habsburgischen Herrscher, das heißt Kaiser Ferdinand III. und nach ihm Kaiser Leopold I., vor der Aufgabe, gegenüber Frankreich und dem Osmanischen Reich eine moderne und zentral gelenkte Monarchie aufzubauen. Diese Reform wurde erschwert durch die völkische und sprachliche Verschiedenartigkeit der habsburgischen Stammlande. Sie bestanden aus dem Königreich Böhmen,

dem Königreich Ungarn, das übrigens nicht Bestandteil des römisch-deutschen Reiches war und sich zum größten Teil noch in türkischer Hand befand, und schließlich aus dem eigentlichen Österreich. Im großen und ganzen war der Hof in Wien im 17. Jahrhundert in der Entwicklung zum Absolutismus noch hinter Frankreich zurückgeblieben. Im Vergleich zu Westeuropa war auch ein gewisser wirtschaftlicher Rückstand aufzuholen. Wien, 1683 noch von den Türken berannt, zählte viel weniger Einwohner als Paris oder London.

Leopold I., in dem die Österreicher den Sieger über die Türken und den Eroberer Ungarns erblickten, war keine überdurchschnittliche Persönlichkeit, aber in seiner siebenundvierzigjährigen Regierungszeit (1658–1705), die derjenigen des Sonnenkönigs, seines Schwagers, kaum nachstand, nahm das habsburgische Österreich die Züge an, die es bis 1918 bewahren sollte: ein katholischer Vielvölkerstaat unter Führung des deutschen Volksteils mit der Donau als Mittelachse.

Bei seiner Thronbesteigung 1658 war Leopold gerade 18 Jahre alt. Äußerlich war er wenig anziehend, aber er besaß neben den Neigungen, die eigentlich nicht in das Bild eines Herrschers paßten, wie die Astrologie, zweifellos viele gute Eigenschaften. Er war gewissenhaft und bemühte sich, so viel und genau wie Philipp II. von Spanien zu arbeiten. Seine Umgebung war ihm aufrichtig zugetan, und er entwickelte sich beispielweise zu einem sehr begabten Musiker.

1665 erklärte er, daß er ohne Ersten Minister regieren wolle. Als Kaiser fühlte er sich dem von ihm imitierten König von Frankreich überlegen und verteidigte seine Kaiserwürde zu einer Zeit, wo sie außerhalb seiner Erblande fast jegliche Bedeutung verloren hatte.

Das wichtigste Tätigkeitsfeld seiner absolutistischen Versuche war Böhmen. Nach den Verwüstungen des Dreißigjährigen Krieges war dieses Land nun völlig in den deutschen Kulturkreis einbezogen worden und in feste Abhängigkeit zu Wien geraten. Der tschechische Hochadel hatte sich weitgehend angepaßt, der niedrige

Adel den Gedanken an Widerstand aufgegeben.

Nachdem die Gegenreformation in Deutschland fehlgeschlagen war, mußte der Kaiser versuchen, ihr in Österreich, in der Steiermark, in Tirol und in Ungarn zum Durchbruch zu verhelfen. Als König von Ungarn unterstand dem Herrscher eine starke protestantische Minderheit, die zwar politisch nicht in Erscheinung trat, aber trotzdem gelegentlich dem Sultan mehr Sympathien als dem katholischen Kaiser entgegenbrachte. Diese Konfessionsfrage bedeutete ein dauerndes Hindernis für die Wiedereroberung Ungarns und seine Eingliederung in die habsburgischen Lande bis zu Beginn des 18. Jahrhunderts.

Als wirtschaftliche Erscheinungsform des Absolutismus begünstigte der Kaiser den Merkantilismus. Er unternahm mehrere Versuche, ihn in seinen Ländern einzuführen. Die ersten Ergebnisse wurden während der Regierungszeit Karls VI. im 18. Jahrhundert erkennbar, aber die Entwicklung dieser Wirtschaftsform setzte unter Leopold I. ein.

Der Wiener Theoretiker des Merkantilismus war Becher*, der die Verhältnisse in Frankreich sehr gut kannte und Colbert bewunderte. Er war überzeugt, daß die habsburgischen Länder nicht zuletzt auf Grund ihrer Handelswege nach Italien eine wirtschaftliche Einheit bildeten, die er durch eine Art Zollunion vom Ausland unabhängig machen wollte. Darüber hinaus beabsichtigte er, die Fabriken mit kaiserlichen Monopolen auszustatten und eine Handelsflotte aufzubauen, um auf die Inanspruchnahme der Engländer und Holländer für den Überseehandel verzichten zu können. Vor allem wollte er, so weit wie möglich, den Export der eigenen Währung verhindern. Da der Bauernstand in den Donauländern die breiteste Gesellschaftsschicht darstellte, versuchte Becher, das Einkommen und die Arbeitsbedingungen der Bauern zu verbessern. Die Eigentumsverhältnisse in Böhmen und Ungarn, deren ungeheure Güter in den Händen des Adels und der Klöster lagen, kamen diesen Reformbestrebungen entgegen. Den Handel zwischen Norditalien und Süddeutschland sollten Gesellschaften übernehmen. Die seit der Renaissance so wichtigen Alpenstraßen wollte er auf diese Weise einem großen Wirtschaftsgebiet nutzbar machen. Diese Lösung bot den Vorzug, daß die Vorteile dieser Handelsbeziehungen dem Kaiser zufallen würden, statt weiterhin Amsterdam, Hamburg und die italienischen Städte zu bereichern.

Im Jahre 1666 gelang es Becher, die Bildung eines Handelsrates zu erreichen. Leopold I. hatte sich überzeugen lassen. Der Widerstand kam jedoch von seiten des Adels. Die Großgrundbesitzer sahen nicht ein, weshalb sie einen Beitrag zu diesem Projekt leisten sollten. Auf ihre Mitwirkung konnte man jedoch nicht verzichten, da das erforderliche Kapital in ihren Händen lag. In den Donauländern gab es keine genügend breite Bürgerschicht, auf die man hätte zurückgreifen können. Die Prager Juden, die hauptsächlichen Geldgeber des Kaisers, konnten gemeinsam mit den niederländischen Bankiers kaum die Vorschüsse auf Steuern und Kriegskontributionen aufbringen.

*Als Herrscher über Pommern, die Odermündung beiderseits von Stettin
und die ostpreußische Küste
besaß der Große Kurfürst nicht nur eine respekteinflößende Armee,
sondern konnte auch schon eine eigene Flotte aufbauen.
Gemälde von Lieve Verschuir.
Schloß Charlottenburg, Berlin (West).*

(Photo Josse)

Die Pläne Bechers scheiterten schließlich an der Schwerfälligkeit der Verwaltung und der Haltung des Reichstages von Regensburg. 1674 stellte der Handelsrat seine Tätigkeit weitgehend ein.

Das ungarische Problem und die Türkengefahr

Seit der Schlacht von Mohács im Jahre 1526 und der Besetzung Budas durch die Türken war Ungarn dreigeteilt. Der Westen gehörte den Habsburgern, Mittelungarn war türkisch, und Transsilvanien hatte seine Selbständigkeit errungen.

In ihrem Herrschaftsbereich hatten die türkischen Herren das Land unter sich aufgeteilt und den Städten eine gewisse Autonomie gewährt. Das von Deutschen besiedelte Siebenbürgen war der wirtschaftlich gesundeste Teil Ungarns, besonders unter Georg I. Rákóczi*, der während des Drei-

ßigjährigen Krieges mit Frankreich und Schweden verbündet war. Sein Nachfolger Georg II. Rákóczi* erlitt eine Niederlage in seinem Feldzug gegen Polen, und die Türken zwangen dem Land von 1661 bis 1690 einen ihnen völlig ergebenen Landesherren auf.

Der westliche Teil Ungarns war gänzlich von Österreich abhängig. Kaiserliche Garnisonen überwachten die Städte. Protestantische Geistliche wurden auf Galeeren verbannt.

Das Vorrücken der Türken rief jedoch die alten Kreuzzugsgedanken wieder hervor. Der Papst, Venedig und der Reichstag stellten Geld und Soldaten. Die italienischen Fürsten und Spanien versprachen Hilfe. Auch an Ludwig XIV. erging die Aufforderung, einen Beitrag im Kampf gegen die Türken zu leisten. Der französische König konnte trotz der Verträge von 1536 und dem schon traditionellen Bündnis mit der Pforte* kaum beiseite stehen, und er sagte ein Expeditionskorps von über 6000 Soldaten zu.

Österreich konnte 1664 einen ersten Erfolg verzeichnen, der allerdings ohne weiterreichende Ergebnisse blieb. Zwei Armeen unter der Führung des Grafen Montecuccoli*, eines Italieners aus Modena, der in die Dienste des Kaisers getreten war, rückten in Ungarn ein. Am 1. August kam es bei Sankt Gotthard an der Raab zur Schlacht. Österreich blieb Sieger, aber Leopold I. unterzeichnete unverzüglich einen Waffenstillstand. Die Sache Ungarns wurde zunächst den Interessen der Großmächte geopfert.

Franz Rákóczi*, der Sohn Georgs II., versuchte, sich mit Frankreich zu verständigen. Man erwog sogar die Möglichkeit, Ludwig XIV. die ungarische Krone anzubieten, so wie man vorher am französischen Hof schon daran gedacht hatte, in Deutschland den französischen König zum Kaiser zu wählen, um dadurch die Habsburger in Schach zu halten.

Schließlich kam es 1670 in Westungarn zu einem Aufstand gegen Österreich. Die protestantischen Pfarrer erklärten, aus religiösen Gründen die tolerantere türkische Besatzung vorzuziehen. Aber Wien behielt die Oberhand. 2000 Rebellen wurden in die Gefängnisse geworfen und drei ihrer Anführer in Wien hingerichtet.

Der Sieg am Kahlenberg

Nach 1680 gab die Lage in Ungarn Leopold I. die Möglichkeit, an der Donau Boden zu gewinnen.

Zu diesem Zeitpunkt stand Ludwig XIV. auf dem Gipfel seiner Macht. Seine Beziehungen zu Kaiser und Reich waren wegen seiner Eroberungsgelüste denkbar schlecht, und er dachte infolgedessen nicht mehr daran, Rücksicht auf Wien zu nehmen oder gar Hilfe gegen die Türken zu leisten.

In Konstantinopel versuchte der Großwesir diese Situation zu seinem Vorteil auszunutzen und entschloß sich zu einer Großoffensive, mit der er die türkischen Eroberungen des 16. Jahrhunderts abschließen wollte. So begann der Feldzug von 1683.

(Photo Josse)

Der polnische König Johann Sobieski unterstützte entscheidend an der Spitze einer Hilfstruppe gepanzerter Reiter vernichtend schlug. Diese Niederlage machte den langsamen Verfall des Osmanischen Reiches offensichtlich.

das kaiserliche Heer, das die Türken in der Schlacht am Kahlenberg im Norden von Wien am 12. September 1683
Gemälde eines unbekannten Meisters. Heeresgeschichtliches Museum, Wien.

(Photo Josse)   111

Zum erstenmal seit 1529 überschritt wieder eine türkische Armee die österreichische Grenze, brach den Widerstand der kaiserlichen Truppen und belagerte Wien. Unter der gemeinsamen Bedrohung wuchs in der Bevölkerung von Wien, Prag und Preßburg* das Gefühl gemeinsamer Gefahr, der es gemeinsam zu begegnen galt. Die mitreißende Beredsamkeit der Prediger fachte die politische und religiöse Leidenschaft an, die bei der Ankunft des polnischen Königs Johann Sobieski, der zum Entsatz der Stadt heranmarschierte, ihren Höhepunkt erreichte.

Am 12. September 1683 gelang es Herzog Karl Leopold von Lothringen* und König Johann Sobieski am Kahlenberg, die türkische Armee unter dem Großwesir Kara Mustafa zu umzingeln und vernichtend zu schlagen. Die Türken gaben ihre Belagerung auf und zogen sich in das Innere Ungarns zurück.

Dieser glänzende Sieg bot die Möglichkeit zur Wiedereroberung der verlorengegangenen Gebiete. 1684 bildete sich die Heilige Liga unter dem Protektorat des Papstes zum Kampf gegen die Türken. Die kaiserliche Armee gewann 1684 Visegrád* und 1686 Buda zurück. Die Generäle hatten die Lehre aus den Fehlern des Jahres 1664 gezogen. Nun besaß Leopold I. ein Druckmittel auf die ungarischen Großgrundbesitzer, die Magnaten. 1687 erklärte sich in Preßburg der ungarische Reichstag mit der Erblichkeit der Habsburger Monarchie im Mannesstamm einverstanden. Sechzig Jahre nach der Unterwerfung Böhmens lenkte auch Ungarn ein. Beide Königreiche bildeten nunmehr mit den habsburgischen Stammlanden die endgültige territoriale Basis des südostdeutschen österreichischen Staates.

Gleichzeitig mit seinem Eintreten in den Bund gegen Frankreich im Jahre 1690 nutzte Leopold I. seine militärischen Vorteile in Ungarn aus. Sein bedeutendster Heerführer, der berühmte Prinz Eugen von Savoyen, dessen Dienste Ludwig XIV. abgelehnt hatte und der dann unter den Fahnen der Habsburger kämpfte, errang größte Erfolge. Prinz Eugen blieb 1697 Sieger bei Zenta*. Dies bedeutete die Befreiung Südungarns von den Türken. Im

Frieden von Karlowitz* 1699 gewann der Kaiser den größten Teil von Slawonien und Kroatien, ganz Ungarn und Siebenbürgen (Transsilvanien). Zu dieser Zeit waren die Gedanken Leopolds I. fast ausschließlich auf die spanische Erbschaft gerichtet, und erst unter der Regierung seines Sohnes Joseph I. wurden Organisation und Ausbau der österreichischen Herrschaft auf un-

(Photos Josse)

garischem Gebiet zum Abschluß gebracht.

Als Leopold I. 1705 starb, beherrschte er ein geographisch geschlossenes Gebiet, das seinen Charakter als Grenzmark gegenüber den Türken weitgehend verloren hatte. Dieser Erfolg war in erster Linie seinen militärischen Siegen zu verdanken, aber auch der Unterstützung durch den katholischen Klerus.

Die Verwirklichung des Absolutismus, der das Ziel Leopolds I. war, stieß auf etliche Hindernisse. Das wichtigste bestand in einem mangelhaften Finanzwesen. Die Wiener Politik lebte von Anleihen aus Prag und besonders aus den Niederlanden und außerordentlichen Steuern, die ohne Schwierigkeiten bewilligt wurden, wenn es sich um den Türkenkrieg handelte, aber 113 um die man feilschen mußte, wenn die angeforderten Geldmittel für innenpolitische Zwecke bestimmt waren. Die Not der Landbevölkerung konnte daher, wie es Becher beabsichtigt hatte, nicht gelindert werden, sondern wurde im Gegenteil immer bedrohlicher.

Der letzte ungarische Aufstand

Nach der Befreiung von der Türkenherrschaft stellte sich heraus, daß Ungarn weitgehend entvölkert war. Das Land lag teilweise brach, und die Bevölkerung hatte sich in große Dörfer zurückgezogen, welche die Türken als militärische Stützpunkte ausgebaut hatten. Der Erzbischof von Wien erhielt den Auftrag, den Wiederaufbau des Landes vorzubereiten. Viele Bauernhöfe, die von ihren nach Siebenbürgen geflohenen Besitzern verlassen worden waren, wurden von der Krone beschlagnahmt und den Deutschen und auch Italienern zugeteilt. Leopold I. und sein Nachfolger Joseph I. förderten planmäßig die Ansiedlung von Deutschen in Siebenbürgen. Unter diesen Umständen trat in der Struktur des ungarischen Adels eine tiefgehende Wandlung ein. Die Ungarn hatten die Kriegslasten getragen und Plünderungen über sich ergehen lassen; die Befreiung vom türkischen Joch war für sie oft eine Enttäuschung. »Das ungarische Volk«, sagte Esterházy*, »hat in hundert Jahren weniger Steuern an die Türken gezahlt als in den letzten zwei Jahren an die kaiserliche Armee!«

So kam es zu einem gemeinsamen Aufstand des Adels und der Bauern. An der Spitze der Bewegung stand Franz II. Rákóczi*, der nach Polen geflohen war. Am Anfang des Jahres 1704 beherrschten die Aufständischen, von Frankreich ermuntert und besoldet, den größten Teil des Landes und verfügten über eine Armee von 80 000 Mann. Später wurde gleichzeitig mit der Absetzung der Habsburger die Unabhängigkeit Ungarns erklärt. Man bemühte sich um militärische Hilfe durch Ludwig XIV. und Peter den Großen. Aber beide Herrscher waren selbst bedroht, der eine durch den Einmarsch feindlicher Truppen in sein eigenes Land, der andere

durch den König von Schweden. Daher wurde 1711 der Aufstand niedergeschlagen. Franz Rákóczi starb im Exil in der Türkei, und Ungarn blieb bis zum 20. Jahrhundert nun endgültig unter habsburgischer Herrschaft.

Krise, Erneuerung und Niedergang des Osmanischen Reiches

Am Anfang des 17. Jahrhunderts erschien das Osmanische Reich unüberwindlich, weil die Erinnerung an die Feldzüge Suleimans des Großen noch in aller Gedächtnis war und der Seesieg von Lepanto zu keinen entscheidenden Veränderungen geführt hatte. Der seit den Waffenruhen des ausgehenden 16. Jahrhunderts auf der Balkanhalbinsel herrschende Friede bestärkte diesen Eindruck. Als daher um 1660 die Pforte in Ungarn und Griechenland erneut zur Offensive überging, schienen die Zeiten Suleimans wiederzukommen. Die Ursachen der Niederlage der türkischen Armee vor Wien, die schließlich zur Räumung des Ungarischen Tieflandes führte, waren nicht allein die militärischen Siege, die Montecuccoli, Karl von Lothringen, Johann Sobieski und Eugen von Savoyen erfochten haben. Ein wesentlicher Grund war auch das Unvermögen der

Pforte, die militärischen Operationen der Großwesire zu unterstützen. Aufbau und Funktion des Staatsapparates waren nach dem Tod Suleimans in einem ständigen Zerfallsprozeß begriffen. In dieser Situation blieb den Sultanen nur die Wahl zwischen Despotismus oder völliger Machtlosigkeit. In ihrer Umgebung waren Intrigen, Korruption und Mord an der Tagesordnung.

Die Zeit zwischen 1604 und 1660 war eine der dunkelsten Perioden der türkischen Geschichte. Die Janitscharen, eine Art Elitetruppe, griffen immer häufiger zu den Mitteln der Erpressung und des Putsches und mischten sich in die Wahl der Sultane und deren Politik ein. Der Harem verfügte über die Wesire und die Provinzgouverneure. Die Janitscharen stürzten, ersetzten und ermordeten ihre Herrscher. Auf der anderen Seite beriefen, entließen und verurteilten die Frauen und Eunuchen die Minister.

So erklärt es sich, daß kein Sultan sich durchsetzen konnte und die Mütter der jeweils regierenden Sultane, die Regentinnen und Haremsaufseherinnen jahrelang die politische Szene beherrschten.

Ahmed I.*, der von 1603 bis 1617 regierte, befand sich im Kriege mit dem persischen Feind, während in Syrien und im Libanon Aufstände ausbrachen und Siebenbürgen zwischen Konstantinopel und Wien manövrierte, um seine politische Unabhängigkeit zu erreichen. Er mußte Georgien, Schiras und Täbris an Persien abtreten. Osman II.*, der von den Janitscharen zum Sultan ausgerufen worden war, versuchte durch eine Reorganisation, den Einfluß dieser Elitetruppe zu brechen, die im Laufe der Zeit zu einer Leibgarde geworden war. Aber schon bald revoltierten Provinzen und Armee gegen seine absolutistische Regierung. Osman wurde gefangengenommen und nach vierjähriger Regierung hingerichtet. Der nur kurze Zeit regierende Mustafa I.* und Murad IV.*, der bis 1640 herrschte, waren ebenfalls weitgehend machtlos. 1632 versuchte Murad, durch eine Palastrevolution selbst wieder zur Macht zu kommen. Es gelang ihm, die Steuereintreibung in den Provinzen zu normalisieren und die Armee erneut gegen die Perser einzusetzen. Er gewann Syrien und Bagdad zurück. Aber der degenerierte und grausame Ibrahim I.*, sein Bruder, der 1640 auf ihn folgte, setzte diese Politik nicht fort und nutzte die bereits errungenen Erfolge nicht aus.

Ibrahim wurde ermordet, und Mohammed IV.* übernahm 1648 die Macht. 1656 endlich verfügte die Türkei wieder über einen energischen und fähigen Mann in der Gestalt des allerdings schon sehr betagten Großwesirs Mohammed Köprülü*. Köprülü und seine Familie regierten fast ununterbrochen anstelle der Sultane und entledigten sich ihrer Gegner durch Hinrichtungen.

Im gleichen Augenblick wie Frankreich war die Türkei nun wieder in der Lage, große Politik zu treiben und ihre Eroberungen dort wiederaufzunehmen, wo Suleiman aufgehört hatte. Auf Kreta und auf dem Peloponnes war die Familie Köprülü in der Tat erfolgreich, aber der Angriff gegen Österreich endete mit einer gewaltigen Katastrophe, von der sich das türkische Reich nie wieder erholte.

Am Ende des Jahrhunderts besaß die Türkei in Ungarn nur noch ein kleines Gebiet, das sogenannte Banat von Temesvar*. Im 18. Jahrhundert traten die Schwächen des Regimes erneut zutage und führten zu einem unaufhaltsamen Niedergang des Osmanischen Reiches.

DAS RUSSLAND DER ROMANOWS
PETER DER GROSSE

Während im 17. Jahrhundert Europa durch den Dreißigjährigen Krieg und später durch die Raubkriege Ludwigs XIV. verwüstet wurde, lebte der Nordosten des Kontinents zunächst unter der schwedischen Vormachtstellung, zu der Gustav Adolf den Auftakt gegeben hatte. Dänemark, Polen und das noch wenig entwickelte Rußland mußten sich der Herrschaft des großen skandinavischen Nachbarn beugen.

Am Ende des Jahrhunderts hatte sich aber die Lage von Grund auf geändert. Karl XII. hatte Schweden durch seine tollkühnen Unternehmungen geschwächt, Rußland dagegen hatte sich unter der Herrschaft Peters des Großen dem Westen geöffnet und einen Weg zurückgelegt, auf dem es zu einer europäischen Macht aufstieg.

Das Gewicht Asiens

Die Wahl Michael Romanows von 1613 hatte der »Zeit der Wirren« ein Ende gemacht. Rußland besaß nun zwar wieder einen Herrscher, aber Moskau lag in Schutt und Asche, die Dörfer und Städte waren entweder verwüstet oder wirtschaftlich zugrunde gerichtet, die Bevölkerung war zusammengeschmolzen und völlig verelendet, und ganze Provinzen waren in die Hände der feindlichen Tataren gefallen.

Siebzig Jahre vergingen unter den Regierungen von Michael I. (1613–1645), Alexei I.* (1645–1676) und Feodor III.* (1676–1682). Die Russen lobten zwar die milde Regierung dieser Herrscher, aber vielleicht fehlte es ihnen doch in diesem unruhigen und anarchischen Rußland an der gebotenen Härte.

Sie erkannten jedoch schon wie ihr berühmter Nachfahre, daß Rußland Europa nicht mehr den Rücken kehren durfte. Auf dem Gebiet der Außenpolitik griffen sie die Expansionsbestrebungen in Richtung Ostsee wieder auf. In der Innenpolitik begannen sie langsam, vorsichtig und mißtrauisch die Angleichung an Europa. Die Entwicklung vom isolierten moskowitischen Rußland bis zum europäisierten Rußland von Sankt Petersburg* beanspruchte sehr lange Zeit.

Wie sah dieses Land am Anfang des 17. Jahrhunderts aus? Rußland war noch asiatisch: Wälder, in denen es Bären und viele Wölfe gab, Steppen, in denen ungeheure Schafherden weideten, Flüsse, Sümpfe und riesige Seen bestimmten das Aussehen des Landes. Hier und dort gab es Städte. Sie lagen weit voneinander entfernt und stellten eigentlich nur Marktflecken oder unbedeutende Festungen dar. Von Moskau aus schritt die Urbarmachung jedes Jahr weiter in Richtung auf die unermeßliche Weite Sibiriens und auf die von den Krimtataren bewohnten Steppen des Südens vor.

Die Eroberung Sibiriens, die unter Iwan dem Schrecklichen von einer Handvoll Abenteurer begonnen worden war, machte rasche Fortschritte. 1639 erreichten die Russen das Ochotskische Meer* und entdeckten 1648 die Meerenge, die später nach dem dänischen Forscher Bering benannt wurde. In einem knappen halben Jahrhundert hatte Rußland in Asien einen Zugang zum freien Meer gefunden.

Peter der Große ordnete vor seinem Tode Forschungsreisen an, welche die Russen bis nach Alaska* auf den nordamerikanischen Kontinent führten. Aber dieses Vorrücken nach Osten bestärkte nur den dem russischen Volk eigenen Hang zum Nomadentum und stellte engere Verbindungen zum Fernen Osten und den Einflüssen Asiens her.

Als einzige Stadt Rußlands besaß Moskau eine zahlreiche Bevölkerung. Trotzdem bewahrte es mit seinen Isbas (Bauernhäusern) aus grobbehauenen Stämmen, seinen winkligen und ungepflasterten Straßen und seinen ungeheuren Höfen, in denen Geflügel und Schweine frei herumliefen, einen dörflichen Anstrich. Von einigen Ziegelhäusern der Bojaren und den reichgeschmückten und bunten Bauten des Kremls abgesehen, mußte man in das »deutsche Viertel« gehen, das den Ausländern als Wohnort zugewiesen war, um eine moderne europäische, aus Steinhäusern bestehende Stadt zu sehen.

Wegen des Transitverkehrs nach Persien und China wurde Rußland ein wichtiger Markt für die Kaufleute des Westens, die sich aus diesem Grunde hier niederließen.

In der zweiten Hälfte des 17. Jahrhunderts stieg Rußland unter der tatkräftigen Führung Peters des Großen zum Rang einer europäischen Großmacht auf. Unser Bild zeigt Peter Iwanowitsch Potemkin, den russischen Gesandten am Hof Karls II. von Spanien. Gemälde von Carenno, Prado, Madrid.

(Photo Josse)

(Photo Presseagentur Nowosti)

Das einfache Volk trug den Russenkittel über der Pluderhose und den Stiefeln, die Reichen dagegen ein Satinübergewand mit weiten Ärmeln, das bis auf die Knöchel herabfiel. Die Damen der Gesellschaft hielten sich nach byzantinischem Brauch in einem ihnen vorbehaltenen Teil des Hauses, dem sogenannten Terem, auf. Die zweite Frau des Zaren Alexei, Natalja Naryschkina*, war die erste russische Prinzessin, die ihr Gesicht ihren Untertanen zeigte.

Als Reaktion auf die asiatische und byzantinische Tradition bemühten sich die Herrscher aus dem Haus Romanow, europäische Sitten, Wirtschaftsformen und Arbeitsweisen einzuführen. Sie beriefen Kaufleute, Industrielle und Techniker nach Moskau, die meist deutscher oder holländischer Abstammung waren.

In ihrer eigenen Umgebung schlossen sich jedoch nur wenige ihren Reformbestrebungen an. Im Widerstand gegen diese Politik fanden sich fast das ganze russische Volk und der Klerus zusammen, welche in der europäischen Zivilisation nur Korruption und Ketzerei sahen. Dieser Kampf erklärt den Raskol (Spaltung der orthodoxen Kirche), die religiöse Tragödie Rußlands.

Der religiöse Widerstand, Awwakum und der Raskol

Zar Alexei befürwortete eine Kirchenreform, an deren Spitze der Patriarch Nikon* stand. Von 1660 an ließ Nikon Bibel und Liturgie überarbeiten. Deren Texte waren schlecht aus dem Griechischen übersetzt und durch Zusätze, Auslassungen und Irrtümer der Abschreiber entstellt, wodurch sich die russische Kirche immer weiter von der griechischen entfernte.

Diese Maßnahme forderte jedoch den Widerstand des ungebildeten und abergläubischen Klerus heraus, der am »Altglauben« festhielt, die bestehende Liturgie mit einem Dogma gleichsetzte und für welchen in den heiligen Büchern alles heilig war, selbst die Fehler der Abschreiber. Das Schlagen des Kreuzes mit drei Fingern statt mit zweien schien ihnen eine Ungeheuerlichkeit. Der fanatische Erzpriester Awwakum* war die Seele des religiösen

118

(Photo Presseagentur Nowosti)

Widerstandes, des Raskol, das heißt der Kirchenspaltung. Die Altgläubigen schlossen sich zusammen. Sie ließen sich weder durch Gefängnisstrafen noch durch Verbannung beeindrucken. Szenen eines mystischen Taumels spielten sich in ganz Rußland ab. Die gemeinsame Selbstverbrennung wurde zum Ausdruck des Protestes. Man schätzt, daß sich bis 1690 20 000 Menschen freiwillig verbrannten. 1681 starb Awwakum auf dem Scheiterhaufen, und er rief, während er sich mit zwei Fingern bekreuzigte: »Betet immer mit diesem Kreuzeszeichen, und ihr werdet nicht sterben!«

Im Grunde genommen waren Reformatoren und Raskolniki gleichermaßen rückständig und reaktionär. Sie eröffneten dem Christentum keinerlei neue Wege und leisteten auch keinen Beitrag zum Fortschritt der Philosophie und der Zivilisation. Nichts in diesen beiden Bewegungen erinnerte an die Reformation im westlichen Europa. Die Schismatiker hatten den Orthodoxen wenigstens einen kraftvollen und unmittelbaren Glauben voraus. Der Sieg einer offiziellen Kirche, die immer mehr in den Einflußbereich des Zaren geriet, war je-doch nur ein Scheinerfolg. Der Raskol löste sich in zahllose Sekten auf. Die Einheit der russischen orthodoxen Kirche war für lange Zeit zerstört.

Christine von Schweden

Nachdem Schweden im Jahre 1611 von Dänemark noch bedroht worden war, hatte es sich zwanzig Jahre später in Europa durch die gewaltigen Erfolge von Gustav II. Adolf, der die gesamten Kräfte eines in voller Expansion stehenden Landes zu nutzen gewußt hatte, eine bedeutende Stellung erobert. Als Gustav Adolf 1632 bei Lützen fiel, war seine Tochter Christine noch ein Kind. Die Gruppe um den Kanzler Oxenstierna besaß jedoch eine feste Machtstellung. Der »Riksdag« (die schwedischen Reichsstände, Reichstag) verabschiedete eine Verfassung, in der die Mitherrschaft des hohen Adels verankert wurde. Trotz aller außenpolitischen Schwierigkeiten führte Oxenstierna die Eroberungspolitik Gustav Adolfs weiter.

Nach ihrer Großjährigkeit im Jahre 1645 schüttelte Christine die Vormundschaft des alten Kanzlers ab. Sie war sprunghaft und verschwenderisch, kümmerte sich kaum um ihr Königreich und verteilte den Grundbesitz der Krone an Höflinge. Der lutherische Glauben befriedigte sie nicht. »Sie war von dem Wunsch besessen, alles zu wissen« und trat später zum Katholizismus über. Mit diesem Schritt hatte sie zwischen ihrem Glauben und ihrem Königreich gewählt. Da sie sich weigerte zu heiraten, besaß sie keine Erben. 1654 dankte sie zugunsten ihres Vetters Karl Gustav von Pfalz-Zweibrücken (Haus Wittelsbach) ab, der unter dem Namen Karl X. Gustav* gekrönt wurde. Christine starb 1689 in Rom.

Im Riksdag stieß Karl X. Gustav auf heftigen Widerstand der Freibauern; diese stützten sich auf den Kleinadel, der keinen Nutzen aus der günstigen Entwicklung der Landwirtschaft gezogen hatte. Sie forderten die Einziehung der dem Adel verliehenen Krongüter (Reduktion). Durch diese Maßnahme hofften sie, die Macht der Großgrundbesitzer zu brechen.

Die unaufhörlichen Kriege verschlechterten aber die Finanzlage, und die Veräußerung von Grund und Boden ging besonders in den deutschen und baltischen Ländern, in denen Schweden regierte, weiter. Der Hochadel übte nach wie vor die Macht aus.

Erst um 1680 konnte sich Karl XI. mit der Frage der Reduktion beschäftigen. Sie mußte nun schnellstens gelöst werden, wenn man den Untergang der königlichen Macht verhindern wollte. Der Riksdag führte die Einziehung der Güter durch. Betroffen waren alle auf irgendeine Weise unrechtmäßig veräußerten Ländereien. Selbst schon bezahlte oder wieder abgetretene Güter wurden zurückgenommen.

Die Folgen dieser Bodenreform waren bedeutungsvoll. Von nun an war die gesamte bebaute Fläche zu fast gleichen Teilen zwischen den Bauern, dem Adel und der Krone aufgeteilt. Wichtiger aber noch waren die Rückwirkungen auf die Politik und die Stärkung der Macht des Königs.

Diese Tatsachen wurden durch einige Entscheidungen des Riksdags noch weiter unterstrichen. Der König war nicht an die Verfassung von 1634 gebunden und behielt das Recht, Gesetze zu erlassen. Die großen Staatsämter, wie dasjenige des Kanzlers, wurden aufgehoben. Karl XI. konnte seinem Erben Karl XII. eine absolute Königsmacht hinterlassen.

Das Ende der Jagiellonen in Polen

Im 18. Jahrhundert begründete Rußland seine Macht weitgehend auf Kosten seines westlichen Nachbarn Polen.

Die Jagiellonen hatten ihr Land anfangs mit einer soliden verfassungsmäßigen Grundlage ausgestattet. 1574 jedoch wurde Polen eine Adelsrepublik, in welcher der König frei vom Reichstag gewählt wurde, mit dem er die höchste Macht im Staat teilte.

Zum Reichstag (Sejm) gehörten der König, der Senat, der sich aus Beamten und Würdenträgern aller Provinzen zusammensetzte, und die Landbotenkammer, die aus den Vertretern der 64 Provinzlandtage oder Adelsversammlungen der Provinz bestand. Der Reichstag trat grundsätzlich alle zwei Jahre für sechs Wochen zusammen.

Ein verhängnisvoller Brauch, das sogenannte »liberum veto«, gab jedem Mitglied des Reichstages das absolute Vetorecht. Alle Entscheidungen des Reichstages mußten demnach einstimmig gefällt werden. Das Vetorecht war besonders störend, wenn im Zuge eines »Berufungsreichstages«, der in der Ebene in der Nähe von Warschau stattfand, der König gewählt werden sollte. Der Primas von Polen verkündete hoch zu Pferde vor den versammelten Wählern den Kandidaten, der die meisten Stimmen auf sich vereinigte. Trotzdem konnte jederzeit ein Angehöriger des Reichstags Einspruch erheben und die Wahl verzögern.

Von 1569 an waren Polen und Litauen durch die Union von Lublin* vereinigt. In Wirklichkeit aber wurde in diesem Akt nur die Abhängigkeit Litauens von Polen besiegelt.

Mit dem Tode von Sigismund II. August* im Jahre 1572 erlosch die Dynastie der Jagiellonen. Das Land lebte im Wohlstand. Die Städte waren durch die Tätigkeit der Kaufleute und Handwerker reich geworden.

Die Regierung erlöste bedeutende Summen aus ihren Salz- und Eisenbergwerken sowie aus dem Transithandel durch die Ostsee. Die Universität Krakau war in der ganzen Welt berühmt. Der Reichstag und das Königtum schienen die Ruhe im Innern und die Sicherheit der Grenzen zu gewährleisten.

Mit der Regierung Sigismunds III. aus der Dynastie der Wasa, der zwar schwedischer Abstammung, aber in Deutschland erzogen worden war, trat die Geschichte Polens in einen neuen Abschnitt. Die Abkömmlinge dieser Familie gaben ihren dynastischen Interessen Vorrang vor denjenigen ihres neuen Landes und verwickelten Polen in furchtbare und kostspielige Kriege, deren Ziel zunächst die Wiedereroberung des schwedischen Thrones und dann die Herrschaft über das Großherzogtum Moskau war.

Schließlich brach unter der Regierung von Wladislaw IV., dem Sohn König Sigismunds, die große Kosakenrevolte aus. Ihre Ursache waren soziale Mißstände und religiöse Intoleranz, für die Sigismund III. zum Teil verantwortlich war. Weder Polen noch Litauen waren von den großen Religionskämpfen verschont geblieben, die damals Westeuropa zerfleischten. Auf dem Umweg über die Herzogtümer Preußen, Kurland und Livland war die Reformation schließlich bis in das Herz des polnischen Königreiches vorgedrungen.

Die Jesuiten, die in ganz Europa an der Spitze des Kampfes gegen die Reformation standen, wirkten auch in Polen. Der Protestantismus beschäftigte sie nur kurze Zeit, dann machten sie Front gegen die eigentliche Nationalreligion in den russisch-litauischen Gebieten, nämlich gegen die Orthodoxie.

Der orthodoxe Adel erlag allmählich den Lockungen des Hofes, um so mehr als der Einfluß Polens in den russischen Gebieten seit der Union von Lublin immer spürbarer wurde.

Um die Zahl der Bekehrungen zu erhöhen, duldeten die Jesuiten einen Kompromiß. Ihr Ziel war die Zustimmung des Klerus und der russischstämmigen Bevölkerung zur Anerkennung des Heiligen Stuhles. Unter Beibehaltung der Liturgie in kirchenslawischer Sprache und der besonderen Riten der Ostkirche entstand die Unierte Kirche.

Sie wurde 1595 unter dem Widerstand fast aller orthodoxen Bischöfe in Rom verkündet. Die russische Bevölkerung leistete heftigen Widerstand und verfolgte die Unierten. Kiew wurde das Zentrum des Widerstandes der Orthodoxie. Es kam zum großen Aufstand der Saporoger Kosaken* an Dnjepr und Bug unter Bogdan Chmelnizki*.

Die Kosaken waren Auswanderer, denen Polen als Gegenleistung für ihren Militärdienst Siedlungsland und Freiheit bot. Ihr Siedlungsgebiet bildete eine regelrechte Grenzmark gegen die Türken oder die

121

*Peter der Große war sprunghaft, leidenschaftlich, einfallsreich und ausschweifend.
Es war sein Ziel, westliche Sitten und Techniken
in seinem Staat einzuführen. Deshalb reiste er nach Westeuropa
und arbeitete sogar in einer niederländischen Werft als einfacher Zimmermann.
Neben anderen Gebietsgewinnen verdankt ihm Rußland
mit der Erbauung Sankt Petersburgs und der Eroberung der baltischen Staaten
ein »Fenster zur Ostsee«.
Porträt von Aart de Gelder. Rijksmuseum, Amsterdam.*

Tataren. Die Bedrückung durch den polnischen Adel unter Mißachtung der zugestandenen Garantien und der Haß der Katholiken und der Unierten veranlaßten die Kosaken, sich dem russischen Zaren Alexei zu unterstellen. 1654 erkannte der Zar hier eine günstige Gelegenheit, Südrußland anzugliedern, und nahm den Krieg gegen das gleichzeitig von Schweden angegriffene Polen wieder auf.

Der Waffenstillstand von Andrussowo* sprach im Jahre 1667 Rußland Kiew, das linke Dnjeprufer und Smolensk zu. Nach den russischen und schwedischen Einfällen, welche die Polen die »Sintflut« nannten, war das ganze Land verwüstet, Wilna niedergebrannt und Warschau* dreimal geplündert worden. Zu diesem furchtbaren Elend kam noch die Pest, die Bevölkerung schmolz um ein Drittel oder sogar auf die Hälfte zusammen.

Es kam bald darauf zu einem Aufstand des Adels, den man mit der Fronde in Frankreich vergleichen kann. Er dauerte zwei Jahre und wurde durch das Wiederaufflammen des Krieges gegen Rußland besonders gefährlich. Der polnische König Johann II. Kasimir*, der 1648 auf seinen Bruder Wladislaw gefolgt war, dankte 1668 ab. Der Bürgerkrieg hätte zweifellos wieder begonnen, wenn der türkische Sultan nicht 1672 den Krieg erklärt hätte, um die mit der Teilung der Ukraine unzufriedenen Kosaken zu schützen, die sich ihm unterstellt hatten.

Der Hetman Johann Sobieski leistete dem türkischen Vorstoß tapferen Widerstand und wurde 1674 einstimmig zum König gewählt. Er entschloß sich später zu einem Bündnis mit dem Kaiser, und mit seiner Mitwirkung gelang es, Wien vor dem türkischen Ansturm zu retten.

Johann Sobieski veranlaßte Rußland, 1686 der Heiligen Liga beizutreten, und führte zwei weitere Feldzüge gegen die Türken. Er starb 1696, ohne den Abschluß der Friedensverhandlungen erlebt zu haben. »Was mich betrifft«, sagte er, »so habe ich von Zeit zu Zeit einen Sieg erringen können, aber ich gebe zu, daß ich kein Mittel sehe, mein Land zu retten!« Rußland dagegen ging großen Zeiten entgegen.

Die Jugend Peters des Großen

Zar Feodor starb kinderlos 1682. Er besaß zwei Brüder, den Zarewitsch Peter, ein Sohn aus der zweiten Ehe des Zaren Alexei mit Natalja Naryschkina, und den späteren Iwan V.*, ein Sohn aus der ersten Ehe, der sowohl geistig als auch körperlich zurückgeblieben war. Der junge Peter wurde daher im Alter von zehn Jahren vom Adel und dem Patriarchen zum Zar ausgerufen, aber Sofija*, die Schwester Iwans, war damit nicht einverstanden.

Nach russischem Brauch war sie dazu verurteilt, im Dunkel des Terem ohne Hoffnung, je heiraten zu können, alt zu werden.

Es gelang ihr, die Strelitzen (Schützen), die in den Vorstädten Moskaus kasernierte Leibwache, für ihre Sache zu gewinnen. Der Aufstand der Strelitzen brach im Mai 1682 aus. Die Anhänger der Familie Peters mütterlicherseits, die Naryschkins, wurden ermordet. Schließlich kam es zu einem Vergleich, der sechzehnjährige Iwan wurde zum ersten Zar und Peter zum zweiten Zar erklärt. Sofija sollte die Regentschaft führen.

Die Zarin Natalja Naryschkina lebte mit ihrem Sohn Peter fast in Verbannung im Dorfe Preobraschenskoje* in der Umgebung der Hauptstadt. Das Kind war zwar kräftig, aber die blutigen Ereignisse, deren Zeuge es im Kreml geworden war, hatten einen Nervenschock verursacht, an dessen Folgen es sein ganzes Leben leiden sollte. Peter wuchs in vollkommener Freiheit auf und zeigte sich frühreif, intelligent und willensstark. Er lernte Latein, Deutsch und Niederländisch. Er las viel, aber wahllos und lernte eifrig, wenn auch ohne jegliche Methode.

Wie Iwan der Schreckliche war Peter Autodidakt. Er trieb sich in den Straßen herum und traf französische, englische und deutsche Abenteurer, die ihn mit der europäischen Zivilisation bekannt machten. Mit seinen Altersgenossen, die sowohl Söhne von Pferdeknechten als auch von Mitgliedern des Hochadels sein konnten, spielte er Soldat und stellte aus ihnen »Spielregimenter« auf, die nach europäischer Vorschrift exerzierten und den Kern der spä-

Aus seiner Jugend bewahrte er sich eine gewisse Neigung für das Volk. Für ihn zählte nur die persönliche Leistung. Die Existenz Peters beunruhigte die Regentin Sofija, seine Halbschwester. Sie versuchte daher, die Familie Naryschkin vollständig auszulöschen. Das Komplott erwies sich als ein Fehlschlag. Ihre Anhänger wurden enthauptet und Sofija selbst 1689 in ein Kloster verbannt.

Peter überließ die Macht seiner Mutter und blieb bei seinen soldatischen und seemännischen »Spielen«. Er zog die Gesellschaft der Ausländer in der »deutschen Vorstadt« dem Hofleben im Kreml vor. 1693 sah er in Archangelsk zum erstenmal das Meer. Er befahl den Aufbau einer Werft und fuhr selbst zur See. Aber das Weiße Meer ist nur ein Teil des Jahres eisfrei. Um brauchbare Verbindungswege mit den zivilisierten Ländern zu erhalten, mußte er Stützpunkte an der Ostsee oder am Schwarzen Meer besitzen. Alles sprach für einen Krieg gegen die Türken, sowohl das Bündnis mit Polen und Österreich wie auch sein Glaube. Er faßte daher den Plan, die zum Osmanischen Reich gehörende Stadt Asow zu erobern.

Im Frühjahr 1695 belagerte eine Armee, zu der auch vier Regimenter gehörten, die aus den Spielregimentern von Preobraschenskoje hervorgegangen waren, die Stadt Asow. Die Truppen standen unter dem Befehl des Genfers Lefort*, des Schotten Gordon* und des Russen Golowin*, die alle zu den Freunden des Zaren gehörten. Peter selbst spielte nur die Rolle eines Artilleristen. Der Angriff schlug fehl, da die Türken in der Lage waren, die Versorgung Asows über See zu sichern. Peter ließ schließlich geschulte Offiziere aus dem Ausland und Militärfachleute aus Brandenburg-Preußen kommen. Venedig schickte einen Admiral. Peter stellte eine Kriegsflotte auf, die aus 22 Galeeren, 100 Flößen und 1700 Booten bestand. Alle kleinen Werften am Don arbeiteten für den Zaren.

Im Frühling 1696 war Asow zu Wasser und zu Lande eingeschlossen und kapitulierte. Der erste Sieg Peters machte ihn bis nach Europa bekannt. Er siedelte in Asow 3000 Familien an und setzte eine Garnison

teren stehenden Armee bilden sollten. Er beschäftigte sich mit Festungstechnik und baute kleine Zitadellen, die er mit seinen »Soldaten« eroberte oder verteidigte, wobei es gelegentlich nicht ohne Verwundete oder Tote abging.

Seine große Leidenschaft aber war die Seefahrt. Ein Holländer baute ihm eine Flotte kleiner Segelschiffe, die er auf dem See von Perejaslawl* schwimmen ließ.

Der erste Sieg: Asow

Mit sechzehn Jahren wurde er von seiner Mutter Natalja mit der unbedeutenden Eudoxia Lopuchina* verheiratet. Er hielt es einen Monat bei ihr aus, dann kehrte er zu seinen Schiffen zurück. Zu dieser Zeit war er schon über zwei Meter groß, außerordentlich kräftig und unermüdlich. Die majestätischen Züge seines regelmäßigen Gesichtes und seine eindrucksvolle Erscheinung fielen allgemein auf.

aus moskowitischen Strelitzen ein. Rußland besaß endlich einen Zugang zu einem eisfreien Meer.

Die Reisen in den Westen

Im Jahre 1697 brach eine große russische Gesandtschaft nach Europa auf. Zu ihr gehörten der Admiral Lefort, der General Golowin und ein Gefolge von 270 Personen, junge Soldaten aus dem Adel, Kaufleute und Spaßmacher. In diesem Gefolge verbarg sich ein junger Mann, der sich Peter Michailow nennen ließ. Von diesem Decknamen versprach sich der Zar mehr Freiheit. Er besuchte zunächst einige deutsche Höfe und blieb anschließend mehrere Monate in den Niederlanden, vor allem in Amsterdam und in den Werften von Zaandam*, wo er acht Tage allein bei einem Schmied wohnte und arbeitete. Schließlich reiste er nach England weiter, da ihn die empirische Technik der niederländischen Werften nicht befriedigte. Von England aus begab er sich nach Wien, um die Kriegskunst zu erlernen. Sein Weg führte ihn jedoch nicht nach Frankreich, da Ludwig XIV., der über das russische Bündnis mit dem Kaiser empört war, ihn nicht eingeladen hatte. Er stand gerade vor seinem Aufbruch nach Venedig, als beunruhigende Nachrichten aus Moskau eintrafen und ihn dorthin zurückriefen. Während dieser Reise besuchte Peter Fabriken, Sägewerke, Seilereien, Werften und Sammlungen aller Art. Er kaufte Modelle sowie Werke über das Seerecht und andere Fachbücher; außerdem stellte er Künstler, Arbeiter, Offiziere, Ingenieure, Goldschmiede und Architekten ein. Überall war er mit unermüdlicher Wißbegier und Energie bei der Sache.

Sein lange gehegter Wunsch, erneut nach Europa reisen zu können, verwirklichte sich erst 1717. Dieses Mal begab sich der Zar auch nach Frankreich. Zum großen Entsetzen des Hofes riß der Riese den kleinen Ludwig XV. in seine Arme und küßte ihn. Peter wünschte eine Annäherung an Frankreich, aber es gelang ihm nicht, den Regenten zu einem Verzicht auf das Bündnis mit England zu überreden.

Die erste Auslandsreise Peters des Großen hatte im russischen Volk eine ungeheure Empörung ausgelöst. Zum erstenmal begab sich ein Zar ins Ausland, also in Feindesland. Die in die Provinz verbannten moskowitischen Strelitzen glaubten ihre Stunde gekommen. Sie entfesselten einen Aufstand und marschierten nach Moskau, um Sofija wieder auf den Thron zu erheben. Peter der Große erhielt diese Nachricht in Wien und mußte seine Reise unterbrechen. Er war unerbittlich in seiner Rache, um so mehr als er schon lange Gründe hatte, den Strelitzen zu mißtrauen. Man hatte zudem seinen westlichen Geschmack kritisiert. Er befahl daher dem gesamten Adel, sich die Bärte abzuschneiden, ein Vorgehen, das gegen geheiligte orthodoxe Traditionen verstieß, und nahm diese Handlung eigenhändig beim Hochadel vor. Außerdem mußte sich der Adel fortan auf »deutsche Art« kleiden. Am gleichen Tag war der Rote Platz* voller Galgen. Die Hinrichtung der Strelitzen dauerte acht Tage. Ungefähr tausend wurden unter grausamen Begleitumständen gehängt. Es wird erzählt, daß der Zar selbst und seine Bojaren bei dieser entsetzlichen Arbeit mitwirkten. Die Leichen wurden fünf Monate auf den Wällen der Stadt Moskau der Öffentlichkeit gezeigt. Dann

(Photo Presseagentur Nowosti)

trieben Flöße mit den an Galgen Gehäng-
ten die großen russischen Ströme hinab,
überall Angst und Schrecken verbreitend.

»Es gibt keine Männer!«

Die Revolte der Strelitzen hatte Peter dem
Großen die Gefährlichkeit dieser aufsässigen Miliz bewiesen. Die Erfahrungen seiner Reise und die Ziele seiner Außenpolitik machten die Aufstellung eines stehenden Heeres erforderlich. Peter organisierte
seine Armee nach dem Vorbild westlicher,
besonders deutscher Heere, von denen er
Fachleute und Ausbilder anforderte.

Lange vor der Französischen Revolution
von 1789 befahl er als russischer Zar die
allgemeine Wehrpflicht. Am Ende seiner
Regierungszeit verfügte er über ein stehen-
des Heer von 200 000 Mann und 100 000
Kosaken. Die Kriegsmarine, die ebenfalls
sein Werk war, zählte in der Ostsee
48 Linienschiffe, 800 Galeeren und klei-
nere Fahrzeuge mit insgesamt 28 000 Mann
Besatzung. Die Ausgaben für das Kriegswesen zwangen ihn zu einer Reform der
Steuergesetzgebung und zu einem strengen
Protektionismus von Handel und Industrie
nach der Art Colberts, da der Geldumlauf
in Rußland besonders niedrig war. Er be-

mühte sich, der Volkswirtschaft durch den
Ausbau der Verkehrswege, die Gründung
von Häfen und die Vergabe von Monopolen und Privilegien neuen Antrieb zu geben. Diese Maßnahmen konnten aber nur
in Verbindung mit einer Reorganisation
des Staates wirksam werden.

Die Duma (Versammlung) der Bojaren,
die in zunehmendem Maße bedeutungslos
geworden war, verschwand ganz und wurde durch eine Privatkanzlei und einen
Senat mit neun Mitgliedern ersetzt. Unter
der Oberhoheit dieses Senates standen
neun fachliche Regierungskollegien, eine
Art von Ministerien, die nach schwedischem Vorbild aufgebaut waren. Der
Senat besaß jedoch niemals eine eigene
Macht, sondern blieb ein Werkzeug in der
Hand des Zaren. Die Senatoren waren
jederzeit absetzbare Beamte, die je nach
Lage der Dinge mit einer Geldbuße oder
mit Knutenhieben bestraft wurden.

Rußland wurde in acht, später elf Gou-
vernements unterteilt. Jedes Gouvernement
bestand aus Provinzen, die wiederum in
Distrikte gegliedert waren. Die Stadtver-
waltungen wurden nach europäischem
Vorbild aufgebaut und durch Stadträte ausgeübt. Peter der Große wollte eine reiche
und gebildete Bürgerschicht, wie er sie in
Deutschland kennengelernt hatte, und stattete sie mit weitgehender politischer Selbständigkeit und Privilegien aus. Trotzdem
meinte er entmutigt: »Es gibt keine Männer!«, denn was er fand, waren meist kor-
rupte und habgierige Mitläufer.

Auf allen Ebenen der Verwaltung wurde
gestohlen. Als der Zar die Absicht äußerte,
alle Diebe mit dem Tode zu bestrafen,
antwortete man ihm: »Wollen Majestät
ganz allein bleiben, ein Zar ohne Untertanen?« Peter der Große eröffnete Schu-
len, häufig aber verschwanden die Schüler
mitsamt ihren Stipendien, und die Profes-
soren nahmen Bestechungsgelder an.

Die beiden Gesellschaftsschichten, die
diesen Neuerer am meisten interessierten,
waren der Adel, weil er Beamte und Offiziere benötigte, und das Bürgertum, weil
er Geld brauchte. Die Bauern, welche die
große Mehrheit des Volkes stellten und
völlig ungebildet waren, beließ er in der
Leibeigenschaft.

Die Gründung von Sankt Petersburg

Der Zar setzte den Adel für seine Zwecke ein. Die Adligen waren ohne zeitliche Begrenzung zum zivilen oder militärischen Dienst für den Staat verpflichtet. Niemand konnte Offizier werden, ohne als einfacher Soldat gedient zu haben, aber jeder Offizier wurde automatisch adlig. Das gleiche galt für das Beamtentum. Der russische Adelsstand wurde also zu einer offenen Gesellschaftsschicht, die durch die neu Geadelten immer stärker wurde. So ersetzten persönliches Verdienst und Bildung die mit der Geburt erworbenen Standesrechte.

Peter der Große schuf eine Hierarchie innerhalb des Dienstadels, den sogenannten »Tschin«, der in der Rangtabelle zum Ausdruck kam. In der Verwaltung, der Marine, der Armee, am Hof und in der Kirche wurden vierzehn Rangstufen geschaffen.

Von allen Unternehmungen Peters des Großen war die kühnste und die schwierigste die Gründung von Sankt Petersburg, die er mit ungeheurer Begeisterung vorwärtstrieb. Die neue Hauptstadt wurde am Anfang des 18. Jahrhunderts willkürlich an der äußersten Grenze des Landes inmitten der Newasümpfe erbaut. Fast 40 000 Arbeiter wurden zwangsweise ausgehoben und starben zu Tausenden, so unmenschlich waren die Arbeitsbedingungen. Für den Adel, der gezwungen wurde, in Sankt Petersburg weit von »Mütterchen Moskau« zu wohnen, erwies sich die Stadt bald als eine Art Vorhölle.

Die neue Hauptstadt war jedoch die Erfüllung aller Träume Peters des Großen. Sie gab ihm die Möglichkeit, fern von Moskau zu leben, das ihm immer feindlich gesinnt blieb. Sie war der Ausdruck seines Glaubens in eine europäische Zukunft Rußlands. Endlich war ein Fenster zur Ostsee aufgestoßen. Die ganz aus Stein erbaute Hauptstadt war das erste Symbol der russischen Wiedergeburt.

Eine solche Mißachtung aller Überlieferungen mußte ein so traditionsgebundenes Volk wie das russische empören. Wieder einmal wurde der orthodoxe Glaube zum Ausgangspunkt des Widerstandes, so sehr waren die Religion und die überkommene Sitte ineinander verhaftet. Viele hielten Peter den Großen für den leibhaftigen Antichristen. Aus politischen Gründen verfolgte er daher den »alten Glauben« noch grausamer als sein Vater.

Der Tod des Zarewitschs Alexei

Aber die Empörung der Masse des Volkes kam gelegentlich in gewaltsamerer und gefährlicherer Form zum Ausdruck. Die Strelitzen erhoben sich zum letzten Mal in Astrachan, wo sich ihre Garnison befand. Auch bei den kriegerischen und undisziplinierten Kosaken der Ukraine und des Don kam es zum Aufstand, und diese ergriffen unbekümmert die Partei der Schweden. Der gesamte Widerstand gegen das Regime stützte seine Hoffnungen auf den Zarewitsch Alexei*. Man wollte den Vater beiseiteschaffen und wenigstens nach seinem Tode das von ihm begonnene Werk zerstören. Im Oktober 1715 kam es zur Tragödie. Peter der Große drohte seinem Sohn, ihn von der Erbfolge auszuschließen, wenn er gemeinsame Sache mit seinen Gegnern mache. Alexei floh nach Wien, kehrte aber nach Rußland zurück und verzichtete feierlich auf die Krone. Peter der Große war trotzdem überzeugt, daß der Zarewitsch der Mittelpunkt einer ständigen Verschwörung blieb, die nicht davor zurückschrecken würde, Unterstützung im Ausland zu suchen.

Schließlich schlug der Vater brutal zu. Der Zarewitsch wurde gefoltert und 1718 zum Tode verurteilt. Nach einem weiteren Verhör starb Alexei vermutlich an den Folgen der Folter. Die letzten Anhänger des »alten Rußlands«, die Freunde von Alexei, wurden ebenfalls getötet oder verbannt.

Peter der Große und Karl XII. Mazeppa

Der Zugang zur Ostsee war in den Augen Peters des Großen ein erstrangiges Ziel, mit dessen Erreichung Rußland aufhörte, ein asiatisches Land zu sein, um fortan in den Verband des modernen Europa einzutreten.

Die Ostsee war zu dieser Zeit jedoch das Vorfeld Schwedens. Die Machtbestrebungen des jungen Zaren prallten mit denjenigen des zehn Jahre jüngeren schwedischen Königs zusammen. 1700 kam es bei Narwa*, einer schwedischen Festung in Estland*, zur Schlacht. Für Peter den Großen wurde sie zu einer militärischen Katastrophe. Seine zahlenmäßig weit überlegene Armee war noch schlecht ausgerüstet und ausgebildet. Karl XII. verachtete einen so leicht besiegten Gegner. Wie nach seinem ersten Fehlschlag bei Asow wuchs Peter der Große auch diesmal über sich hinaus. Er reorganisierte die Verteidigung seiner Landesgrenzen, stellte neue Regimenter auf und goß aus eingezogenen Kirchenglocken Kanonen.

Im Jahre 1703 leitete er selbst den Feldzug an der Newa und eroberte die Festungen, die den Flußlauf schützten. Hier wollte er seine Hauptstadt, Sankt Petersburg, gründen.

Zu der Bedrohung durch Schweden kamen die Sorgen, die durch die Reform seines Landes und die inneren Unruhen hervorgerufen wurden. Trotzdem verfolgte Peter der Große unerschütterlich sein Ziel. Durch seine geschickte Politik erschöpfte er die Kräfte seines Gegners in Polen, das er mit Truppen und Geldmitteln unterstützte.

Der Gegner Peters des Großen war eher ein tapferer Abenteurer als ein besonnener Herrscher. Sein einziges Kriegsziel war der Ruhm. Als er seinen großen Rußlandfeldzug begann, besaß er noch keinen Kriegsplan. Er ging auf die Angebote des Kosakenhetmans Mazeppa* ein, der ihm Verstärkung zusagte und ihn in die unermeßliche Ebene der Ukraine führte. Aber die Masse des Volkes, Siedler und Bürger, die der ständigen Unruhe und der Militärherrschaft der Kosaken überdrüssig waren, ergriffen die Partei des Zaren, und bald waren die Schweden durch einen Aufstand völlig abgeschnitten. Karl XII. erreichte die Stadt Poltawa* und schlug dort ein Lager auf, um die von Polen und der Türkei versprochenen Verstärkungen zu erwarten. Um sich zu zerstreuen, beschloß

(Photo Presseagentur Nowosti)

Peter der Große ahmte den Kurfürsten von Brandenburg nach im Aufbau seiner Armee nach schwedischem Vorbild. Nach der Niederlage bei Narwa im Jahr 1700 gelang es ihm aber im weiteren Verlauf des großen Nordischen Krieges, den ganzen Küstenstreifen der Ostsee von Riga bis zur Karelischen Meerenge durch den Vertrag von Nystad unter russische Herrschaft zu bringen. Eremitage, Leningrad.

er, die Stadt anzugreifen. Die Unternehmung war im Grunde aussichtslos, aber Karl XII. vertraute auf seine Unbesiegbarkeit.

Der Zar marschierte mit 60 000, diesmal gut ausgerüsteten Soldaten heran. Während einer tollkühnen Nachtaufklärung wurde Karl XII. an der Ferse verwundet und konnte nicht persönlich den Angriff leiten. Die Entscheidungsschlacht fand am 8. Juli 1709 statt. Karl XII. mußte, begleitet von Mazeppa und dem Polen Ponia-

*Der schwedische König Karl XII. war ein gefährlicher Gegner Peters des Großen.
Er wurde jedoch 1709 bei Poltawa geschlagen. Gemälde von J.-M. Nattier. Historisches Museum, Moskau.*

(Photo Erwin Meyer)

towski* fliehen, um nicht in die Hände der Russen zu fallen. In türkischem Hoheitsgebiet fand er einen vorläufigen Schutz.

Der Sieg Rußlands: Poltawa

Von der mächtigen schwedischen Armee, vor der ganz Europa gezittert hatte, blieb nicht ein Bataillon übrig.

Poltawa ist der Beginn eines neuen Zeitabschnitts der Weltgeschichte. Schweden, das unter Gustav Adolf und Karl XI. die Rolle einer europäischen Großmacht gespielt hatte, mußte seine Vormachtstellung im Ostseeraum an Rußland abtreten. Nach seiner Niederlage verbrachte Karl XII. noch fünf Jahre bei den Türken. Den Abgesandten des Schwedenkönigs gelang es schließlich mit Hilfe der französischen Diplomatie, den Sultan Ahmed III.* zum Krieg gegen Rußland zu veranlassen. Die Türken zogen in der Ebene von Adrianopel eine ungeheure Armee zusammen. 1711 schlug der Sultan das russische Heer, das sich unvorsichtigerweise bis an die Ufer des Pruth* vorgewagt hatte. Peter der Große entging mit knapper Not der Gefan-

genschaft. Die Niederlage hatte weitreichende Folgen, denn Asow fiel wieder in türkische Hand. Das Schwarze Meer wurde erneut für ein halbes Jahrhundert ein türkisches Gewässer.

Karl XII. konnte in sein Land zurückkehren. Auf seinen frühen Tod, im Verlauf der Belagerung einer norwegischen Festung im Jahre 1718, folgte jedoch eine Zeit der Anarchie, die der Zar benutzte, um seine Truppen nach Schweden zu führen.

Der Friede von Nystad* wurde 1721 unterzeichnet und beendete diesen Konflikt, den großen Nordischen Krieg. Livland, Estland, Ingermanland*, Karelien* und die östliche Hälfte Finnlands, die seit der Zeit von Alexander Newski ein Streitobjekt beider Länder waren, kamen unter russische Herrschaft. Peter der Große hatte somit zwischen der Ostsee und dem Pazifischen Ozean ein riesiges Reich geschaffen.

Der Zar starb 1725 an den Folgen des Versuchs, einen Seemann aus den Fluten des eisigen Meeres zu retten. Das war die letzte Tat eines Herrschers, der unberührt von allen Vorurteilen und Traditionen das moderne Rußland gegründet hatte.

128

ANHANG

Datum	Politische Ereignisse	Schlachten	Kunst und Wissenschaften, Literatur, Entdeckungen
1603	Regierungsantritt König Jakobs I. von England.		Bedeutendes geistiges Leben in den Pariser Salons.
1605	»Pulververschwörung«.		Shakespeare schreibt »Hamlet«, dann »Othello«, »König Lear« und »Macbeth«.
1609	Zwölfjähriger Waffenstillstand zwischen den Vereinigten Niederlanden und Spanien.		Veröffentlichung des »Don Quijote« von Cervantes und des »Mare liberum« von Grotius.
1613	Krönung des Zaren Michael Romanow.		
1618	Kurfürst Johann Sigismund von Brandenburg erbt das Herzogtum Preußen (Ostpreußen).		
1619	Moritz von Oranien-Nassau läßt Oldenbarnevelt, Führer der niederländischen Republikanischen Partei, hinrichten.		
1620	Die »Mayflower« läuft mit über zweihundert puritanischen Auswanderern an Bord nach Nordamerika aus.		Der Maler Philippe de Champaigne ist in Paris tätig.
1625	Tod König Jakobs I. von England. Krönung Karls I.		
1628	Ermordung des Herzogs von Buckingham.		
1629	Karl I. regiert als absolutistischer Herrscher.		Théophraste Renaudot gibt die erste französische Zeitung heraus.
1630	Georg I. Rákóczi wird Fürst von Siebenbürgen (Transsilvanien).		
1638			Vincent de Paul gründet eine Anstalt für verlassene Kinder.
1640	Zusammentritt des »Langen Parlaments« in England. Beginn der Regierung des Großen Kurfürsten, Friedrich Wilhelm, von Brandenburg.		Corneille schreibt den »Cid«. Descartes veröffentlicht seine »Abhandlung über die Methode«. Der »Augustinus« von Jansenius (Cornelius Jansen) erscheint.
1641	Verhaftung und Hinrichtung Straffords.		
1644	Bürgerkrieg in England.	Sieg Cromwells über das königliche Heer bei Marston Moor.	Rembrandt malt 1642 die Nachtwache. Aufblühen der deutschen Barockdichtung: Andreas Gryphius (1616–1664), Christian Hofmann von Hofmannswaldau (1617–1679) u. a.
1645	Hinrichtung des Erzbischofs Laud. Krönung des Zaren Alexei.	Erfolg Cromwells bei Naseby.	
1646	Flucht des englischen Königs Karl I. zu den Schotten.	Besetzung der Insel Réunion durch französische Seeleute.	
1647	Karl I. wird von den Schotten ans Parlament ausgeliefert. Er flieht.		
1648	Cromwell entläßt zahlreiche Abgeordnete. Bildung des »Rumpfparlaments«.	Sieg Cromwells bei Preston.	
1649	Prozeß und Hinrichtung Karls I.		
1650			Die Sekte der Quäker wird gegründet. Tod von Descartes.

Datum	Politische Ereignisse	Schlachten	Kunst und Wissenschaften, Literatur, Entdeckungen
1651	Cromwell erläßt die Navigationsakte. Konflikt zwischen England und den Vereinigten Niederlanden.	Die Truppen Cromwells erringen einen Erfolg über die Armee Karls II. bei Worcester.	
1653	Jan de Witt wird Ratspensionär der Vereinigten Niederlande.		
1654	Unterzeichnung des Friedensvertrages zwischen England und den Vereinigten Niederlanden.		Der französische Klerus verurteilt den Jansenismus. Vaux-le-Vicomte, das Schloß Fouquets, wird ausgebaut und verschönert.
1657	Bündnis zwischen England und Frankreich gegen Spanien.		
1658	Tod Cromwells.	Schlacht in den Dünen bei Dünkirchen.	
1659	Absetzung Richard Cromwells. Pyrenäenfrieden zwischen Spanien und Frankreich.		Bauwerke von Mansart, Le Vau, Le Nôtre und Le Brun.
1660	Wiederherstellung des Stuartkönigtums in England. Regierungsantritt Karls II.		Die französischen Behörden vernichten Exemplare der »Lettres à un Provincial« von Pascal.
1661	Tod Mazarins. Ludwig XIV. beginnt seine unumschränkte Herrschaft. Fouquet wird verhaftet.		Samuel von Pufendorf (1632–1694) wird Professor in Heidelberg; er führt die Lehre vom Naturrecht in Deutschland ein.
1662	Bündnis zwischen Frankreich und den Vereinigten Niederlanden gegen Spanien.		Lully wird Kapellmeister am französischen Hof.
1664	Einmarsch der kaiserlichen Truppen in Ungarn gegen die Türken. Verurteilung Fouquets. Französischer Feldzug gegen die nordafrikanischen Piraten (Barbaresken) in Algerien.	Niederlage der Türken bei Sankt Gotthard an der Raab. Eroberung von Djidjelli.	
1665			Das Ensemble Molières wird königliche Schauspieltruppe.
1666			Erzählungen La Fontaines. Verhaftung des Leiters der Abtei Port-Royal, Lemaistre de Sacy.
1667	Friedensschluß zwischen England und den Niederlanden. Neu-Amsterdam wird an England abgetreten und heißt in Zukunft New York. Waffenstillstand von Andrussowo: Rußland dehnt seine Herrschaft auf das linke Dnjeprufer aus. Ludwig XIV. überfällt Flandern.		Colbert unternimmt eine weitreichende Neuordnung der französischen Wirtschaft durch die Gründung zahlreicher königlicher Manufakturen.
1668	Tripelallianz von Den Haag zwischen den Vereinigten Niederlanden, England und Schweden. Besetzung der habsburgischen Freigrafschaft Burgund durch Ludwig XIV. Wachsender Einfluß von Louvois in der französischen Politik.		Leichenreden und Predigten Bossuets.
1669			Tod Rembrandts.

Datum	Politische Ereignisse	Schlachten	Kunst und Wissenschaften, Literatur, Entdeckungen
1671			Baubeginn des Hôtel des Invalides in Paris.
1672	Die Truppen Ludwigs XIV. fallen in die Vereinigten Niederlande ein. Ermordung von Jan und Cornelius de Witt. Wilhelm von Oranien wird Statthalter und Generalkapitän.		
1674		Kapitulation von Dole und Besançon. Schlacht bei Seneffe.	Tod Philippes de Champaigne.
1675	Die Truppen Ludwigs XIV. besetzen Givet, Dinant, Huy und Lüttich.	Turenne fällt bei Sasbach. Sieg der Brandenburger über die Schweden bei Fehrbellin. Schlacht bei Türkheim.	Einrichtung der ersten Kontore der französischen Ostindienkompanie. Leibniz (1646–1716), der umfassendste Geist des Zeitalters, erfindet die Infinitesimalrechnung. Begründung des deutschen Pietismus durch Philipp Jakob Spener (1635–1705).
1676	Aufstand Siziliens gegen Spanien. Beginn der Giftaffäre. Krönung des Zaren Feodor III.	Seesieg Duquesnes.	Leibniz wirkt im Dienst des hannoverschen Herzoghauses.
1677	Der Marschall von Luxembourg zwingt Valenciennes und Cambrai zur Kapitulation.	Sieg bei Cassel.	Veröffentlichung der Ethik Spinozas.
1678	Eroberung von Ypern und Gent. Friedensschluß von Nimwegen.		
1679	Friedensschluß. Die Untersuchung der Giftaffäre wird fortgesetzt. Die Voisin wird zum Tode verurteilt.		Die Niederländer kolonisieren Java.
1681	Ludwig XIV. annektiert Straßburg. Einnahme von Casale.		Bossuet wird zum Bischof von Meaux ernannt.
1682	Tod des Zaren Feodor III. Iwan V. und Peter der Große regieren gemeinsam. Sofija führt die Regentschaft.		Newton entdeckt das Gesetz der Schwerkraft.
1683		Ein kaiserliches Entsatzheer schlägt die Türken vernichtend bei Wien (am Kahlenberg).	Jean de La Fontaine wird in die Académie française gewählt.
1685	Aufhebung des Edikts von Nantes. Auswanderung der französischen Reformierten (Hugenotten). Das Edikt von Potsdam ermöglicht ihre Niederlassung in Brandenburg.		Die Ankunft französischer Flüchtlinge wirkt sich vorteilhaft für die Entwicklung Berlins aus.
1686	Kaiser Leopold I. bildet mit Schweden dem König von Spanien, den Kurfürsten von Bayern und von der Pfalz und anderen deutschen Fürsten die Augsburger Allianz. Die kaiserlichen Truppen befreien Buda (Ofen) und das linke ungarische Donauufer von der türkischen Besetzung.		Zweite Hälfte des 17. Jahrhunderts bis erste Hälfte des 18. Jahrhunderts: Entfaltung des deutschen Barocks, vor allem in Süd- und Südostdeutschland (Bayern, Österreich), aber auch in Mitteldeutschland (Berlin): Fischer von Erlach (1656–1723),

Datum	Politische Ereignisse	Schlachten	Kunst und Wissenschaften, Literatur, Entdeckungen
1688	Ausbruch des Krieges gegen die Augsburger Allianz. Landung Wilhelms von Oranien in England. Flucht des englischen Königs Jakob II. Regierungsantritt des Kurfürsten Friedrich III. von Brandenburg.	Eroberung von Philippsburg durch die Franzosen. Louvois läßt die Pfalz furchtbar verwüsten.	Lukas von Hildebrandt (1668–1745), Andreas Schlüter (um 1660–1714), Daniel Pöppelmann (1662–1736), Balthasar Neumann (1687–1753), Domenikus Zimmermann (1685–1766), u. a.
1689	Jakob II. landet in Irland. Der Marschall von Noailles rückt nach Katalonien ein. Peter der Große setzt seine Halbschwester Sofija ab.	Niederlage bei Bantry Bay.	Geburt Montesquieus.
1690	Niederlage Jakobs II. in Irland am Boyne-Fluß. Feldzug Frankreichs in Piemont und in den Spanischen Niederlanden.	Sieg Catinats bei Staffarda und des Marschalls von Luxembourg bei Fleurus.	Huygens schreibt seine Abhandlung über das Licht.
1691	Ludwig XIV. erobert Mons (Bergen).		
1692	Einnahme von Namur durch die Franzosen.	Sieg Luxembourgs bei Steenkerke. Tourville wird bei La Hougue geschlagen.	
1693	Französischer Feldzug in Katalonien und Raubkrieg in der Pfalz (Zerstörung Heidelbergs).	Sieg Luxembourgs bei Neerwinden.	
1694	Die Truppen Ludwigs XIV. müssen Namur und Casale räumen.		Geburt Voltaires. Leibniz veröffentlicht sein »Neues System der Natur«. Gründung der Universität Halle.
1695			August Hermann Francke (1663–1727) gründet in Halle seine pietistischen Stiftungen.
1696	Ludwig XIV. schließt mit Herzog Viktor Amadeus von Savoyen Frieden.	Sieg Peters des Großen über die Türken bei Asow.	
1697	Friede von Rijswijk. Reise Peters des Großen nach Westeuropa.	Sieg des Prinzen Eugen über die Türken bei Zenta.	
1699	Friede von Karlowitz zwischen dem Kaiser und dem Sultan Mustafa II. Habsburg gewinnt Ungarn mit Siebenbürgen (Transsilvanien), den größten Teil von Slawonien und Kroatien.		Französische Siedler lassen sich an der Mississippimündung nieder. Die entstehende Kolonie trägt den Namen Louisiana. Fénelon beendet den Erziehungsroman »Les Aventures de Télémaque«.
1700	Tod König Karls II. von Spanien.	Sieg der Schweden über die Truppen Peters des Großen bei Narwa.	
1701	Kurfürst Friedrich III. von Brandenburg wird unter dem Namen Friedrich I. König in Preußen. Zusammenschluß der Großen Allianz in Den Haag gegen Ludwig XIV. Beginn des Spanischen Erbfolgekrieges.		

133

Datum	Politische Ereignisse	Schlachten	Kunst und Wissenschaften, Literatur, Entdeckungen
1702	Die Truppen Ludwigs XIV. dringen in Baden ein. Tod Wilhelms III. von Oranien.	Taktischer Sieg Villars bei Friedlingen.	Gründung der ersten englischen Zeitung.
1703	Einfall französischer Truppen in die Pfalz und nach Bayern. Aufstand der Protestanten (Kamisarden) in den Cevennen. Gründung von Sankt Petersburg.		Veröffentlichung der »Neuen Abhandlungen über den menschlichen Verstand« von Leibniz.
1704	Die Truppen Ludwigs XIV. fallen in Piemont ein, müssen aber Süddeutschland räumen. Die Engländer besetzen Gibraltar.	Sieg Marlboroughs bei Höchstädt über ein bayerisch-französisches Heer.	
1706	Die Franzosen räumen die Spanischen Niederlande; sie verlieren Piemont.	Niederlage der Franzosen bei Ramillies.	
1707	Philipp V. von Spanien wird durch das Eingreifen des Herzogs von Berwick gerettet. Niederlage der kaiserlichen Truppen in der Provence.	Sieg der Franzosen bei Almansa.	Saint-Simon schreibt seine Memoiren über das Leben am Hof von Versailles.
1708	Ludwig XIV. wird in Flandern geschlagen. Lille, Gent und Brügge kapitulieren.	Französische Niederlage bei Oudenaarde.	Denis Papin baut in Deutschland das erste Dampfschiff. Erfindung des europäischen Porzellans durch Friedrich Böttger in Dresden.
1709	Frankreich erlebt einen der strengsten Winter seiner Geschichte. Das Thermometer fällt bis unter minus 23° C. Manche Provinzen werden von Hungersnöten heimgesucht.	Französische Niederlage von Malplaquet. Sieg Peters des Großen über Karl XII. von Schweden bei Poltawa.	
1710	Zerstörung des Klosters Port-Royal, Mittelpunkt des Jansenismus.	Sieg von Noailles bei Villaviciosa.	Erste Manufaktur für Porzellane in Meißen eingerichtet.
1711	Tod des Kaisers Joseph I. Krönung Kaiser Karls VI.		
1712	Ludwig XIV. bietet letzte Reserven im Spanischen Erbfolgekrieg auf.	Sieg Villars bei Denain.	Geburt Jean-Jacques Rousseaus.
1713	Friede von Utrecht.		Geburt Diderots.
1714	Friedensschlüsse von Rastatt und Baden (Schweiz) mit dem Kaiser und dem Reich.		Fahrenheit gelingt die erste Herstellung übereinstimmender Thermometer.
1715	Tod Ludwigs XIV. Philipp von Orleans wird Regent.		
1721	Frieden von Nystad zwischen Rußland und Schweden. Peter der Große erhält Karelien, Ingermanland, Estland und Livland.		

CHRONOLOGIE DER PÄPSTE

Pius III.	1503	Innozenz IX.	1591
Julius II.	1503–1513	Klemens VIII.	1592–1605
Leo X.	1513–1521	Leo XI.	1605
Hadrian VI.	1522–1523	Paul V.	1605–1621
Klemens VII.	1523–1524	Gregor XV.	1621–1623
Paul III.	1534–1549	Urban VIII.	1623–1644
Julius III.	1550–1555	Innozenz X.	1644–1655
Marcellus II.	1555	Alexander VII.	1655–1667
Paul IV.	1555–1559	Klemens IX.	1667–1669
Pius IV.	1559–1565	Klemens X.	1670–1676
Pius V.	1566–1572	Innozenz XI.	1676–1689
Gregor XIII.	1572–1585	Alexander VIII.	1689–1691
Sixtus V.	1585–1590	Innozenz XII.	1691–1700
Urban VII.	1590	Klemens XI.	1700–1721
Gregor XIV.	1590–1591		

RÖMISCH-DEUTSCHE KAISER

Ferdinand I.	1556–1564	Ferdinand III.	1637–1657
Maximilian II.	1564–1576	Leopold I.	1658–1705
Rudolf II.	1576–1612	Joseph I.	1705–1711
Matthias	1612–1619	Karl VI.	1711–1740
Ferdinand II.	1619–1637		

KURFÜRSTEN VON BRANDENBURG

Haus Hohenzollern (ab 1618 Herzöge von Preußen, ab 1701 Könige in Preußen)

Friedrich I.	1415–1440	Joachim Friedrich	1598–1608
Friedrich II.	1440–1470	Johann Sigismund	1608–1619
Albrecht Achilles	1470–1486	Georg Wilhelm	1619–1640
Johann Cicero	1486–1499	Friedrich Wilhelm	1640–1688
Joachim I., Nestor	1499–1535	Friedrich III.	1688–1713
Joachim II.	1535–1571	(ab 1701 König in Preußen als Friedrich I.)	
Johann Georg	1571–1598		

KÖNIGE VON FRANKREICH

Häuser Orleans und Angoulême		*Bourbonen*	
Franz I.	1515–1547	Heinrich IV.	1589–1610
Heinrich II.	1547–1559	Ludwig XIII.	1610–1643
Franz II.	1559–1560	Ludwig XIV.	1643–1715
Karl IX.	1560–1574	Ludwig XV.	1715–1774
Heinrich III.	1574–1589	Ludwig XVI.	1774–1793

KÖNIGE VON SPANIEN

Philipp II.	1556–1598	Philipp IV.	1621–1665
Philipp III.	1598–1621	Karl II.	1665–1700

KÖNIGE VON ENGLAND

Jakob I.	1603–1625	Wilhelm III. von Oranien	1688–1702
Karl I.	1625–1649	Anna	1702–1714
Karl II.	1660–1685	Georg I.	1714–1727
Jakob II.	1685–1688		

KÖNIGE VON DÄNEMARK

Christian I. von Oldenburg	1448–1481	Friedrich II.	1559–1588
Johann I. (Hans)	1481–1513	Christian IV.	1588–1648
(1483 als König von Schweden Johann III.)		Friedrich III.	1648–1670
Christian II.	1513–1523	Christian V.	1670–1699
Friedrich I.	1523–1533	Friedrich IV.	1699–1730
Christian III.	1534–1559		

KÖNIGE VON SCHWEDEN

Gustav I. Wasa	1523–1560	Karl IX.	1604–1611
Erik XIV.	1560–1568	Gustav II. Adolf	1611–1632
Johann III.	1569–1592	Christine	1632–1654
Sigismund	1592–1599	Karl X. Gustav, Pfalz-Zweibrücken	1654–1660
(König von Polen 1587–1632)		Karl XI.	1660–1697
Regentschaft		Karl XII.	1697–1718

ZAREN VON RUSSLAND

Michael I. Romanow	1613–1645	Iwan V.	1682–1689
Alexei I.	1645–1676	Peter der Große	
Feodor III.	1676–1682	Peter der Große	1689–1725

KÖNIGE VON POLEN

Wladislaw II. Jagiello	1386–1434	Johann I. Albrecht	1492–1501
(Großherzog von Litauen ab 1377)		Alexander von Litauen	1501–1506
Wladislaw III.	1434–1444	Sigismund I.	1506–1548
Kasimir IV.	1447–1492	Sigismund II. August	1548–1572

TÜRKISCHE SULTANE

Osman I.	1288–1326	Mohammed III.	1595–1603
Orchan	1326–1359	Ahmed I.	1603–1617
Murad I.	1359–1389	Mustafa I.	1617–1618
Bajasit I.	1389–1402	Osman II.	1618–1622
Suleiman I.	1403–1411	Mustafa I.	1622–1623
Mohammed I.	1413–1421	Murad IV.	1623–1640
Murad II.	1421–1451	Ibrahim I.	1640–1648
Mohammed II. Fatih	1451–1481	Mohammed IV.	1648–1687
Bajasit II.	1481–1512	Suleiman III.	1687–1691
Selim I.	1512–1520	Ahmed II.	1691–1695
Suleiman II.	1520–1566	Mustafa II.	1695–1703
Selim II.	1566–1574	Ahmed III.	1703–1730
Murad III.	1574–1595		

KARTEN

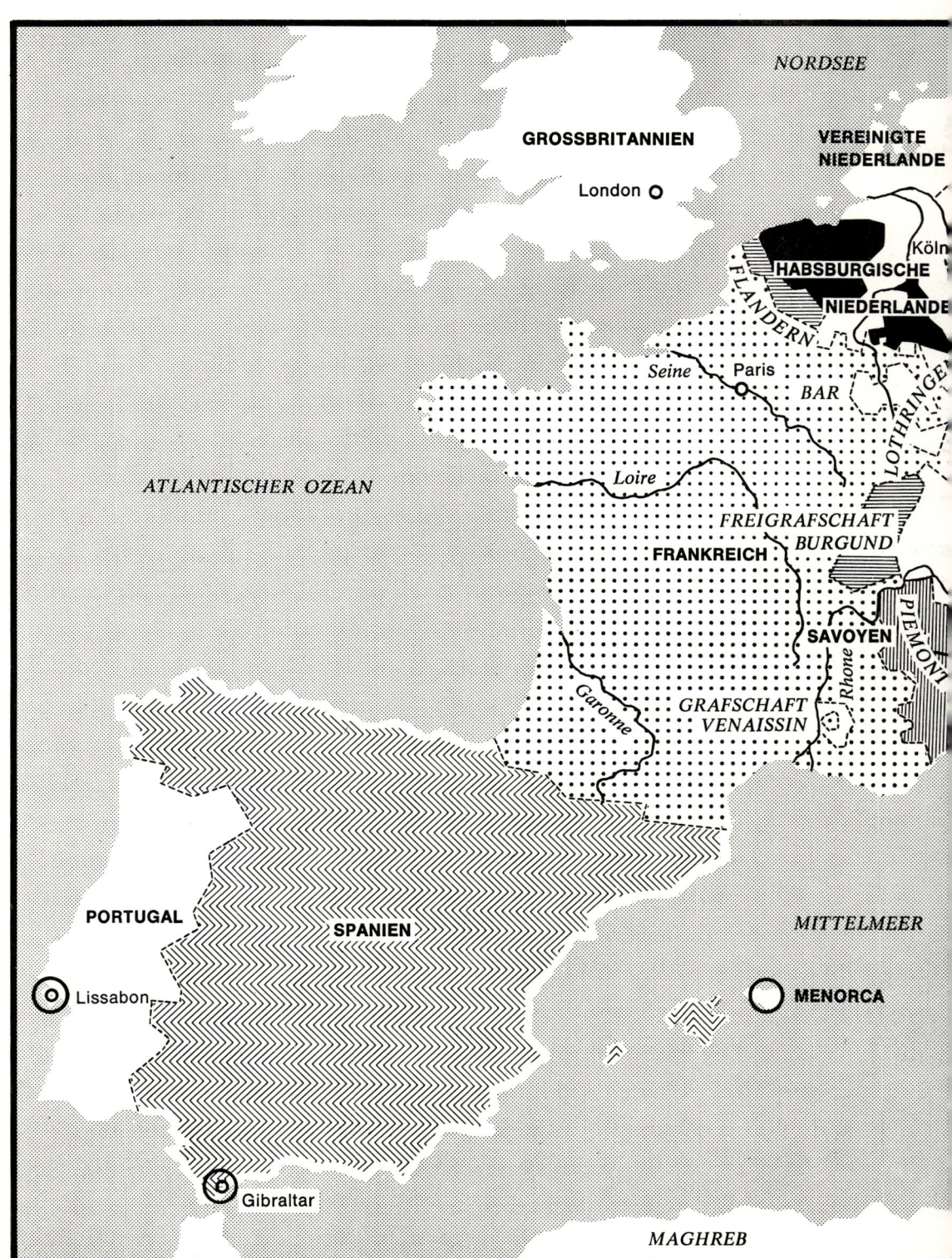

NORDSEE

GROSSBRITANNIEN

London O

VEREINIGTE
NIEDERLANDE

Köln

HABSBURGISCHE

FLANDERN

NIEDERLANDE

Seine   Paris O   BAR

LOTHRINGE

ATLANTISCHER OZEAN

Loire

FREIGRAFSCHAFT
BURGUND

FRANKREICH

SAVOYEN

PIEMONT

Rhone

GRAFSCHAFT
VENAISSIN

Garonne

PORTUGAL

MITTELMEER

SPANIEN

Lissabon

MENORCA

Gibraltar

MAGHREB

Gebietsverteilung als Ergebnis des Spanischen Erbfolgekrieges

	beim Königreich Spanien geblieben
	den deutschen Habsburgern übergeben
	Besitzungen der deutschen Habsburger vor dem Vertrag
	Pufferstaaten
○	Flottenstützpunkte und englische Brückenköpfe
	Eroberungen Ludwigs XIV.
	Königreich Frankreich

DÄNEMARK

BRANDENBURG

LITAUEN

PREUSSEN

Berlin

Weichsel

Oder

POLEN

Elbe

Hannover

HESSEN

SACHSEN

SCHLESIEN

Rhein

KURPFALZ

Heidelberg

Straßburg

BADEN

BAYERN

Donau

Wien

Theiß

WÜRTTEMBERG

ÖSTERREICHISCHE ERBLANDE

SCHWEIZ

SIEBENBÜRGEN

Drau

TRENTINO
(Land um Trient)

HZGT.
MAILAND

Venedig

Parma

Po

Save (Sau)

WALACHEI

Genua

BANAT

TOSKANA

KIRCHENSTAAT

OSMANISCHES REICH

Rom

KORSIKA

SARDINIEN

SIZILIEN

Straße von Sizilien

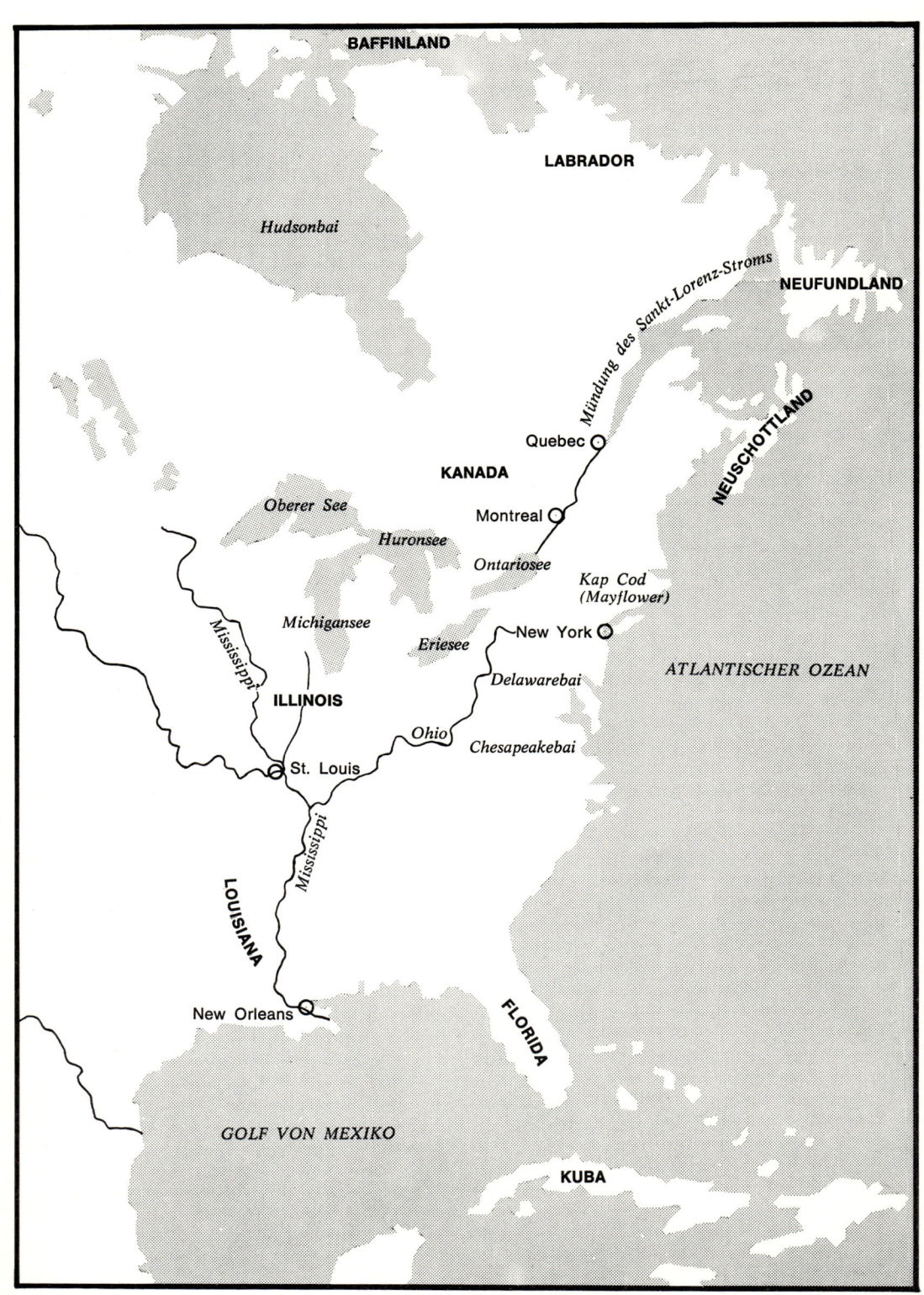

LEXIKON

(Photo Giraudon)

*Sultan Ahmed I.
Nationalbibliothek, Paris.*

Ahmed I. (1590–1617) Sohn Sultan Mohammeds III. Er folgte im Jahre 1603 auf seinen Vater. Zu dieser Zeit war das Osmanische Reich an der persischen Grenze und in Ungarn in Konflikte verwickelt. Der Sultan zog die Vergnügungen Konstantinopels dem harten Soldatenleben vor und überließ die Führung seiner Truppen den Generälen. Beide Feldzüge zogen sich in die Länge, trugen aber kaum zu größerem Ansehen Ahmeds bei. Im Osten eroberte sein gefährlicher Gegner Schah Abbas einen Teil Kurdistans, während im Westen die kaiserlichen Heere sowohl im ungarischen Tiefland als auch in Transsilvanien die Oberhand behielten. Auch die Regierung Ahmeds I. stand unter den Vorzeichen des Niedergangs oder wenigstens der Stagnation, die seit den Erfolgen Suleimans des Großen und seiner direkten Nachfolger das Osmanische Reich kennzeichneten.

Ahmed III. (1673–1736) Sohn Mohammeds IV. und Bruder Mustafas II. Ahmed III. folgte im Jahre 1703 durch eine Palastrevolution auf seinen Bruder, der abgesetzt wurde. Auf außenpoli-

tischem Gebiet verhielt sich der neue Herrscher sehr vorsichtig. Im Krieg zwischen dem französischen König und dem Reich blieb er neutral und zeigte auch gegenüber Zar Peter dem Großen keinerlei Feindseligkeit. Er gewährte lediglich im Jahre 1709 dem schwedischen König Karl XII., der bei Poltawa in der Ukraine von den Russen besiegt worden war, politisches Asyl. Als der Sultan im Jahre 1714 Konstantinopel verlassen mußte, war es mit seiner Friedfertigkeit endgültig vorbei. Er benutzte seine zu dieser Zeit wieder guten Beziehungen zu den Russen und warf seine gesamten Streitkräfte gegen die venezianischen Besitzungen auf dem Peloponnes und auf Kreta. Es gelang ihm zwar, die wichtigsten Handelskontore zu erobern, aber er forderte dadurch einen Gegenschlag des römisch-deutschen Kaisers Karl VI. heraus. Die kaiserlichen Truppen unter der Führung des genialen Prinzen Eugen brachten im Jahre 1716 den Türken in Ungarn eine vollständige Niederlage bei, eroberten Temesvar und das Banat und 1717 Belgrad. Der Friede von Passarowitz im folgenden Jahr war ein Symbol der Demütigung des Sultans, der zwölf Jahre später gegen den persischen Erbfeind eine ähnliche Niederlage hinnehmen mußte. Nach so vielen Rückschlägen ersetzten ihn die Janitscharen, die schon Mustafa II. und davor Ahmed I. abgesetzt hatten, im Jahr 1730 durch Mahmud I.

Alaska Gebiet im Nordwesten Nordamerikas, das von Kanada im Osten, vom Pazifischen Ozean, vom Beringmeer und vom Nördlichen Eismeer begrenzt wird. Alaska wurde von dem Dänen Bering, von Tschirikow und mehreren anderen russischen Seefahrern erforscht und von Zar Paul I. im Jahre 1799 in Besitz genommen. Alexander II. verkaufte das Gebiet im Jahre 1867 an die Regierung der Vereinigten Staaten. Alaska bildet heute den 49. Staat der USA.

Alexei I. (1629–1676) Sohn Michaels I. aus der Dynastie Romanow. Alexei folgte im Jahre 1645 seinem Vater auf dem russischen Thron. Im Alter von sechzehn Jahren besaß er bereits eine wache Intelligenz, zumal er eine ausgezeichnete Erziehung genossen hatte. Zudem war er energisch, vorsichtig und klug. Er überließ jedoch die Regierungsgeschäfte seinem Lehrer, dem Bojaren Morosow, der später eine Schwester der Zarin Maria Miloslawskaja heiratete. Boris Morosow benutzte seine Stellung als Schwager des jungen Herrschers, um die Bevölkerung mit immer neuen Steuern und Abgaben zu belegen. Schließlich kam es zu Beschwerden der Bauern und zu Kosakenaufständen in Südrußland. Um dieser gefährlichen Lage ein Ende zu setzen, verkündigte Alexei im Jahre 1649 ein einheitliches Gesetz und Recht für sein ganzes Reich. Eine einzige Reihe von Verfügungen ersetzte alle Verordnungen oder Ukase, die seine Vorgänger erlassen hatten. Gleichzeitig lenkte der Zar den Zorn der Kosaken auf die Polen ab, indem er es zu einem Krieg mit seinen westlichen Nachbarn kommen ließ. Im Frieden von Andrussowo, der diesen Krieg beendete, erhielt Rußland im Jahre 1667 das Gebiet um Smolensk und einen Teil der Ukraine, zu dem auch Kiew gehörte. Ferner schloß Alexei die Besitzergreifung Sibiriens erfolgreich ab, indem er bis in den Fernen Osten Kosaken ansiedelte. Diesen außenpolitischen Erfolgen standen jedoch im Inneren mehrere Krisen gegenüber. Der Kirchenstreit, den der Patriarch Nikon hervorgerufen hatte, endete mit dessen Rücktritt im Jahr 1666. Der blutige Aufstand, den der Kosakenhetman Stenka Rasin 1667 im Wolgatal angezettelt hatte, fand erst mit der Enthauptung des Meuterers vor dem Kreml ein Ende. Aus seiner zweiten Heirat mit Natalja Naryschkina wurde Alexei ein Sohn, der spätere Peter der Große, geboren. Aus seiner ersten Ehe mit Maria Miloslawskaja waren neben seiner Tochter Sofija (Sophie) der schwächliche und kränkliche Zarewitsch Feodor und der schwachsinnige Iwan hervorgegangen.

Alexei, Zarewitsch (1690–1718) Sohn des Zaren Peter des Großen und der Zarin Eudoxia Lopuchina. Alexei verbrachte seine Jugend vom Zaren unbeachtet und gedemütigt in der Umgebung seiner Mutter. Er war verschlossen und religiös, verehrte seine Mutter und haßte seinen Vater. Im Charakter stellte der Zarewitsch das genaue Gegenteil des Zaren dar, denn er war willensschwach, wenig intelligent, feige, unausgeglichen und schüchtern. Als Peter der Große das geringe Interesse seines Sohnes für Staatsgeschäfte und militärische Angelegenheiten erkannte, drohte er, ihn zu enterben. Der verängstigte Thronerbe benutzte eine Nachlässigkeit seiner Bewacher und floh zuerst nach Wien, dann nach Neapel. Nachdem er die Vergebung seines Vaters erhalten hatte, kehrte er am 11. Februar 1718 nach Moskau zurück. Die Vergebung des Zaren war weder vollständig noch aufrichtig, denn der Kronprinz wurde gefoltert, bis er den Namen aller seiner Freunde und Anhänger preisgegeben hatte, die ihrerseits verbannt oder hingerichtet wurden. Alexei starb im Juni 1718 wahrscheinlich an den Folgen der Foltern.

Andrussowo Stadt in der Gegend von Smolensk. Die Vertreter des Zaren Alexei I. und des polnischen Königs Johann II. Kasimir unterzeichneten hier im Jahre 1667 einen dreizehnjährigen Waffenstillstand, der im Jahre 1678 erneuert wurde. Dieser Vertrag sprach den Russen Smolensk und das Gebiet um Kiew zu.

Arminius Jakob (1560–1609) Als Geistlicher der reformierten Kirche der Vereinigten Niederlande erhielt der berühmte Theologe Jakob Harmensen, genannt Arminius, von seinen Kollegen den

(Photo Editions Rencontre)
Arminius.

Auftrag, zu einem Werk über die Lehren Calvins, das in Amsterdam veröffentlicht worden war, Stellung zu nehmen. Anstatt jedoch die umstrittenen Thesen, besonders die Prädestinationslehre, zurückzuweisen, machte Arminius sie sich, allerdings in abgeschwächter Form, zu eigen. Seine Anhänger nannten sich Arminianer oder auch Remonstranten, wegen einer im Jahre 1610, ein Jahr nach dem Tode des Arminius, den Generalstaaten überreichten Protestnote.

Arnheim (Arnhem) Eine im 13. Jahrhundert von den Herzögen von Geldern befestigte Stadt im Osten der Niederlande. Der Ursprung der 15 Kilometer nördlich von Nimwegen gelegenen Siedlung am rechten Rheinufer soll in einem römischen Lager zu suchen sein.

Aubusson Stadt im westlichen Mittelfrankreich im Departement Creuse, ungefähr halbwegs zwischen Limoges und Clermont-Ferrand. Aubusson gehörte im Mittelalter den Grafen dieser Markgrafschaft und erhielt am Ende des 13. Jahrhunderts Stadt-

rechte. Der Ort ist wegen seiner Teppichwirkereien berühmt.

Awwakum Erzpriester der russisch-orthodoxen Kirche. Er trat der Reformbewegung entgegen, die der Patriarch Nikon von 1652 an betrieb. Awwakum protestierte gegen die Neuerungssucht des höchsten Kirchenfürsten und übernahm die Führung der Partei der Raskolniki, der Altgläubigen. Um den Glauben seiner Anhänger zu stärken, ließ er sich 1682 in der Öffentlichkeit mitsamt seiner Familie verbrennen. Diesem Beispiel folgten viele andere Altgläubige.

Bacon, Francis (1561–1626) Politiker und hoher Beamter des englischen Königs Jakob I. Francis Bacon ist der Nachwelt hauptsächlich als Philosoph bekannt. Bacon war zunächst Kronanwalt und dann Lordkanzler des Königs. Er wurde von seinem Herrn gefördert und zum Lord Verulam ernannt, mußte aber wegen schändlicher Mißwirtschaft vom Jahre 1621 an auf die meisten seiner Ämter verzichten und widmete sich nun ganz der Wissenschaft und der

(Photo Editions Rencontre)
Francis Bacon.

143

Theologie. Schon vorher hatte er durch die Veröffentlichung mehrerer Werke, in denen er die traditionellen, bloß auf Autoritäten sich stützenden Wissenschaftsthesen durch empirische Methoden ersetzte, seine Begabung gezeigt. In seinem Hauptwerk, der »Instauratio magna«, entwickelte er seine Gedanken über ein System der Wissenschaften und erläuterte seine Theorien über den Vernunftschluß, die Induktion und den Empirismus. Neben seinen philosophischen Werken verfaßte Bacon mehrere geschichtliche, wissenschaftliche und juristische Schriften.

Baden Stadt in der Schweiz, im Aargau an der Limmat, dem Abfluß des Zürichsees zur Aare, gelegen; bekannt durch ihre Schwefelthermen.

Bart, Jean (1650–1702) Als Mitglied einer in Dünkirchen beheimateten Seemannsfamilie ergriff auch Jean Bart den väterlichen Beruf. Er wurde zuerst Schiffsjunge und dann Matrose an Bord von Schiffen seiner Vaterstadt, die im Ärmelkanal oder in der Nordsee kreuzten. Nachdem sein Vater an den Folgen der schweren Verwundungen gestorben war, die er im Kampf gegen die englische Kriegsmarine erlitten hatte, heuerte der junge Mann auf einem niederländischen Kriegsschiff an und kämpfte unter dem Befehl des berühmten Admirals de Ruyter. Nach dem Einfall der Truppen Ludwigs XIV. in die Vereinigten Niederlande kehrte er in französische Dienste zurück und wurde Freibeuter. Dieses abenteuerliche Leben entsprach seinem furchtlosen und kühnen Charakter. Schon 1679 war sein Name allgemein bekannt. Ludwig XIV. beförderte den hervorragenden Seemann zum Leutnant zur See und im Jahre 1686 zum Fregattenkapitän. Er wurde mit vielen Ehren in Versailles empfangen, mit dem Dienstgrad eines Kapitäns zur See ausgezeichnet und im Jahre 1694 geadelt. Jean Bart fügte der eng-

Ansicht der Stadt Baden.
Aus der Cosmographie universelle von S. Munster (1568).

lischen Kriegs- und Handelsflotte im Kaperkrieg schweren Schaden zu. Im Atlantik, im Kanal und in der Nordsee war er gleichermaßen erfolgreich. Als Kommandant der königlichen Hochseeflotte war er bis zu seinem Tode ununterbrochen tätig. Er starb nach einer kurzen Krankheit während der Vorbereitung eines neuen Unternehmens auf der Reede von Dünkirchen.

Bayle, Pierre (1647–1706) Sohn eines protestantischen Pastors aus der Grafschaft Foix. Bayle wurde von den Jesuiten der Stadt Toulouse zum Katholizismus bekehrt, trat aber später wieder zum Protestantismus über und lehrte in einem protestantischen Kolleg in Sedan (Ardennen) Philosophie. Als diese Schule im Jahre 1681 aufgelöst wurde, floh Bayle nach Rotterdam, wo man ihm einen Lehrstuhl für Philosophie angeboten hatte. In seiner neuen Heimat schrieb er außer einigen philosophischen und historischen Werken eine »Historisch-kritische Enzyklopädie« (Dictionnaire historique et critique). Dieses Buch ist

das Hauptwerk eines Gelehrten, der sich selbst als frei und unabhängig bezeichnete. In dieser Enzyklopädie erscheinen schon Gedanken der Philosophie des 18. Jahrhunderts. Die kirchlichen Behörden seiner Wahlheimat machten Bayle zahlreiche Schwierigkeiten, weil sie in seinem Werk atheistische Tendenzen zu entdecken glaubten.

Becher, Johann Joachim (1635– um 1682) Philosoph, Chemiker und Nationalökonom aus Speyer. Becher war ein wissensdurstiger, eigenwilliger, unabhängiger und unsteter Mensch, der nach Universalbildung im Sinne der Renaissance strebte. Sein Wissen entsprang einer natürlichen Neugierde und war durchsetzt mit eigenen Gedanken, mit denen er versuchte, sich bei Fürsten und Herrschern beliebt zu machen, die ihn um Rat angingen. Er war Professor in Mainz, Leiter einer biologischen Versuchsanstalt in München, Handelsattaché in Wien, Kaufmann und Fabrikant in den Niederlanden und Geologe in Großbritannien.

Berlin Hauptstadt Brandenburgs. Seit dem Beginn des 18. Jahrhunderts Hauptstadt Preußens und seit 1871 des Deutschen Reiches. Berlin liegt an den Ufern der Spree in einer flachen, bewaldeten und sumpfigen Landschaft zwischen Elbe und Oder. Zu Beginn des 14. Jahrhunderts setzte eine bemerkenswerte Entwicklung der Stadt ein, da die Schiffahrt auf der Spree und der Ausbau der politischen Macht der Markgrafen von Brandenburg zu einer Entwicklung des Handels geführt hatten.

Berry, Herzog von (1686–1714) Drittes Kind des französischen Kronprinzen Ludwig und der Maria Anna Christine von Bayern. Der Herzog von Berry spielte niemals eine Rolle am Hof. Er heiratete im Jahre 1710 Maria Luise Elisabeth von Orleans, die Tochter Philipps von Orleans, die dessen ausschweifenden Lebenswandel teilte.

Blake, Robert (1599–1657) Sohn eines Kaufmanns aus der Grafschaft Somerset. 1640 wurde Robert Blake Parlamentsabgeord-

Berlin: die Lange Brücke mit der Reiterstatue des Großen Kurfürsten.

neter und ergriff die Partei Oliver Cromwells. Er diente zunächst als Offizier in der Armee und erhielt schließlich ein Kommando in der Marine. In der republikanischen englischen Armee galt Blake als guter, aber keineswegs überragender Offizier. Nach seiner Versetzung zur Marine stellte sich jedoch bald heraus, daß er zum Seemann geboren war, und er brachte es bis zum Admiral. Im Kampf gegen die Flotten des Königs von Spanien, der Toskana, des Malteserordens und der nordafrikanischen Barbaresken blieb er siegreich und erzwang die Anerkennung der Herrschaft Cromwells. Er starb an einer ansteckenden Krankheit nach der Rückkehr von einem Unternehmen.

Boileau, Nicolas (1636–1711) Dritter Sohn des Pariser Gerichtsschreibers Gilles Boileau. Wie sein älterer Bruder besaß Nicolas eine ausgesprochene Begabung für Literatur und Dichtkunst. Aber auch ihn zwang sein Vater zum Jurastudium, das er 1657 aufgab. Von diesem Zeitpunkt an widmete sich Despréaux, wie man ihn nach seinem Besitz in der Nähe von Paris nannte, ausschließlich seiner eigentlichen Berufung, näm-

lich der Satire. Sein Vorbild war der römische Dichter Horaz. Boileau kritisierte mit beißendem Spott die kleinbürgerliche Haltung seiner Zeitgenossen, ihre Geschmacklosigkeit und Unnatürlichkeit. Während er den zweitklassigen Dichtern mit Satiren und Briefen zusetzte, formulierte er in seiner »Art poétique« die Regeln der klassischen Dichtkunst, als deren erste Voraussetzungen er Vernunft und Naturliebe for-

(Photo Giraudon)

Robert Blake.

(Sammlung Viollet)

Nicolas Boileau nach Hyacinthe Rigaud. Nationalbibliothek, Paris.

derte. Er war ein Schützling Ludwigs XIV. und ein Freund Racines und Molières. Im Jahre 1684 wurde er Mitglied der Académie française.

Bossuet, Jacques-Bénigne (1627–1704) Nach dem Abschluß seiner Studien im Jesuitenkolleg seiner Heimatstadt Dijon legte der junge Bossuet seine Mönchsgelübde ab und zeigte sich schon sehr früh als hervorragender Redner. Er verfaßte seine Predigten mit einer Mühelosigkeit und Schnelligkeit, die seine Vorgesetzten immer wieder überraschte. Schon 1643 wirkte er in Paris und erhielt fünf Jahre später den höchsten Grad der theologischen Fakultät der Sorbonne. Als Archidiakon von Metz im Jahre 1652 und Bischof von Condom im Jahre 1669 zeigte sich Bossuet als genialer Prediger. Berühmt wurden seine Leichenreden für Henriette von Frankreich, Henriette von England, die Königin Maria Theresia, Anna von Gonzaga und den Prinzen von Condé. Seine meisterhaften Predigten wurden zwar vom Klerus bewundert, aber der Hof zog ihm Bourdaloue vor. 1681 wurde er zum Bischof von Meaux ernannt. Er übte das Amt des Erziehers des Kronprinzen aus. In dieser Eigenschaft schrieb er für seinen Schüler mehrere theologische und poli-

(Sammlung Viollet)

Bossuet.

tische Abhandlungen, die zu seinen wichtigsten Werken gehörten. In seinen Schriften, die den Absolutismus theologisch untermauern, zeichnet sich deutlich die rückhaltlose Unterstützung der Religionspolitik Ludwigs XIV. und seine unerbittliche Feindschaft gegenüber dem Protestantismus ab. Er formulierte im Jahr 1682 die Gallikanischen Artikel der französischen Kirche.

Boufflers, Marschall von (1644–1711) Als Abkömmling einer alten Familie aus der südlichen Picardie begann Louis-François de Boufflers seine Soldatenlaufbahn in der königlichen Leibwache. Er nahm als Offizier an den wichtigsten Feldzügen Ludwigs XIV. teil und kämpfte insbesondere unter Turenne bei der Eroberung Flanderns im Jahre 1667. Auch während der Feldzüge gegen die Niederlande in den Jahren 1672 und 1673 stand er unter den Fahnen des Königs. Boufflers marschierte dann unter Turenne in das Elsaß ein und zeichnete sich in der unentschiedenen Schlacht bei Ensheim am 4. Oktober 1674 aus. Nach seiner Ernennung zum Generalleutnant war Boufflers Mitarbeiter des Marschalls von Luxembourg und hatte 1692 entscheidenden Anteil am Sieg von Steenkerke. Zwei Jahre später kämpfte er um Namur, das die Niederländer allerdings den Franzosen entrissen, mit einer derartigen Entschlossenheit, daß der König ihn mit dem Marschallstab auszeichnete und ihn zum Herzog ernannte. Im Jahr 1708 verteidigte er zunächst die Festung von Lille, die im Dezember aber doch vor den Truppen des Prinzen Eugen kapitulieren mußte. Im folgenden Jahr deckte er den Rückzug der Armee am Abend der französischen Niederlage von Malplaquet. Durch seinen unbeugsamen Mut und seine Klarsicht bewährte sich der Marschall als Truppenführer, der mit seinen Vorgesetzten Turenne, Luxembourg und schließlich Villars ausgezeichnet zusammenarbeitete.

Die Rolandssäule vor dem Rathaus von Bremen, ein Sinnbild der Privilegien der Hansestadt.

Bremen Im 8. Jahrhundert gegründete Stadt in Nordwestdeutschland. Sie liegt etwa 60 Kilometer von der Nordsee entfernt an der Weser. Der geringe Tiefgang der Schiffe sorgte für ihren wirtschaftlichen Aufstieg im Mittelalter. Als freie Reichsstadt zählte Bremen zu den wichtigsten Mitgliedern der Hanse. Seine Bedeutung als Seehandelsplatz ist unvermindert groß, obwohl die Schiffe heute meist nur noch das unmittelbar an der Nordsee gelegene Bremerhaven anlaufen.

Bretagne, Herzog der (1704–1705) Ältester Sohn des Herzogs von Burgund und der Maria Adelaide von Savoyen. Bei seiner Geburt erhielt Ludwig den Titel eines Herzogs der Bretagne. Er starb jedoch ein Jahr später. Der gleiche Titel wurde von 1707 bis 1712 von einem zweiten Sohn getragen, der mit fünf Jahren starb. Der spätere König Ludwig XV. war also das einzige überlebende Kind des Herzogs von Burgund, eines Enkels Ludwigs XIV.

Burgund, Herzog von (1682–1712) Sohn des Kronprinzen und Enkel Ludwigs XIV. Der Herzog von Burgund wurde durch den Tod

(Photo Giraudon)
Ludwig, Herzog von Burgund.

seines Vaters im Jahre 1711 Thronfolger. Der König setzte große Hoffnungen auf seinen Enkel und ließ ihm eine ausgezeichnete Erziehung zukommen. Fénelon, einer seiner Lehrer, schrieb eigens für ihn den Erziehungsroman »Les Aventures de Télémaque«. Der junge Prinz rechtfertigte die in ihn gesetzten Erwartungen durch Vernunft, Fleiß und Eifer. Mit zwanzig Jahren nahm der Herzog von Burgund am Flandernfeldzug teil und erhielt mehrere Kommandos. Er schien dazu berufen, ein würdiger Nachfolger Ludwigs XIV. zu werden, als er kurz nach seinem Vater während einer Epidemie starb. Aus seiner Ehe mit der charmanten Maria Adelaide, der Tochter des Herzogs Viktor Amadeus von Savoyen, wurde ihm ein Sohn geboren, der später unter dem Namen Ludwig XV. Frankreich regieren sollte.

Canal du Midi (»Kanal der zwei Meere«) Dieser 240 Kilometer lange Binnenwasserweg verbindet die Mittelmeerküste des Languedoc mit dem Becken der Garonne und dadurch mit dem Atlantischen Ozean. Er ist nur für kleine Schiffe und Schlepper befahrbar und wurde unter der Leitung des Ingenieurs Pierre-Paul Riquet zwischen den Landstrichen bei Agde und Toulouse erbaut.

Casale Stadt in Norditalien in der Provinz Piemont, im Tal des Po, etwa 60 Kilometer östlich von Turin gelegen. Als ehemalige Hauptstadt der Markgrafschaft Montferrat besaß diese Festung während der Renaissance erstrangige strategische Bedeutung. Sie wurde mehrmals belagert.

Catinat, Marschall von (1637–1712) Sohn eines Richters. Nicolas de Catinat wählte nicht den Beruf seines Vaters, sondern trat in die königliche Leibgarde ein. Nach seiner Ernennung zum Offizier nahm er von 1667 bis 1678 an den Feldzügen in Flandern und in den Niederlanden teil. Wegen seiner Verdienste wurde er zum Generalleutnant befördert. Nach seiner Ernennung zum Oberkommandierenden der im Piemont operierenden Armee errang Catinat im Krieg gegen die große Allianz durch die Eroberung der Grafschaft Nizza im Jahre 1691 und zwei Siege gegen die verbündeten Spanier und Piemontesen bei Staffarda (1690) und bei Marsaglia (1693) weitere Erfolge, die ihm seine Ernennung zum Marschall eintrugen. Wegen seiner Be-

scheidenheit und Ritterlichkeit war Catinat bei seinen Soldaten außerordentlich beliebt. Er quittierte im Jahre 1702 den Dienst und lebte zurückgezogen auf einer seiner Besitzungen in Saint-Gratien in der Umgebung der Stadt Paris.

Cavalier, Jean (1680–1740) Als Sohn eines Bauern in den Cevennen war Jean Cavalier zunächst Hirte, wurde aber später Bäckerlehrling. Wegen seiner religiösen Überzeugung von den königlichen Behörden verfolgt, floh er um 1701 nach Genf. Als er die Nachricht vom Aufstand der »Camisards« (Kamisarden) in Südfrankreich erhielt, kehrte Cavalier zurück, griff mit seinen Glaubensbrüdern zu den Waffen und wurde wegen seiner Tapferkeit bald zum Oberkommandierenden der Aufständischen ernannt. Nach einem geschickt angelegten Feldzug gelang es Villars, seinen tapferen Gegner gegen politische Garantien, eine Rente und einen Offiziersdienstgrad in der Armee zur Kapitulation zu überreden. Aber der ehemalige Anführer der Kamisarden war durch den kühlen Empfang Ludwigs XIV. in Versailles verletzt und verließ Frankreich mit einigen seiner treuen Anhänger. Er trat zunächst in den Dienst des Herzogs von Savoyen und später in den des Königs von England, der ihn zum Generalmajor und Gouverneur der Insel Jersey ernannte.

Chapelain, Jean (1595–1674) Der Dichter und Gelehrte Jean Chapelain, ein Schützling Richelieus, war eines der ersten Mitglieder der Académie française im Jahre 1635. Chapelain versuchte, aus dieser Auszeichnung möglichst viel Nutzen zu ziehen, und erbot sich, gegen eine Pension aus der königlichen Kasse ein dichterisches Meisterwerk zu schaffen. Der Ruhm des angeblichen Dichters überlebte jedoch nicht die sarkastische Kritik Boileaus, mit der dieser das endlich im Jahre 1656 erschienene Werk bedachte.

(Photo Editions Rencontre)
Nicolas de Catinat.

147

Chmelnizki, Bogdan Angesichts des Machtmißbrauchs des polnischen Adels in der Ukraine folgten die Kosaken im Jahre 1648 dem Beispiel von Bogdan Chmelnizki (Chmelnytzkyj) und griffen zu den Waffen, um ihre Rechte an Grund und Boden und ihre Freiheit zu verteidigen. Chmelnizki gehörte zu der mächtigen Volksgruppe der Saporoger Kosaken, die im unteren Dnjeprtal siedelten. Er stellte sich an die Spitze des Aufstandes, schlug mit Hilfe des Zaren Alexei die polnischen Streitkräfte und machte der Herrschaft der polnischen Großgrundbesitzer in der Zentralukraine ein Ende. Wegen dieser Tat wird er von den Ukrainern als Nationalheld verehrt.

Clarendon, Graf von (1609–1674) Als Parlamentsabgeordneter war Edward Hyde einer der überzeugtesten Anhänger Karls I., der ihn von 1643 an in hohe Staatsämter berief. Nach der Hinrichtung des Monarchen mußte Hyde, wie sein zukünftiger König Karl II., dem er treu blieb, Zuflucht in Frankreich suchen. In Anerkennung seiner Verdienste ernannte dieser seinen Schützling sofort nach der Rückkehr nach England im Jahre 1660 zum Grafen von Clarendon. Er machte sich durch seine Härte und seine Unduldsamkeit schnell unbeliebt. Eine angebliche Bestechung im Zusammenhang mit dem Verkauf von Dünkirchen 1662 an Ludwig XIV. ließ ihn endgültig in Ungnade fallen. Clarendon floh nach Frankreich und schrieb während seiner letzten Lebensjahre mehrere geschichtliche Werke.

Connaught (Connacht) Westirische Provinz an der Atlantikküste zwischen der Donegalbucht im Norden und der Galwaybucht im Süden.

Créqui, Herzog von (1623–1687) Er war ein würdiger Nachfolger seines Vaters, des Marschalls Charles de Créqui, eines hervorragenden Soldaten und Diplomaten Heinrichs IV. und Ludwigs XIII. Der erwarb sich besondere Verdienste während des Feldzuges gegen die Vereinigten Niederlande, für die er 1662 mit dem Posten eines Gesandten am päpstlichen Hof und 1677 eines Botschafters in England belohnt wurde. Er war der ältere Bruder des Marschalls François de Créqui, der das Erbe Condés und Turennes übernommen hatte und dessen Energie und Tatkraft Ludwig XIV. den Abschluß des für ihn vorteilhaften Friedens von Nimwegen nach dem Krieg gegen die Niederlande ermöglichte.

Cromwell, Oliver (1599–1658) Cromwell war die bedeutendste Persönlichkeit Englands auf politischem Gebiet in der ersten Hälfte des 17. Jahrhunderts. Wie die Kondottieri der italienischen Renaissance, mit denen er Wagemut, List, Tatkraft und auch Grausamkeit gemeinsam hatte, bezwang er ein Volk, das zwischen religiösen Gegensätzen, seiner Treue zu König Karl I., seinen wirtschaftlichen Interessen und seiner Feindschaft gegen das katholische Irland und die nach Unabhängigkeit strebenden Schotten hin und her gerissen war. Cromwell stammte aus der Grafschaft Huntingdon nordwestlich von Cambridge und wurde in einer puritanischen Umgebung erzogen, die seiner Persönlichkeit für sein ganzes Leben den Stempel aufdrückte. Häufig verbrachte er mehrere Stunden in mystischer Versenkung. Vor jeder wichtigen Entscheidung verließ er seine Umgebung und schloß sich mit einer Bibel ein, um nachzudenken. »Die Sprache des Heiligen Buches war zu seiner eigenen geworden«, schrieb André Maurois. Er hatte in einer Landschaft gelebt, in der »Farngebüsch mit Sümpfen wechselte, ein Land, das fast ebenso einsam war wie dasjenige, in dem Mohammed gereift war. Mit dem muselmanischen Propheten verband ihn der Monotheismus, die Einfachheit seiner Lehre und der unbeugbare Wille.« Im Jahre 1628 wurde er zum Abgeordneten von Cambridge gewählt. Seine Führerpersönlichkeit trat jedoch zu-

Oliver Cromwell, von Peter Lely.

erst im Verlaufe des Bürgerkrieges zutage. Seine Ernennung zum Hauptmann der Kavallerie erfolgte im Jahr 1642. Cromwell war scharfsichtig und verließ sich nur auf seine eigenen Beobachtungen. Er entdeckte selbst alle kämpferischen Möglichkeiten einer Elitetruppe, wie der Kavallerie, und erkannte die Bedeutung der politischen Überzeugung und des Glaubens für die Haltung der Soldaten. Berufssoldaten und Opportunisten fanden bei ihm keinen Platz, disziplinierte Freiwillige, ganz gleich, wo sie herkamen, waren jederzeit willkommen. »Der Staat«, sagte er, »sucht Männer, die ihm dienen, und interessiert sich nicht für ihre persönlichen Meinungen.« Im Felde bewies Cromwell eine angeborene taktische Begabung. Er schlug die königlichen Truppen vernichtend bei Marston Moor im Jahre 1644 und bei Naseby im Jahre 1645. Wegen seiner militärischen Verdienste, die von allen anerkannt wurden, wurde er bald zum Generalleutnant ernannt und behielt diesen Rang ausnahmsweise, obwohl es den Abgeordneten verboten war, gleichzeitig zivile und militärische Ämter innezuhaben. Von diesem Zeitpunkt an war Cromwell in der Lage, seine ehrgeizigen Pläne zu verwirklichen, obwohl noch drei andere Gruppen im politischen Leben der Nation existierten: die Anhänger des Königs Karl I., das Parlament und die Schotten. Nach einer geschickt geführten Verhandlung lieferten ihm die Schotten im Januar 1647 den König aus, der im Mai 1646 nach Edinburgh geflohen war. Cromwells Reiterscharen unterstützten rückhaltlos alle seine politischen Ziele. An der Spitze seiner Truppen schlug er die Schotten, die sich unvorsichtigerweise mit den Königstreuen verbündet hatten, vernichtend im August 1648 bei Preston. Im Dezember des gleichen Jahres rückte er in London ein und entließ 150 ihm feindlich gesinnte Abgeordnete. Aus dem »Langen Parlament« wurde das »Rumpfpar-

lament«. Als am 30. Januar 1649 der Kopf des Königs Karl I. unter dem Henkerbeil fiel, war das letzte Hindernis auf dem Weg zur Macht gefallen. Ein einundvierzigköpfiger Staatsrat rief die Republik aus und übertrug Cromwell die Exekutive. Von diesem Augenblick an hatte innerhalb seines Machtbereiches jegliche Opposition aufgehört. Er entledigte sich der unbequemen irischen Nationalisten durch einen Feldzug gegen das katholische Irland. Die Plünderung von Drogheda und Wexford bildete den Auftakt zur blutigen Unterdrückung des Aufstandes. Die Iren wurden im Jahre 1650 nach Westen in die Grafschaft Connaught, jenseits des Shannon, zurückgeworfen. Ein Jahr später fand die Macht Schottlands auf dem Schlachtfeld von Worcester ein ruhmloses Ende. London bereitete seinem Helden einen triumphalen Empfang. Cromwell residierte in den ehemaligen königlichen Schlössern Saint James oder Whitehall und benutzte jede Gelegenheit, um die Rechte des Parlamentes zu beschneiden. Am 20. April 1653 ließ Cromwell schließlich das Parlament besetzen und warf die Abgeordneten mit den berühmten Worten auf die Straße: »Für das bißchen Arbeit, das Ihr geleistet habt, sitzt Ihr schon viel zu lange auf diesen Bänken. Ich sage Euch, geht und laßt Euch nicht mehr blicken. Um des Himmels Willen, geht.« Ein großer Teil des Heeres wählte seinen Oberkommandierenden zum Lord-Protektor auf Lebenszeit. Cromwell regierte nun allein, duldete aber eine Zeitlang noch die Existenz eines machtlosen sogenannten »Parlaments der Heiligen«, das er trotzdem auflöste, als einige seiner Mitglieder Unabhängigkeitsbestrebungen erkennen ließen. Ein neu gewähltes, ihm völlig ergebenes Parlament bot dem Lord-Protektor die Krone an. Cromwell lehnte nach langem Zögern aus Rücksicht auf die Stimmung im Heer ab und begnügte sich damit, seinen Sohn Richard zu seinem Nachfolger zu

ernennen. Der Philosoph und Historiker David Hume sagte später zu dieser Episode: »Der Lord-Protektor hatte mit Fanatismus begonnen, um in Unaufrichtigkeit zu enden.«

Cromwell, Richard (1626–1712) Cromwell wollte seine Nachfolge sichern und übertrug auf seinem Totenbett im Jahre 1658 alle Befugnisse auf seinen Sohn Richard. Der junge Cromwell war temperamentlos, aber gutartig und besaß bei weitem nicht die Persönlichkeit seines Vaters. Er war völlig unfähig, einen so großen Staat zu führen, der zudem durch den Tod des Protektors zutiefst beunruhigt war. Er ließ die verschiedenen Parteien ungestört intrigieren, und Anarchie machte sich immer mehr breit. Nach achtzehnmonatigem Verfall der Autorität des Staates mußte der »oberste Führer der Republik« den Generälen Monk und Lambert den Platz räumen. Von 1659 bis 1680 wurde er auf den Kontinent verbannt. Die Geschichte bewahrt Richard Cromwell ein ehrendes Andenken, weil er seinen Vater um Gnade für König Karl I. bat.

Cuyp, Aelbert (1620–1691) In Dordrecht geborener niederländischer Maler. Aelbert Cuyp gilt als einer der hervorragendsten Landschaftsmaler des 17. Jahrhunderts. Er verstand es, Lichteffekte durch die Präzision seiner Zeichnung und die Wärme seiner Farben wiederzugeben. In den europäischen und den amerikanischen Museen befinden sich heute mehr als dreihundert seiner Bilder. Zu seinen Lebzeiten war Cuyp jedoch so wenig geschätzt, daß er zu seinem Lebensunterhalt eine Brauerei betreiben mußte.

Danzig Osteuropäische Stadt an der Mündung der Weichsel in die Ostsee. Die Entwicklung dieses Hafens setzte um die Mitte des 14. Jahrhunderts durch den Beitritt in die Hanse ein. Als freie Stadt, die aber später immer wieder für kürzere oder längere Zeit

*Das aus dem Jahr 1443 stammende,
im Zweiten Weltkrieg schwer beschädigte Danziger Krantor.*

unter schwedische, polnische, russische oder sächsische Herrschaft geriet, kam Danzig schließlich im Jahre 1793 bei der zweiten Teilung Polens an Preußen. Von 1919 bis 1939 unterstand es als freie Stadt der Verwaltung des Völkerbundes, kam dann zum Reich zurück und wurde im Jahre 1945 von Polen annektiert.

Descartes (Cartesius), René (1596–1650) Sohn eines Edelmannes aus der Touraine. René Descartes erhielt eine ausgezeichnete Erziehung und zeigte schon als Kind eine hervorragende Beobachtungs- und Auffassungsgabe. Seine Fähigkeit zu abstraktem Denken war erstaunlich. Er interessierte sich für alle Unterrichtsfächer, ganz gleich, ob es sich um die Fechtkunst, die seine Eltern ihn schon früh erlernen ließen, Musik, Algebra, Geometrie oder Philosophie handelte. Das Interessenfeld von Descartes war so weit gespannt, daß er neben einem Buch über die Fechtkunst auch ein Werk über die Musik schrieb. Seine philosophischen Beweismethoden, mit denen er zum eigentlichen Sein der Dinge und der Naturerscheinungen vordrang, beruhten auf rationalen Grundsätzen und ersetzten die überalterten Methoden der Scholastik. Sie bilden die Grundlagen der heutigen Metaphysik. Descartes ging vom konsequenten Zweifel aus. Seine Untersuchungs- und Beweismethode trägt den Namen ihres Schöpfers, Kartesianismus. Durch die Ausklammerung von nicht durch den Gebrauch der Vernunft klar erkennbaren Annahmen wollte Descartes zur Wahrheit vorstoßen. Nur das wirklich Einsichtige ist auch das wirklich Vorhandene. Mit dieser Methode, die von dem Glauben ausgeht, der Mensch könne sich die Erkenntnis der Wirklichkeit aus Begriffen aufbauen, die sein Verstand sich bildet, sollte der Mensch auch sein eigenes Sein und infolgedessen auch das Sein Gottes erkennen. Die wichtigsten Werke von Descartes, der als einer der bedeutendsten Denker des 17. Jahrhunderts gilt, sind: »Regeln für die Leitung des Geistes« (1628), »Abhandlung über die Methode« (1637), »Meditationen über die Grundlagen der Philosophie« (1641), »Grundsätze der Philosophie« (1644) und »Abhandlung über die Leidenschaften« (1649). Descartes reiste viel, um Europa weitgehend kennenzulernen. Er lebte in den Niederlanden (1629–1649), in Dänemark und in Schweden, wo er auch starb. Er war einer Einladung der Königin Christine gefolgt, die von seinem großen Wissen und seinen philosophischen Leistungen gehört. hatte und ihm zahlreiche Ehrungen zuteil werden ließ.

Djidjelli Algerischer Hafen an der kabylischen Küste zwischen Bougie und Philippeville, ungefähr 100 Kilometer östlich von Bougie.

Drente (Drenthe) Niederländische Provinz, deren Ostgrenze an das deutsche Bundesland Niedersachsen stößt. Der Verwaltungssitz der Provinz Drente ist Assen. Sie grenzt im Norden an die Provinz Groningen, im Westen an Friesland und im Süden an Overijssel.

Drogheda Stadt im östlichen Irland in der heutigen Republik Eire an der Irischen See etwa 50 Kilometer nördlich von Dublin.

Duguay-Trouin, René (1673–1736) Sohn eines Reeders aus Saint-Malo. Der junge Duguay-Trouin

René Descartes.

150

(Photo Giraudon)
René Duguay-Trouin.

wollte, wie sein älterer Bruder, Kapitän eines Freibeuterschiffes werden und war mit zwanzig Jahren schon durch seine Tapferkeit, seinen Wagemut und seine Unerschrockenheit bekannt. Er erhielt bald ein eigenes Kommando und fügte dem englischen Handel im Ärmelkanal und in der Nordsee in Kaperkriegen schwere Schaden zu. Für seine Verdienste wurde er mit dem Dienstgrad eines Fregattenkapitäns, dann eines Kapitäns zur See ausgezeichnet und schließlich im Jahre 1707 zum Befehlshaber eines Flottenverbandes ernannt. Bis zum Frieden von Utrecht im Jahre 1713 leistete Duguay-Trouin seinem Lande noch wertvolle Dienste. Er beschloß seine militärische Laufbahn schließlich als Hafenkommandant von Brest.

Dünkirchen, Schlacht bei Die verbündeten französisch-britischen Truppen unter der Führung von Turenne hatten die Zugänge des Hafens von Dünkirchen besetzt. Eine spanische Flotte unter dem

gemeinsamen Kommando des spanischen Prinzen Juan de Austria, eines unehelichen Sohnes Philipps IV., und des Herzogs von Condé rückte an, um Dünkirchen zu entsetzen. Am 14. Juni 1658 kam es zur Schlacht, die mit dem Rückzug der Angreifer endete. Diese Niederlage hatte die Kapitulation der spanischen Garnison zur Folge. Wegen des sandigen Dünengeländes des Schlachtfeldes spricht man auch von der Schlacht in den Dünen.

Duquesne, Abraham (1610–1688) Duguay-Trouin war der typische Vertreter der in Saint-Malo beheimateten Freibeuter. Duquesne dagegen war einer der berühmten Seeleute aus Dieppe, die sowohl wegen ihrer Tapferkeit als auch wegen ihrer seemännischen Erfahrung geschätzt wurden. Der junge Abraham war der Sohn eines kalvinistischen Schiffseigners und erlernte den Seemannsberuf auf dem Schiff seines Vaters. Später rüstete er auf eigene Kosten ein Schiff aus und eröffnete die lange Reihe seiner militärischen Erfolge im Jahre 1635 mit der Eroberung der Lerinischen Inseln bei Cannes aus spanischen Händen. Drei Jahre später machte er wieder auf sich aufmerksam,

(Photo Editions Rencontre)
Abraham Duquesne.

als er im Golf von Biskaya eine spanische Flotille vernichtete. Im Verlauf des Gefechtes zertrümmerte ihm eine Musketenkugel den Unterkiefer. Duquesne wurde im Jahre 1643 zum Kapitän zur See und im Jahre 1647 zum Flotillenchef ernannt. Bei seinen Untergebenen war er ebenso beliebt, wie er von seinen Gegnern gefürchtet wurde. Der Pyrenäenfriede setzte im Jahre 1659 seiner erfolgreichen Laufbahn ein vorläufiges Ende. Die späteren Feldzüge Ludwigs XIV. gaben ihm jedoch Gelegenheit, sich weiteren Ruhm zu erwerben. Seinen größten Erfolg errang er im Jahre 1676 vor der Küste Siziliens, das sich im Aufstand gegen die Spanier befand und zu dessen Unterstützung ihn Ludwig XIV. entsandt hatte. Der holländische Admiral de Ruyter kam den bedrängten Spaniern zu Hilfe. Duquesne griff die Verbündeten dreimal hintereinander an, und nachdem de Ruyter bei Augusta gefallen war, endete das dritte Gefecht mit seinem endgültigen Sieg. Auf dem Höhepunkt seiner Popularität hoffte Duquesne, mit dem Marschallstab ausgezeichnet zu werden. Ludwig XIV. weigerte sich jedoch, ihn zu befördern, da Duquesne Kalvinist war und nicht konvertieren wollte. Als einzige Belohnung erhielt er ein kleines Landgut in der Nähe von Etampes im Süden der Ile-de-France und den Titel eines Marquis. Seine letzten Unternehmungen waren in den Jahren 1682 und 1683 gegen die algerischen Häfen der Barbaresken gerichtet. Im Mai 1684 zerstörte er noch durch ein furchtbares Bombardement den Hafen von Genua, da die Stadt offen mit Spanien sympathisierte. Im folgenden Jahr geriet Duquesne durch die Aufhebung des Ediktes von Nantes in eine tragische Lage. Er selbst blieb wegen seiner Stellung unbehelligt, aber seine Kinder wurden rücksichtslos zur Verbannung verurteilt. Er starb verbittert und verzweifelt drei Jahre später. **151**

Edinburgh Stadt in Ostschottland am Firth of Forth. Edinburgh liegt inmitten einer reizvollen Landschaft auf mehreren Hügeln. Im Gegensatz zu Glasgow, dem Zentrum der Industrie und des Handels Schottlands, gilt Edinburgh als die künstlerische und intellektuelle Hauptstadt des Landes. Obwohl Edinburgh schon seit dem 13. Jahrhundert Stadtrechte besaß, setzte seine Entwicklung erst gleichzeitig mit dem wirtschaftlichen Aufschwung Großbritanniens im 19. Jahrhundert ein.

Elzevir (Elzevier) Berühmte niederländische, seit dem Ende des 16. Jahrhunderts in Leiden ansässige Druckerfamilie. Eines ihrer bedeutendsten Mitglieder, Ludwig Elzevir, stammte aus Löwen in Südbrabant. Er kaufte im Jahre 1580 in Leiden eine Buchhandlung, aus der sich die berühmte Druckerei der Familie entwickelte. Der Erfolg des Unternehmens führte zur Gründung von Filialbetrieben in Amsterdam, Den Haag und Utrecht. Seinen Ruf verdankt das Haus Elzevir vor allem der hervorragenden Qualität seiner Lettern.

Esterházy Altes ungarisches Adelsgeschlecht, deren Ursprung sich bis ins 12. Jahrhundert zurück verfolgen läßt. Bis ins 19. Jahrhundert hinein spielten die Grafen von Esterházy, die hohe Würden im Reich bekleideten, eine wichtige Rolle in der Geschichte Ungarns. In dem uns beschäftigenden Zeitabschnitt war der bedeutendste Vertreter der Dynastie Paul Esterházy (1635–1713), General und Reichsfürst, der sich bei der Verteidigung Wiens gegen die Türken und der Eroberung Budapests im Jahre 1686 auszeichnete. Aus der Familie Esterházy stammten zahlreiche hohe Offiziere der kaiserlichen Armee, Diplomaten und Kirchenfürsten.

Estland Osteuropäische Landschaft im äußersten Norden des Baltikums. Estland stößt im Norden an den Finnischen Meerbusen. Im Westen wird es durch die Ostsee, im Süden durch Lettland und im Osten durch den Peipussee begrenzt. Die Estländer sind eng mit den Finnen verwandt. Im Mittelalter wurden sie durch den Deutschritterorden kolonisiert, kamen 1561 unter schwedische und erst 1721 durch den Frieden von Nystad unter russische Herrschaft. Estland war in den Jahren 1919 bis 1940 unabhängig und ist heute eine Sowjetrepublik.

Eudoxia Lopuchina Siehe Lopuchina.

Eugen von Savoyen (1663–1736) Sohn des Herzogs Eugen Moritz von Savoyen-Carignan und Grafen von Soissons und der Olympia Mancini, einer Nichte Mazarins. Eugen Franz von Savoyen-Carignan wurde in Paris geboren. Seine Eltern bestimmten für ihn eine kirchliche Laufbahn. Er weigerte sich jedoch, ihrem Wunsche nachzukommen, und wählte den Offiziersberuf. Als seine Mutter wegen einer ihr von Ludwig XIV. zugefügten Beleidigung Frankreich verließ, trat Prinz Eugen 1683 in kaiserliche Dienste ein. Außerdem hatte der französische König ihm die Bitte, eine Kompanie führen zu dürfen, wohl wegen seiner schmächtigen Erscheinung abgelehnt. Frankreich verlor so einen der größten Heerführer des beginnenden 18. Jahrhunderts. Nachdem Prinz Eugen in den Kämpfen gegen die Türken in Ungarn seine ersten militärischen Erfahrungen erworben hatte, kämpfte er in Piemont, kehrte dann nach Ungarn zurück (Sieg bei Zenta 1697) und griff schließlich mit der ihm eigenen Kraft und Entschlossenheit in den Spanischen Erbfolgekrieg ein. Seine wichtigsten Erfolge waren Oudenaarde (1708) und Malplaquet (1709), drei Jahre später jedoch brachte ihm Villars bei Denain eine Niederlage bei. Nach dem Frieden von Rastatt und Baden in der Schweiz konnten die kaiserlichen Verbände 1714 in die Donauebene zurückkehren. Prinz Eugen erfocht wiederum glänzende Siege gegen die Türken, die er schließlich weit zurückdrängte. Der Prinz genoß die kaiserliche Gunst und wurde neben zahlreichen anderen Ehrungen 1693 mit dem Titel eines Feldmarschalls ausgezeichnet. Seine letzten Lebensjahre verbrachte er als Förderer der Künste und Wissenschaften in Wien. Er bewohnte das berühmte Schloß Belvedere.

Fairfax, Thomas (1612–1671) Kavallerieoffizier, später General. Thomas Fairfax war einer der verdientesten Mitkämpfer und ein Freund Cromwells. Er besiegte König Karl I. im Jahre 1645 bei Naseby und zwang den Herrscher zu einem fluchtartigen Rückzug nach Schottland. Diese Waffentat trug entscheidend zum politischen Aufstieg des späteren Lord-Protektors Cromwell bei. Im Jahre 1659 aber entzog der General dessen Sohn Richard sein Vertrauen und schloß sich der Gruppe an, welche die Wiederherstellung der Monarchie und die Rückkehr König Karls II. forderte.

Fawkes, Guy (1570–1606) Als Minenleger hatte Guy Fawkes während seiner Soldatenzeit den Umgang mit Sprengstoffen gelernt. Nach seinem Anschluß an die gegen das englische Parlament gerichtete Verschwörung spielte er bei dem Anschlag der katholischen Fanatiker auf das Parlamentsgebäude eine Schlüsselrolle. Er zündete selbst die Zündschnur der Ladung an, welche dieses in die Luft sprengen sollte. Wegen seines Verbrechens wurde er am 5. November 1605 verhaftet und hingerichtet. Er ließ sich wortlos foltern und verriet keinen seiner Mitverschwörer.

Fehrbellin Brandenburgische Stadt etwa 60 Kilometer nordwestlich von Berlin, ungefähr halbwegs zwischen dieser Stadt und der Elbe gelegen.

152

Felton, John (1595–1628) Offizier irischer Abstammung. Felton war Teilnehmer des fehlgeschlagenen Feldzugs der Armee des Königs Karl I. gegen La Rochelle in den Jahren 1627 bis 1628. Durch die von den Feinden des Herzogs von Buckingham im Volke verbreitete Kritik ließ er sich hinreißen, den Herzog im August des Jahres 1628 zu ermorden. Die Tat dieses puritanischen Fanatikers war zu dieser Zeit allerdings kaum geeignet, die politische Lage Englands zu verbessern.

Fénelon, François de Salignac de La Mothe (1651–1715) Als Abkömmling einer adligen Familie aus dem Périgord trat Fénelon

(Photo Editions Rencontre)
Fénelon.

schon in jungen Jahren in einen Orden ein und widmete sich nach der Widerrufung des Ediktes von Nantes 1685 der Bekehrung der Protestanten im Poitou, in der Saintonge und in Südwestfrankreich. Fénelon besaß gute Beziehungen am Hofe und war bekannt wegen seiner Bescheidenheit, seiner Klugheit und seiner pädagogischen Begabung, die er bei der Abfassung seines im Jahre 1687 erschienenen Werkes »Die Mädchenerziehung« bewiesen hatte. Zwei Jahre später erhielt er die ehrenvolle Berufung, die Erziehung des Herzogs von Burgund, des Enkels Ludwigs XIV., zu übernehmen. Der Geistliche

schrieb für seinen hohen Schüler den Erziehungsroman »Les Aventures de Télémaque«, einen Fürstenspiegel, der am Absolutismus Kritik übte. Mit diesem Werk wollte er dem jungen Prinzen kluge politische Ratschläge und Richtlinien für sein königliches Amt vermitteln. Er wurde später zum Erzbischof von Cambrai ernannt. Seine letzten Lebensjahre wurden jedoch überschattet durch den Kampf um den Einfluß am Hof, der aus einer theologischen Kontroverse mit dem von Madame de Maintenon unterstützten Bossuet entstanden war.

Feodor III. (1661–1682) Sohn von Alexei I. und dessen erster Gemahlin Maria Miloslawskaja. Feodor Alexejewitsch war begabt und intelligent, aber kränklich. Im Jahre 1676 trat er die Nachfolge seines Vaters an und verbannte die Familie der zweiten Gemahlin seines Vaters, die Naryschkin, unverzüglich aus Moskau. Auch Zarin Natalja (Natalie) mit ihrem Sohn Peter, dem späteren Peter dem Großen, wurde aus Moskau verwiesen. Schon Feodor erkannte die Rückständigkeit seines Reiches und förderte nach Kräften die Beziehungen zwischen Rußland und seinen westlichen Nachbarn, ganz besonders mit Polen, dem Heimatland seiner ersten Gemahlin. In den sechs Regierungsjahren unternahm der junge Zar einen energischen Versuch, die Verwaltung seines Landes zu reorganisieren. Außerdem wollte er nach westlichem Vorbild moderne Akademien aufbauen, darunter auch eine Akademie der Wissenschaften. Bei der Verwirklichung dieser Pläne bildete die Jugend des Zaren kein Hindernis, denn er besaß in dem Fürsten Golizyn einen loyalen und fähigen Ratgeber. Feodor III. wurde schließlich ein Opfer der Krankheit, unter der er seit seiner Kindheit litt, und starb am 27. April 1682. Die Regierung ging zunächst an seine Schwester Sofija (Sophie) über, da sein jüngerer Bruder Iwan schwachsinnig war.

Flandern Diese Bezeichnung gilt im vorliegenden Text nicht für die ganze gleichnamige Provinz in der Gestalt, die sie im Mittelalter und vor allem während des Hundertjährigen Krieges besaß. Es handelt sich hier ausschließlich um das französische Flandern, nämlich das Gebiet, das durch die Friedensschlüsse von Nimwegen in den Jahren 1678 und 1679 von dem größeren Flandern abgetrennt wurde. Diese Landschaft entspricht ungefähr dem heutigen Département du Nord.

Fleurus Belgische Ortschaft in der Provinz Hennegau, ungefähr 15 Kilometer nordöstlich von Charleroi, inmitten des bedeutenden Kohleindustriegebiets.

Fontanges, Marie-Angélique de (1661–1681) Tochter von Louis de Scorailles, des Marquis de Roussille in der Auvergne. Marie-Angélique war von 1679 an in Versailles Ehrendame der Herzogin von Orleans. Ludwig XIV. entdeckte ihre Schönheit und machte sie zur Nachfolgerin von Madame de Montespan. Marie-Angélique erhielt zwar zahlreiche Auszeichnungen und Ehren und wurde mit dem Titel einer Herzogin von Fontanges belohnt, aber sie wußte sich ihrer neuen Stellung nicht anzupassen. Wenig geistreich, dafür aber ränkesüchtig und habgierig, genoß sie die Gunst des Königs nur kurze Zeit, denn sie starb im Alter von zwanzig Jahren an einer Lungenkrankheit.

Formosa (Taiwan) Chinesische Insel im Südchinesischen Meer vor der Küste von Fukien. Sie wurde im Jahre 1544 von portugiesischen Seeleuten entdeckt, die sie Formosa, die »Schöne«, nannten. Wegen ihrer reichen Gewürzproduktion wurde die Insel häufig von niederländischen, spanischen und englischen Schiffen angelaufen. Allein den Japanern gelang es, Formosa zu erobern. Ihre Herrschaft dauerte von 1895 bis 1945.

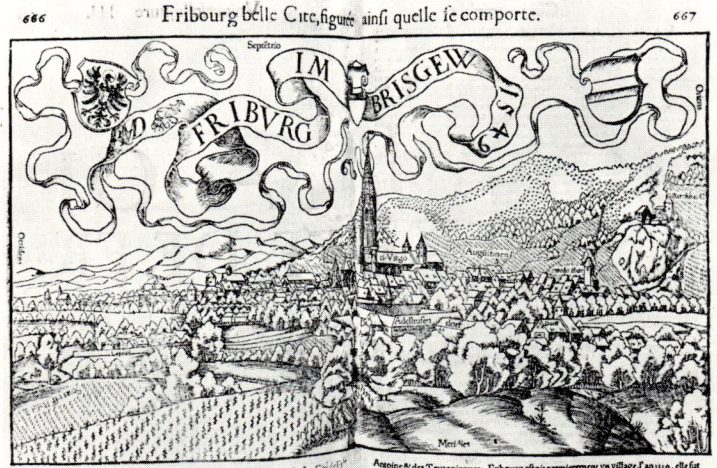

Freiburg im Breisgau, wie es sich im Jahr 1549 dem Beschauer darbot.

Freiburg im Breisgau Stadt in Südwestdeutschland im ehemaligen Großherzogtum Baden, etwa 20 Kilometer östlich des Rheins am Fuß des Schwarzwaldes. Bis zum Frieden von Preßburg (1805) war Freiburg jahrhundertelang Hauptstadt der vorderösterreichischen Länder.

Friedrich August I. von Sachsen (1670–1733) Der Kurfürst Friedrich August I. von Sachsen bestieg als August II. im Jahre 1697 den polnischen Thron und wurde so der Nachfolger des berühmten Johann Sobieski. August II. (August der Starke) war vom Hochadel des Landes gewählt worden, der für seine Zukunft fürchtete. Der König rückte an der Spitze seiner Armee wie in ein Feindesland in Polen ein. Mit einem Teil der in diesem Land eingetriebenen Steuern und Abgaben verschönerte er sächsische Städte, insbesondere Dresden. Als Verbündeter Peters des Großen verlor er als polnischer König nach dem Eingreifen Karls XII. von Schweden bis zum russischen Sieg bei Poltawa im Jahre 1709 sein Land. August II. war ein ausnehmend lebensfroher Fürst und ein Beschützer der Künste und Wissenschaften. Sein Interesse galt den angenehmen Seiten des Lebens, und er kümmerte sich herzlich wenig um die wirtschaftliche Entwicklung seiner Länder.

Friedrich Wilhelm von Brandenburg (1620–1688) Sohn des Kurfürsten Georg Wilhelm von Brandenburg. Friedrich Wilhelm folgte im Jahre 1640 auf seinen Vater und wurde wegen seiner Aufbauarbeit und seiner diplomatischen Gewandtheit der Große Kurfürst genannt. Er nutzte klug die Gegensätze zwischen dem Reich, Schweden und Polen aus und unterhielt zeitweise ausgezeichnete diplomatische Beziehungen mit Kardinal Mazarin. Im Westfälischen Frieden von 1648 erhielt er Hinterpommern und die Anwartschaft auf Magdeburg. Dann ergriff er nacheinander die Partei der miteinander verfeindeten Schweden und Polen, um seine eigene Stellung in Brandenburg zu festigen. Die beiden Gegner erkannten im Jahre 1660 im Vertrag von Oliva seine Souveränität im Herzogtum Preußen an. Schließlich benutzte er die Kriege Ludwigs XIV. und einen Rückgang der militärischen Macht Schwedens, das er bei Fehrbellin im Jahre 1675 geschlagen hatte, um an der Ostseeküste und in Pom-

mern neue Gebiete zu erobern. Die Aufhebung des Ediktes von Nantes durch Ludwig XIV. im Jahre 1685 wußte der Große Kurfürst zu seinem Vorteil auszunutzen, indem er den Flüchtlingen in seinen Ländern Schutz bot. Auf diese Weise vergrößerte sich Berlin schnell, und durch den Zustrom der Hugenotten, die neue Industriezweige, wie Webereien, aufbauten, wurde die Wirtschaft des Kurfürstentums Brandenburg in ihrem Gefüge verbessert. Sein zweiter Sohn Friedrich wurde sein Nachfolger und trug als erster ab 1701 den Titel eines Königs in Preußen.

Friedrich III. von Brandenburg (1657–1713) Als Friedrich I. König in Preußen. Er war der zweite Sohn des Großen Kurfürsten, dem er 1688 als Kurfürst folgte. Friedrich hatte die politische Begabung seines Vaters geerbt. Er setzte sie umgehend zu seinem eigenen Vorteil in die Praxis um. Der Spanische Erbfolgekrieg gab ihm die Möglichkeit, sich gleich zu Beginn des 18. Jahrhunderts zum König in Preußen krönen zu lassen, nachdem ihm Kaiser Leopold I. diesen Titel als Gegenleistung für seine militärische Hilfe gegen Ludwig XIV. zuerkannt hatte. König Friedrich I. war ein umsichtiger Landesvater. Er baute die militärische Macht seines Landes aus, förderte die Wirtschaft von Brandenburg und Pommern, vergrößerte und verschönerte Berlin und war ein ebenso großzügiger wie kluger Mäzen. Sein Sohn, König Friedrich Wilhelm I., setzte sein Werk fort und erhielt wegen seines leidenschaftlichen Interesses für die Armee den Beinamen »der Soldatenkönig«.

Giftaffäre Mit diesem Namen bezeichnet man mehrere Giftmorde, die zwischen 1679 und 1682 verhandelt wurden, bis Ludwig XIV. das Sondergericht auflöste, das mit der Aufklärung dieser Straftaten betraut war. Zu dieser Zeit gab es in Paris eine große Zahl von Scharlatanen, Wunderheilern und angeblichen Alchimisten, deren hauptsächliche Einkünfte aus dem Verkauf von Giften stammten, die man vorsichtigerweise als »Erbschaftspulver« bezeichnete. Zum öffentlichen Skandal kam es jedoch erst im Jahre 1676 mit der Anklage gegen die Marquise von Brinvilliers, Marie-Madeleine d'Aubray, die unter anderem ihren Vater und ihren Bruder, beide Richter an der Pariser Zivilkammer, ermordet hatte. Dieser Skandal fiel auf die gesamte hohe Pariser Gesellschaft und einige Angehörige des Versailler Hofes zurück, die von der öffentlichen Meinung verdächtigt wurden, sich an ähnlichen Verbrechen zu beteiligen oder beteiligt gewesen zu sein. Die Erregung des Volkes nahm ein solches Ausmaß an, daß Ludwig XIV. auf Anraten seines höchsten Justizbeamten La Reynie am 7. April 1679 ein Sondergericht ernannte, das alle Giftmorde aufklären sollte. Viele angesehene Persönlichkeiten wurden als Zeugen vernommen, und die Auflösung des Sondergerichtes im Jahre 1682 verstärkte noch die Überzeugung des Volkes, derart hohe Mitglieder des Hofes seien in diese Angelegenheiten verwickelt gewesen, daß es besser erschienen sei, die peinlichen Vorgänge auf sich beruhen zu lassen und die Untersuchungen einzustellen. Im Jahre 1679 war es zu einem neuen Höhepunkt mit der Verhaftung der Catherine Deshayes, genannt »La Voisin«, gekommen, die Verbindungen zum Henker von Paris besaß. 442 Zeugen wurden vernommen und 218 von ihnen eingekerkert. Zu ihnen gehörten die Marschälle von La Ferté und von Luxembourg sowie mehrere adlige Damen. Die Voisin wurde am 22. Februar 1680 verbrannt, gab aber vor ihrer Hinrichtung noch die Namen hochgestellter Persönlichkeiten preis, unter anderem denjenigen der Madame de Montespan, der Mätresse des Königs. Diese Enthüllung war einer der hauptsächlichsten Gründe für den Entschluß, die Aufklä-

rung der Giftaffäre nicht mehr weiter zu betreiben.

Gobelins Die königliche Färberei und Teppichmanufaktur für Gobelins wurde im Jahre 1662 auf Veranlassung Colberts gegründet, indem er in dem Stadtviertel auf dem linken Seineufer, noch jenseits des Quartier latin, alle in den verschiedenen Unternehmen der Stadt Paris arbeitenden Teppichwirker und Färber ansiedelte. Seit dieser Zeit hat diese staatliche Manufaktur unzählige Wandteppiche für Museen, öffentliche Gebäude und für den Export hergestellt. Der Name Gobelin

(Photo Editions Rencontre)

Bildteppich aus der Manufaktur der Gobelins, nach Charles Le Brun. Mobilier national, Paris.

stammt von einer Färberei im Tal der Bièvre, einem Zufluß der Seine, wo sich ein Handwerker aus der Champagne namens Gobelin im 15. Jahrhundert niedergelassen hatte. Das Unternehmen arbeitete mit großem Erfolg, und die Familie wurde so wohlhabend, daß sie allmählich alle Grundstücke in der Umgebung aufkaufte, so daß schließlich das ganze Stadtviertel ihren Namen trug.

Golowin, Fedor Alexejewitsch (1650-1706) Bei seiner Vorstellung am Hofe des Zaren Alexei I. lernte Golowin den zukünftigen Zaren Peter kennen und freundete sich mit ihm an. Vor 1690, noch unter der Regentschaft der Prinzessin Sofija (Sophie), der Schwester Feodors III., unternahm er eine Expedition nach Sibirien und kehrte mit einem von den Chinesen unterzeichneten Grenzvertrag zurück, der den Russen zahlreiche Vorteile brachte. Nach diesem diplomatischen Erfolg wurde Golowin von Peter dem Großen im Triumph empfangen. Golowin mußte den Monarchen bei der Belagerung von Asow im Jahre 1696 begleiten und wurde zum General, zum Admiral und schließlich zum Feldmarschall ernannt. Im Jahre 1700 übernahm er das Außenministerium. Golowin bewährte sich hervorragend in seinem Amt und leitete die russische Diplomatie bis zu seinem Tode.

Gomar, Franz (1563–1641) Protestantischer Theologe flämischer Abstammung. Franz Gomar (Franciscus Gomarus) wirkte in Frankfurt am Main und später in Leiden in Holland als Theologieprofessor. In dieser Eigenschaft ergriff er am Ausgang des 16. Jahrhunderts Partei gegen Arminius und seine Lehre. Nachdem er zunächst in Seeland und später, im Jahre 1614, in Anjou tätig gewe-

(Photo Editions Rencontre)

Franz Gomar. 155

sen war, ließ er sich endgültig drei Jahre später in Groningen nieder und lehrte außer Theologie auch Hebräisch. In Groningen verfaßte er seine wichtigsten theologischen Werke, in denen er mit Entschiedenheit die Lehre Calvins vertrat.

Gordon, Patrick (1635–1699) Abkömmling einer berühmten schottischen Familie aus Aberdeen. Gordon war zum Abenteurer geboren. Nachdem er zunächst in der Armee seines Vaterlandes gedient hatte, wanderte er nach Schweden und später nach Polen aus. Schließlich führte ihn sein Weg nach Rußland, wo er zu den bevorzugtesten Mitarbeitern Peters des Großen gehörte. Mutig nahm er an allen Feldzügen des Zaren gegen die Türken teil. Schließlich wurde er neben dem Genfer Lefort und Golowin ein unentbehrlicher Vertrauter des Herrschers. Gordon stellte dem Zaren seine Erfahrung auf militärischem Gebiet zur Verfügung und arbeitete an der Umgestaltung der russischen Armee nach westeuropäischem Vorbild entscheidend mit.

Goyen, Jan van (1596–1656) Der gebürtige Leidener eröffnete in seiner Vaterstadt als hervorragender Landschaftsmaler eine Malerschule, deren brillantester Schüler Jan Steen war. Van Goyens Werke zeichnen sich durch ihre Einfachheit aus. Er bemühte sich, auf seinen Bildern die Harmonie der Natur zum Ausdruck zu bringen, wie er sie selbst beobachtete. Außer idyllischen Landschaften und Ansichten von Städten und Dörfern interessierte er sich besonders für die Wiedergabe von Flüssen und Kanälen.

Grand Dauphin (1661–1711) Ältester Sohn Ludwigs XIV. und Maria Theresias. Ludwig von Frankreich, genannt Grand Dauphin, erhielt eine sehr gute Erziehung durch den Herzog von Montausier und Bossuet. Leider blieben deren Bemühungen erfolg-

los, denn Ludwig war unbegabt, uninteressiert und gleichgültig. Als Erwachsener spielte er keinerlei Rolle in der Politik, denn sein Vater setzte kein Vertrauen in ihn. Er lebte zurückgezogen im Schloß Meudon zwischen Paris und Versailles. Seine Tage verbrachte er entweder auf der Jagd oder mit sinnlosen Zeremonien des Hoflebens. Einige Male, nämlich in den Jahren 1688, 1693 und 1709, tauchte er auch für kurze Zeit bei den Armeen in Flandern und im Elsaß auf. In seiner Ehe mit Maria Anna Christine von Bayern wurde ihm neben mehreren anderen Kindern der Herzog von Burgund geboren, auf dem bis zu dessen Tod im Jahr 1712 alle dynastischen Hoffnungen Ludwigs XIV. ruhten.

Groningen Stadt im Nordosten des heutigen Königreiches der Niederlande und Verwaltungssitz der gleichnamigen Provinz. Die Provinz Groningen liegt an der Nordseeküste und besitzt eine gemeinsame Grenze mit dem heutigen deutschen Bundesland Niedersachsen. Seit 1614 besteht in Groningen eine sehr berühmte Universität.

Großbritannien Den Grundstein zur politischen und wirtschaftlichen Macht der britischen Inseln legte England. Die Bezeichnung Großbritannien kam erst zu Anfang des 18. Jahrhunderts nach der Zusammenlegung der Parlamente Englands und Schottlands auf. Von diesem Zeitpunkt an unterstand die Politik des Königreichs einer einzigen zentralen Macht, obwohl König Jakob VI. von Schottland aus dem Haus Stuart schon im Jahre 1603 als Jakob I. die Kronen beider Königreiche vereinigte. Als britisch gelten alle Einwohner von England, Schottland, Wales, Irland und den England vorgelagerten Inseln.

Grotius (de Groot), Hugo (1583–1645) Als Jurist, Anwalt, Diplomat und Autor spielte er in der

(Photo Editions Rencontre)
Hugo Grotius (de Groot).

Politik der Vereinigten Niederlande zu Beginn des 17. Jahrhunderts eine bedeutende Rolle. Grotius war als hoher Beamter Mitglied der verschiedenen niederländischen Abordnungen, die mit den spanischen Habsburgern die Unabhängigkeit der nördlichen Provinzen der Niederlande aushandelten, und der Gesandtschaft, die den französischen König Heinrich IV. um Unterstützung bat. Er verarbeitete seine Erfahrungen als Zeuge und Verhandlungspartner zu den ersten Werken über das Völkerrecht. Er verfocht mit besonderem Eifer den Grundsatz der Freiheit der Schiffahrt auf allen Meeren der Welt in seinem Werk »Mare liberum« aus dem Jahre 1609 und »De iure belli ac pacis« (»Über das Recht in Krieg und Frieden«), das 1625 erschien. Als Anhänger Oldenbarnevelts geriet Grotius im Jahre 1618 in politische Schwierigkeiten und wurde sogar wegen Mißbrauchs seiner Amtsgewalt zu Gefängnis auf Lebenszeit verurteilt. Mit der Hilfe seiner Frau gelang es ihm aber zu fliehen. Er konnte Frankreich erreichen, wo Richelieu ihn aufnahm, bis er im Jahre 1632 in sein Vaterland zurückkehren konnte. Nach seiner Rehabilitation vertrat Grotius seine Heimat in mehreren europäischen Städten.

Haag, Den Königliche Residenz und Regierungssitz der Niederlande sowie Hauptstadt der Provinz Südholland. Den Haag liegt etwa 20 Kilometer nordwestlich von Rotterdam. Zu ihm gehört heute auch das ehemals selbständige Seebad Scheveningen an der Nordseeküste. Das heutige Stadtgebiet war noch im Mittelalter ein beliebter Jagdplatz der Adligen des Landes. Im 13. Jahrhundert bildete ein kleines Schloß die Keimzelle der späteren Stadt.

Haarlem Im 10. Jahrhundert an einem heute trockengelegten Binnensee, dem Haarlemmermeer, gelegene Stadt in Nordholland. Haarlem liegt ungefähr 30 Kilometer westlich von Amsterdam einige Kilometer vom Nordseestrand entfernt.

Hals, Frans (um 1580–1666) Großer niederländischer Maler flämischen Ursprungs. Nach seiner Ausbildung in der Werkstatt von Karel van Mander ließ er sich in Haarlem nieder, wo er seine Werke schuf, die ihn für immer berühmt machen sollten. Seine Begabung für das Porträt, sein sicherer Instinkt für das Kolorit und seine virtuose Zeichentechnik machten ihn zu einem hervorragenden Spezialisten für großflächige Gruppenbilder. Die meisten Bilder des Künstlers werden heute im Museum von Haarlem aufbewahrt.

Hampden, John (1595–1643) Stammte aus einer reichen Bürgerfamilie in der Grafschaft Oxford und wurde im Jahre 1621 zum Parlamentsabgeordneten gewählt. John Hampden war einer der entschlossensten Gegner der Willkürherrschaft Karls I. Er benutzte die Einführung des »Ship money« (Schiffsgeld), einer Steuer, die den Schiffseignern auferlegt wurde, um öffentlich gegen das bestehende Regime Stellung zu nehmen. In dem Prozeß, der im Jahre 1638 gegen ihn angestrengt wurde, trat er als Ankläger gegen die königliche Willkür auf. Hamp-

(Photo Giraudon)

John Hampden.
Nationalbibliothek, Paris.

den wurde ebenso berühmt wegen des Mutes, den er bei diesem Anlaß bewiesen hat, wie durch seine ungerechte Verurteilung. Er gab jedoch nicht nach, sondern stimmte nach dem Zusammentritt des Langen Parlaments gegen alle Vorlagen neuer Steuern und Abgaben und verharrte in seiner grundsätzlichen Ablehnung jeder politischen Initiative des Königs. Seine Kritik galt ebenso der starren Haltung Karls I. auf religiösem Gebiet wie in der Frage der Gewissensfreiheit. Während der Erhebung Cromwells stellte Hampden selbst ein eigenes Truppenkontingent auf und fiel an dessen Spitze im Juni des Jahres 1643.

Hampton Court Prachtvolles Schloß in einem südwestlichen Außenbezirk von London. Es war nacheinander im Besitz des Kardinals Wolsey und des Königs Heinrich VIII. Das elegante, im Stil der anglonormannischen Gotik errichtete Ziegelgebäude wurde später von dem Architekten Christopher Wren vergrößert und verschönert. Hampton Court dient heute als Gemäldegalerie. Außerdem werden Wandteppiche und Möbel ausgestellt.

Hannover, Herzogtum Dieses ehemalige nordwestdeutsche Herzogtum und Königreich entstand um die Mitte des 16. Jahrhunderts

aus Teilen des Herzogtums Braunschweig-Lüneburg. Im Jahre 1692 wurde dem Herzog von Hannover durch Kaiser Leopold I. die Kurwürde verliehen. Das Herzogtum Hannover entsprach ungefähr den Grenzen des heutigen Bundeslandes Niedersachsen mit Ausnahme der damals teilweise eigenständigen Gebiete um Braunschweig und Oldenburg. Den Höhepunkt seiner politischen Macht erreichte Hannover im 18. Jahrhundert, nachdem Kurfürst Georg Ludwig im Jahre 1714 zum englischen König gekrönt worden war. Im europäischen Kräftespiel des 18. und des frühen 19. Jahrhunderts stellte die vereinigte Macht Englands und Hannovers einen bedeutenden Faktor dar. 1837 hörte die Personalunion zwischen England und Hannover auf. Das 1814 zum Königreich erhobene Hannover wurde im Jahr 1866 von Preußen annektiert.

Heidelberg Südwestdeutsche Stadt im unteren Neckartal etwa 20 Kilometer östlich von Mannheim. Heidelberg verdankt einen Teil seiner Berühmtheit der im Jahre 1386 gegründeten Universität. Während des Mittelalters und der frühen Neuzeit war Heidelberg bis zu den Raubkriegen Ludwigs XIV. Hauptstadt der alten Kurpfalz. Danach übernahm Mannheim diese Funktion.

Heinsius, Anthonie (1641–1720) Als Freund und Schützling Wilhelms III. von Oranien und von 1689 an als Ratspensionär der Vereinigten Niederlande war Heinsius nicht nur der Vertrauensmann seines Herrschers, sondern auch einer seiner besten Ratgeber. Er spielte daher eine sehr gewichtige Rolle in der Führung der Außenpolitik seines Landes, die er vor allem dazu benutzte, den Ansprüchen Ludwigs XIV., den er haßte, konsequent entgegenzutreten. Die Nachfolge Karls II. von Spanien gab Heinsius die Gelegenheit, ein Bündnis zustandezubringen, das im Frieden von Utrecht im Jahre **157**

Eine Vedute von Heidelberg.
Aus der Cosmographie universelle von S. Munster (1568).

Hobbema, Meindert (1638–1709) In Amsterdam geborener und verstorbener niederländischer Landschaftsmaler. Kennzeichnend für seinen Stil sind die Farbgebung, die Lichtfülle und die Wärme seiner Landschaften. Hobbema wurde von seinen Zeitgenossen künstlerisch nicht anerkannt und blieb auch nach seinem Tode lange Zeit völlig unbekannt. Schließlich entdeckte man den wirklichen Wert seines Werkes und seiner Malweise. Heute gilt Hobbema als einer der größten Landschaftsmaler seines Landes.

Höchstädt Ortschaft in Süddeutschland auf dem linken Donauufer auf der Grenze von Württemberg und Bayern zwischen Ulm und dem nahe gelegenen Donauwörth. Am 20. September 1703 schlug Villars hier die kaiserlichen Truppen des Grafen von Styrum. Die Schlacht des Jahres 1704, in der die Franzosen von Prinz Eugen und Marlborough vernichtend geschlagen wurden, wird auch mit dem Namen des sechs Kilometer von Höchstädt entfernt liegenden Dorfes Blindheim (englisch: Blenheim) bezeichnet.

1713 vorteilhafte Bedingungen aushandeln konnte. Diesem unbestreitbaren diplomatischen Erfolg, der die politische Laufbahn des Ratspensionärs krönte, war keine lange Dauer beschieden. Wirtschaftliche Schwierigkeiten, die als Folge des langen Krieges auftraten, führten zu einer Verarmung des Landes, für die man Heinsius verantwortlich machte. Nach diesem Prestigeverlust zog er sich aus dem politischen Leben zurück und lehnte jede weitere verantwortliche Tätigkeit ab.

Henriette Maria von Frankreich (1609–1669) Sechstes Kind Heinrichs IV. von Frankreich und der Maria von Medici. 1625 wurde Prinzessin Henriette Maria aus Gründen der Staatsraison mit König Karl I. von England verheiratet. Diese Vernunftehe sollte die politische Annäherung beider Königreiche bezwecken. Das Zusammenleben der beiden Ehegatten wurde durch diese äußeren Umstände stark belastet, zu denen noch die feindliche Haltung eines Teiles des englischen Adels gegenüber einer katholischen und zu allem Überfluß noch französi-

schen Königin kam. Trotzdem unterstützte Henriette Maria Karl I. in seinen Konflikten mit dem Parlament und später mit Cromwell und rief selbst zum Widerstand gegen die Verschwörer auf. Zwei ihrer acht Kinder trugen später die Krone Englands, nämlich Karl II. und Jakob II. Nach ihrer Rückkehr nach Frankreich wegen des Sieges von Cromwell erlebte die ehemalige Königin noch die Genugtuung, daß ihr Sohn Karl II. zum König von England gekrönt wurde.

Hohenzollern Während des uns beschäftigenden Zeitabschnitts regierte aus diesem berühmten, ursprünglich südwestdeutschen Haus der Große Kurfürst Friedrich Wilhelm von Brandenburg, der Vater des ersten preußischen Königs Friedrich I.

Hougue (Hogue), La Bucht im nördlichen Teil der Halbinsel Cotentin etwa 30 Kilometer östlich von Cherbourg. Nach ihm nennt sich der nahegelegene Ort Saint-Vaast-la-Hougue.

Hudsonbai Große Meeresbucht inmitten der kanadischen Provinzen Quebec, Ontario und Manitoba. Die Hudsonstraße verbindet sie zwischen dem Baffinland und dem Norden der Provinz Quebec mit dem Atlantischen Ozean. Lange Zeit glaub-

(Photo Editions Rencontre)
Henriette Maria von Frankreich.

158

(Photo Editions Rencontre)
Die Schlacht von Höchstädt.

ten die Geographen, daß die Hudsonbai eine ungeheure Wasserstraße zum Fernen Osten sei. In Wirklichkeit handelt es sich um einen allseits geschlossenen Meeresarm, der wegen seiner lang andauernden Vereisung kaum schiffbar ist. Seinen Namen verdankt er dem englischen Entdecker Henry Hudson, der am Anfang des 17. Jahrhunderts die Ufer der Bucht erforschte.

Huygens, Christiaan (1629–1695) In Den Haag geborener niederländischer Physiker, Mathematiker und Astronom. Sein Name wurde unsterblich durch die wissenschaftliche Bedeutung und

(Photo Editions Rencontre)
Christiaan Huygens.

Exaktheit seiner Beobachtungen und Entdeckungen, zu denen der Saturnring, die Arbeitsweise der Spiralfeder sowie die Pendel- und Lichtwellentheorie gehören. Der Gelehrte war Mitglied der Royal Society in London und der Akademie der Wissenschaften in Paris. Zwischen 1651 und 1690 veröffentlichte er seine wissenschaftlichen Arbeiten, von denen einige, besonders seine astronomischen Beobachtungen, mit Hilfe selbst erfundener Instrumente durchgeführt wurden.

Ibrahim I. (1616–1648) Bruder des Sultans Murad IV. Ibrahim entging dem von seinem Bruder befohlenen Massaker nur durch den Schutz einer der Nebenfrauen des Sultans. Nach dem Tode seines älteren Bruders im Jahre 1640 und seiner Machtübernahme führte Ibrahim I. ein ausschweifendes Leben. Die Macht überließ er weitgehend gewissenlosen oder unfähigen Höflingen. Die allgemeine Unzufriedenheit unter seiner Herrschaft kam schließlich zum Ausbruch und führte zur Ermordung des Sultans. Sein Sohn Mohammed IV. wurde sein Nachfolger.

Ingermanland Landstrich in Nordwestrußland, der im Norden durch Finnland und den Finni-

schen Meerbusen, im Westen durch den Peipussee und Estland und im Osten durch den Ilmensee und den Fluß Wolchow begrenzt wird. Peter der Große eroberte Ingermanland 1702, und endgültig im Jahre 1721, aber schon 1703 gründete er hier, im Norden seines Reiches, die Hauptstadt Sankt Petersburg, von der er lange geträumt hatte.

Innozenz XI. (1611–1689) Benedetto Odescalchi war der Sohn einer reichen Kaufmannsfamilie aus Como und ein Günstling des

(Sammlung Viollet)
Innozenz XI.
Nationalbibliothek, Paris.

Papstes Innozenz X., der die hervorragenden Begabungen des ehemaligen Jesuiten erkannt hatte. Odescalchi wurde an die römische Kurie berufen und zum Kardinal ernannt. Die lebhaften und durchdringenden Augen des Kardinals in dem mageren Gesicht ließen auf hohe Intelligenz, aber auch auf Unnachgiebigkeit schließen. Beide Eigenschaften wurden nach seiner Wahl zum Papst am 21. September 1676 offenbar. Durch seine Unnachsichtigkeit gegenüber allen unrechtmäßigen Begünstigungen, gegenüber der Vetternwirtschaft und Unordnung innerhalb der Kirche war er bald bei Intriganten und pflichtvergessenen Priestern gefürchtet. Die gleiche feste Haltung zeigte Innozenz XI. Ludwig XIV. gegenüber, als der König den Gallikanismus unterstützte und erklärte, daß in seinem Königreich die Autorität 159 des Papstes hinter seiner eigenen zurückzutreten habe. Dieser Anspruch führte zu einem heftigen Konflikt zwischen Innozenz XI. und dem französischen König, der vom Jahre 1682 an das Recht beanspruchte, selbst die Bischöfe seines Königreiches zu ernennen. Der Papst verurteilte außerdem sowohl die Thesen des Quietismus wie die Lehre des spanischen Mystikers Miguel de Molinos, der in der Meditation die Vollendung des Christentums erblickte. Molinos wurde nach einer eingehenden Untersuchung und einem Prozeß, die zusammen über zwei Jahre dauerten, zu lebenslänglichem Gefängnis verurteilt.

Innozenz XII. (1615–1700) Nach fünf Monate währendem Feilschen und Intrigieren wählte das Konklave am 12. Juli 1691 endlich Antonio Pignatelli, den Abkömmling einer alten neapolitanischen Familie, zum Papst. Innozenz XII. erhielt die höchste Würde der Kirche im Alter von 76 Jahren, nachdem er als ehemaliger Jesuitenzögling Vizelegat von Urbino, Nuntius in Florenz, Warschau und Wien und schließlich Erzbischof seiner Heimatstadt Neapel gewesen war. Trotz seines vorgerückten Alters zeigte sich der neue Papst erstaunlich aktiv. Er setzte sich durch und brachte Ordnung in den römischen Klerus, indem er seinen Nachfolgern verbot, mehr als je einen Neffen zum Kardinal zu ernennen. Außerdem untersagte er den Besitz mehrerer Pfründen und wandte sich gegen die Käuflichkeit einiger Ehrenämter und kirchlicher Würden. Außerhalb Italiens verurteilte Innozenz XII. die Haltung Fénelons gegenüber dem Quietismus, zeigte sich Ludwig XIV. gegenüber aber nachgiebiger als Innozenz XI. In dem Konflikt mit dem französischen König suchte der Papst einen Kompromiß, der auch im Jahre 1693 zustande kam, nachdem die vom König im Jahre 1682 eingesetzten Bischöfe, durch deren Ernennung es zu der Auseinandersetzung mit Innozenz XI.

Einweihung des Hôtel des Invalides. Musée Carnavalet, Paris.

gekommen war, dem Papst brieflich ihre Unterordnung und ihre Ehrerbietung zugesichert hatten. Als Gegenleistung räumte Ludwig XIV. die dem Kirchenstaat gehörende Grafschaft Venaissin mit Avignon.

Invalides, Hôtel des Im Jahre 1670 befahl Ludwig XIV. die Errichtung eines Gebäudekomplexes, in dem verwundete und verstümmelte Soldaten und Veteranen, die selbst nicht mehr ihr Brot verdienen konnten, im Alter Unterkunft finden sollten. Für dieses Projekt wählte man ein Gelände auf dem linken Seineufer im Westen des Stadtviertels Saint-Germain. Der Architekt Bruant nahm die Bauarbeiten 1671 auf, und Jules Hardouin-Mansart vollendete das Werk durch den Invalidendom, der durch eine hundert Meter hohe Kuppel gekrönt wird. Um 1840 legte Visconti unter dieser Kuppel eine Rotunde für den Sarkophag Napoleons I. an.

Iwan V. (1666–1696) Jüngster Sohn des Zaren Alexei I. und der Zarin Maria Miloslawskaja. Iwan galt in seiner Familie als geistig zurückgeblieben. Zar Feodor III. und seine Schwester Sofija (Sophie) verdrängten ihn daher aus allen Ämtern und Würden, selbst wenn mit ihnen keinerlei Verantwortung verbunden war. Nach dem Tode Feodors

versuchte Sofija, ihre persönliche Stellung als Regentin zu stärken, und ließ ihren jüngeren Bruder unter dem Namen Iwan V. gemeinsam mit seinem Halbbruder Peter, dem späteren Peter dem Großen, als Zar krönen. Mit diesem klugen Schachzug glaubte sie, sich die Macht erhalten zu können, obwohl der Sobor, der auf Initiative des Patriarchen Joachim zusammengetreten war, Peter zum Zaren gewählt hatte. Iwan spielte keinerlei Rolle in der Politik und wurde mit dem Ablauf der Regentschaft Sofijas im Jahre 1689 abgesetzt. Aus seiner Ehe mit der Bojarentochter Praskowija Saltykowa entsprangen fünf Kinder, zu denen die spätere Zarin Anna Iwanowna gehörte.

Jakob II. von England (1633–1701) Zweiter Sohn Karls I. und der Henriette Maria von Frankreich. Durch den Sieg Cromwells mußte Jakob sein Land verlassen und nach Frankreich und später in die Niederlande fliehen, von wo aus er unablässig Komplotte gegen die Regierung des Lord-Protektors schmiedete. Nachdem im Jahre 1660 sein älterer Bruder Karl II. wieder in seine Rechte eingesetzt worden war, wurde Jakob zum Admiral ernannt. Bei aller Zähigkeit, Beharrlichkeit und Ausdauer fehlte es dem Prinzen jedoch in gefährlichem Maße an Klarsicht. Dieser Mangel war so offensichtlich, daß seine Untertanen zu sagen pflegten: »Karl könnte begreifen, wenn er wollte, aber Jakob würde gern begreifen, wenn er könnte.« Jakob beging seinen größten politischen Fehler, als er in einem Lande, das in seiner überwiegenden Mehrheit dem Katholizismus feindlich gesinnt war, im Jahre 1668 zu eben diesem Glauben konvertierte. Er folgte jedoch zunächst ohne großen Widerstand im Jahre 1685 auf seinen Bruder. Aber auch als König versuchte er in keiner Weise, Willkür und religiösen Fanatismus abzulegen und forderte auf diese Weise viele Aufstände heraus. Die Revolte der Herzöge von Argyll und von Monmouth wurde in Schottland blutig niedergeschlagen. Als der König glaubte, jeglichen Widerstand gebrochen zu haben, versuchte er dem Katholizismus zum Siege zu verhelfen, indem er innerhalb der anglikanischen Kirche Unfrieden stiftete. Sieben der bedeutendsten Kirchenfürsten, unter ihnen der Erzbischof von Canterbury, unterbreiteten dem König daraufhin eine Bittschrift. Als Antwort ließ Jakob II. sie im Londoner Tower einsperren;

sie wurden jedoch später von einem Gericht freigesprochen. Als die Nachricht des Freispruches bekannt wurde, beleuchtete die Bürgerschaft ihre Stadt. Am 10. Juli 1688 baten mehrere Adlige, unter ihnen der spätere Herzog von Marlborough, formell den Schwiegersohn des Königs, Wilhelm von Oranien, um seine Hilfe. Von seinen Anhängern gedrängt und umworben vom Adel und dem Großbürgertum eines Landes, das sich am Rande einer neuen Revolution befand, landete Wilhelm schließlich am 15. November 1688 in der Bucht von Torbay, und Jakob II. blieb, begleitet vom Hohn fast aller seiner Untertanen, nur noch die Flucht, bei der er das königliche Großsiegel in die Themse warf. Im Jahre 1690 versuchte er, mit der Hilfe neu aufgestellter irischer und französischer Truppen wieder zur Macht zu kommen, aber seine Pläne wurden auf dem Schlachtfeld am Fluß Boyne zunichte. Er fand Zuflucht in Frankreich am Hof Ludwigs XIV., der sich bemühte, das schwere Schicksal des Enkels Heinrichs IV. zu erleichtern.

Johann II. Kasimir von Polen (1609–1672) Sohn Sigismunds III. Wasa. Johann Kasimir war der Zögling eines Jesuitenkollegs und hatte seine Gelübde abgelegt, um in einen Mönchsorden einzutreten. Die Eröffnung der Erbschaft seines älteren Bruders Wladislaw IV. im Jahre 1648 veranlaßte ihn, sich von seinen Gelübden entbinden zu lassen, obwohl er inzwischen schon den Kardinalshut trug. Er heiratete seine Schwägerin, Luise Marie von Gonzaga, die ehemalige Herzogin von Nevers, und griff in die ständig wiederaufflammenden Konflikte ein, in denen sich in Osteuropa Polen, Schweden, Russen und Türken gegenüberstanden. 1660 gelang es ihm durch den Frieden von Oliva, wenigstens vorübergehend die schwedische Gefahr auszuschalten, während die Bedrohung durch die anderen Mächte nach wie vor fortbestand. Schließlich war Johann II. Kasimir der dauernden Kriege und der unablässigen Intrigen des wegen seiner Aufsässigkeit berüchtigten Adels überdrüssig. Er verzichtete im Jahre 1668 auf die Krone, zog sich nach Frankreich zurück und trat wieder in einen Orden ein.

Johann Sigismund von Brandenburg (1572–1619) Sohn des Kurfürsten Joachim Friedrich von Brandenburg. 1608 folgte er auf seinen Vater. Im folgenden Jahr forderte er die Erbschaft Johann Wilhelms, des Herzogs von Jülich, Kleve und Berg, da seine Gemahlin, Anna von Preußen, eine Tochter Marie Eleonores von Kleve war. Johann Sigismund traf jedoch auf den Widerstand des Grafen Wolfgang Wilhelm von Pfalz-Neuburg. Diese Erbstreitigkeit war auf dem besten Wege, sich in einen gesamteuropäischen Konflikt auszuweiten, da Heinrich IV. von Frankreich gegen das Haus Habsburg Partei ergriff, weil der eine der beiden Kandidaten dem reformierten Glauben anhing. Johann Sigismund zog es vor, sich zu ver-

(Photo Editions Rencontre)

König Jakob II. von England und der französische König Ludwig XIV.

ständigen. Durch den Vergleich von Dortmund 1609 wurde eine vorläufige Verwaltung für die drei Herzogtümer eingesetzt, bis der Vertrag von Xanten 1614 den Erbstreit durch Teilung regelte. Die bedeutendste Erwerbung Johann Sigismunds war zweifellos diejenige Ostpreußens im Jahre 1618, nachdem der zweite Herzog von Preußen, Albrecht Friedrich, bei seinem Tode keine Erben hinterließ. Johann Sigismund regierte bis 1619. Sein Nachfolger war sein Sohn Georg Wilhelm.

Johann Sobieski Siehe Sobieski.

Joseph I. (1678–1711) Erzherzog Joseph folgte im Jahre 1705 als ältester Sohn auf seinen Vater, den Kaiser Leopold I. Seine Regierungszeit wurde durch den Spanischen Erbfolgekrieg beherrscht, in dessen Verlauf sich der Kaiser als gefährlicher Gegner Ludwigs XIV. erwies. Der französische König seinerseits machte dem Kaiser in Bayern, in Oberitalien und besonders in Ungarn große Schwierigkeiten, wo der Aufstand von Franz II. Rákóczy die Regierung veranlaßte, erhebliche Truppenkontingente gegen die aufständischen Ungarn einzusetzen. Joseph I. hinterließ sein Erbe seinem Bruder Kaiser Karl VI.

Kahlenberg Ausläufer der Ostalpen (Wienerwald) am nördlichen Stadtrand Wiens. Hier schlug ein kaiserliches Heer unter Führung des Herzogs Karl von Lothringen und Johann Sobieskis im Jahre 1683 vernichtend die Türken, die sich zur Belagerung der Hauptstadt anschickten.

Karelien Ausgedehntes Seen- und Waldgebiet in Nordrußland zwischen Finnland und dem Weißen Meer; im Norden stößt es an Lappland und die Halbinsel Kola, die Südgrenzen bilden der Lagoda- und der Onegasee. Peter der Große gewann Karelien im Jahre 1721 durch den Frieden von Nystad endgültig den Schweden ab.

Karl VI. (1685–1740) Jüngster Sohn Kaiser Leopolds I. Erzherzog Karl folgte im Jahre 1711 seinem plötzlich verstorbenen Bruder, Kaiser Joseph I., der eben noch um das Erbe Karls II. von Spanien gekämpft hatte. Im Vertrag von Utrecht (1713) verzichtete Karl VI. zwar auf die spanische Krone, erwarb aber die spanischen Niederlande (das heutige Belgien), Sardinien und Neapel, sowie die Herzogtümer Luxemburg und Mailand. In Mitteleuropa konnte er sich nach einem siegreichen Feldzug gegen die Türken (1714 bis 1718) König von Böhmen und von Ungarn und Großwoiwode von Serbien nennen. Als Herzog von Mantua und Piacenza und König von Neapel und Sizilien durfte sich Karl VI. als mächtigster Monarch in ganz Europa betrachten. Im Zuge des Polnischen Erbfolgekrieges verlor er jedoch 1735 im Vorfrieden zu Wien einen bedeutenden Teil seiner italienischen Besitzungen und die Herrschaft über das dem Reich gehörende Herzogtum Lothringen. Aus seiner Heirat mit Elisabeth Christine von Braunschweig-Wolfenbüttel wurden ihm zwei Töchter geboren, von denen die älteste, Maria Theresia, im Jahre 1740 seine Nachfolgerin auf dem römisch-deutschen Kaiserthron wurde.

Karl, Erzherzog Siehe Karl VI.

Karl II. von England (1630–1685) Sohn Karls I. und der Prinzessin Henriette von Frankreich, daher Enkel Heinrichs IV. von Frankreich. Karl II. wurde nach dem Tode seines Vaters von den Schotten als König anerkannt, mußte aber nach seiner Niederlage gegen die Truppen Cromwells bei Worcester im Jahre 1651 an den Hof Ludwigs XIV. fliehen, dessen Bruder, Philipp von Orleans, seine Schwester Henriette geheiratet hatte. Dieses Exil dauerte neun Jahre, bis zum 25. Mai 1660, als General Monk die vom englischen Volk begrüßte Restauration der Monarchie ermöglichte. Von

seinem südfranzösischen Ahnen Heinrich IV. hatte der König Phantasie und Lebenslust geerbt. Am Londoner Hof herrschten während seiner Regierungszeit Frohsinn, geistreicher Witz und Leichtlebigkeit. Karls Loyalität gegenüber Ludwig XIV. erklärt nicht zuletzt die Tatsache, daß der französische König zum großen Teil für seinen ständigen Geldbedarf aufkam. So verkaufte Karl II. 1662 durch die Vermittlung seines Ministers und Beraters Clarendon Dünkirchen an Frankreich. 1667 wurde nach den Bestimmungen des Friedens von Breda das 1654 eroberte Neu-Amsterdam englischer Besitz und hieß von nun an New York. Karl war klug und umsichtig genug, weitgehend die Rechte der Parlamentsabgeordneten zu achten. Er war ein Meister der Doppelrollen. Es gelang ihm daher, sowohl auf außen- als auch auf innenpolitischem Gebiet alle Gefahren zu meiden, denen sein Vater schließlich erlegen war. Seine Verbündeten unterstützte er und verriet er abwechselnd und herrschte, im Herzen katholisch, als Oberhaupt der anglikanischen Staatskirche. Bei seinem Tod hinterließ er seinem Bruder Jakob II. eine starke königliche Macht.

Karl II. von Spanien (1661–1700) Dreizehntes eheliches Kind König Philipps IV. aus dessen zweiter Ehe mit Maria Anna von Österreich. Der Infant Karl und seine Halbschwester Maria Theresia, die zukünftige Gemahlin Ludwigs XIV., waren die einzigen überlebenden Kinder des Königs. Als Nachkomme einer Verwandtenehe zwischen den spanischen und österreichischen Habsburgern war Karl kränklich und degeneriert. Schon im Alter von vier Jahren wurde er nach einer testamentarischen Verfügung Philipps IV. unter der Regentschaft seiner Mutter gekrönt. Nach seiner Großjährigkeit stellte sich heraus, daß der Monarch überhaupt nicht in der Lage war zu regieren. Er überließ diese Auf-

*König Karl II. von Spanien,
von Claudio Coello.*

König Karl XII. von Schweden.

gabe den machthungrigsten unter seinen Höflingen, die zugleich auch die unfähigsten waren. Sowohl im spanischen Mutterland als auch in den Kolonien, die von Glücksrittern schamlos ausgebeutet wurden, kam es zu wirtschaftlichem Niedergang und zu politischem Zusammenbruch. Die europäischen Besitzungen Spaniens schmolzen im Jahre 1678 durch den Verlust von Burgund und der spanischen Niederlande im Frieden von Nimwegen zusammen. Da Karls II. Ehen, mit Maria Luise von Orleans, der Tochter Philipps von Orleans, des Bruders Ludwigs XIV., und mit Maria Anna von Bayern, kinderlos blieben, war dieser König der letzte der spanischen Habsburger.

Karl X. Gustav von Schweden (1622–1660)   Sohn des Prinzen Johann Kasimir von Pfalz-Zweibrücken und der Prinzessin Katharina, der Tochter Karls IX. Karl war ein Vetter der Königin Christine, die zu seinen Gunsten im Jahre 1654 abdankte. Während seiner nur sechsjährigen Regierungszeit kämpfte er siegreich gegen Polen und Dänemark und verstärkte so die schwedische Vorherrschaft an der westlichen Ostsee und in Norddeutschland.

Karl XI. von Schweden (1655–1697)   Sohn Karls X. Gustav.

Beim Tode seines Vaters war Karl XI. erst fünf Jahre alt. Erst von 1672 an führte er selbst die Regierungsgeschäfte. Sein Eintritt in das politische Leben bedeutete die Wiederaufnahme der Expansionspolitik seines Vorgängers. Es kam erneut zu Konflikten mit Dänemark und außerdem mit dem Großen Kurfürsten von Brandenburg, der damals gegen Ludwig XIV. kämpfte. Die Niederlage von Fehrbellin in der Nähe von Berlin am 28. Juni 1675 verhinderte ein weiteres Vordringen der Schweden in Norddeutschland. Der König wetzte diese Scharte später durch die Siege von Lund 1676 und Landskrona 1677 gegen die Dänen wieder aus. Der Friede von Nimwegen brachte ihm eine willkommene Atempause, während der er die Verfassung und die Verwaltung seines Landes umgestaltete und erneuerte.

Karl XII. von Schweden (1682–1718)   In dem Sohn Karls XI., der den väterlichen Thron im Alter von fünfzehn Jahren bestieg und sofort das in ihn gesetzte Vertrauen rechtfertigte, fand Gustav II. Adolf einen würdigen Nachfolger. Sowohl die Dänen als auch die Russen wurden 1700 vernichtend geschlagen, so daß der Ruf des jungen Königs als hervorragender Feldherr die Jahrhunderte überdauerte. Nach der Vertreibung König Augusts des Starken aus Polen machte er 1707 Front gegen Peter den Großen und rückte nach Rußland ein. Er ließ sich jedoch unvorsichtigerweise dazu hinreißen, einen Vorstoß in die Ukraine zu unternehmen. Das Ende dieses unbedachten Unternehmens bildete 1709 die Niederlage von Poltawa. Karl mußte nach Bessarabien unter türkischen Schutz fliehen, wo er fünf Jahre lang politisches Asyl fand, aber auch durch seinen Starrsinn in Gefangenschaft geriet. Nach unglaublichen Abenteuern gelang es ihm zu entfliehen, und er kehrte über den Balkan und Mitteleuropa im Jahre 1714 in seine Heimat zurück, in der inzwischen die

Anarchie ausgebrochen war. Bei dem Versuch, in Fredrikshald eine Revolte niederzuschlagen, wurde der königliche Abenteurer 1718 beim Sturm auf die Festung Fredriksten von einer Kugel tödlich getroffen.

Karl V. Leopold von Lothringen (1643–1690)   Nachfolger seines Onkels, des Herzogs Karl IV. von Lothringen. Im Jahre 1675 nahm Karl den Namen Karl V. Leopold von Lothringen an. Da sein Land seit 1670 von den Truppen Ludwigs XIV. widerrechtlich besetzt war, begab sich Karl in den Schutz des Kaisers Leopold I. und erhielt in kaiserlichen Diensten schließlich den Rang eines Feldmarschalls. Der Herzog von Lothringen kämpfte unter den kaiserlichen Fahnen am Rhein, aber es gelang ihm nicht, im Rahmen der Friedensschlüsse von Nimwegen in den Jahren 1678 und 1679 sein Land zurückzuerhalten. Er kehrte daher nach Österreich zurück und kämpfte 1683 vor Wien und später in den Ebenen Ungarns gegen die Türken. Durch seine Zähigkeit und Unnachgiebigkeit gelang es Karl V. endlich, durch den Vertrag von Rijswijk im Jahre 1697 die Wiedereinsetzung seines Sohnes Leopold Joseph in seine

163

ihm zustehenden Erbrechte zu erreichen. Karl V. von Lothringen war ein ebenso befähigter wie treuer und mutiger Soldat.

Karlowitz (Karlovci) Diese Stadt im heutigen Jugoslawien liegt nordwestlich von Belgrad an der Donau und ist durch den Friedensvertrag im Jahre 1699 bekannt geworden.

Königgrätz (Hradec Králové) Kleine böhmische Stadt am Oberlauf der Elbe ungefähr 100 Kilometer nordöstlich von Prag.

Köprülü, Mohammed (um 1585–1661) Er war der Sohn albanischer Eltern, die sich in Anatolien niedergelassen hatten. Er übte im Serail von Konstantinopel lange eine untergeordnete Tätigkeit aus, bis man eines Tages auf seine Fähigkeiten aufmerksam wurde. Köprülü konnte nun Intelligenz, Ausdauer und Organisationstalent in der Verwaltung von Syrien beweisen und erwarb sich so viele Verdienste, daß die Großmutter des späteren Sultans Mohammed IV. während dessen Minderjährigkeit ihm im Jahre 1656 den Titel eines Großwesirs verlieh. Mohammed Köprülü benutzte sein hohes Amt, um seine persönliche Machtstellung zu erweitern. Es gelang ihm sogar, von der Regentin ein Zugeständnis zu erreichen, das ihm gestattete, seinem Sohn Achmed seine Rechte und Befugnisse innerhalb der Verwaltung zu vererben. Dieses Recht blieb den Angehörigen des Klans der Köprülü während des ganzen 18. Jahrhunderts erhalten.

La Bruyère, Jean de (1645–1696) Als Sohn eines hohen königlichen Beamten studierte Jean de La Bruyère Jura und wirkte zunächst ohne große Begeisterung als Anwalt. Dann folgte er dem Beispiel seines Vaters, kaufte eine Generalschatzmeisterstelle und übernahm schließlich das Sekretariat der Familie Condé. Sein wichtigstes literarisches Werk, die »Charaktere«, das er zwischen 1688

(Photo Giraudon)
La Bruyère.

(Photo Bulloz)
La Fontaine, von Largillière.

und 1694 verfaßte, beschreibt mit beißendem Sarkasmus die Sonderlichkeiten der hohen Gesellschaft während der Regierungszeit Ludwigs XIV.

La Fontaine, Jean de (1621–1695) Der aus Château-Thierry stammende Fabeldichter wurde durch die Werke des Griechen Äsop inspiriert. Er gilt als einer der bedeutendsten Moralisten des 17. Jahrhunderts. Nach der Veröffentlichung seiner ersten Erzählungen im Jahre 1665 schrieb La Fontaine drei Jahre später die

ersten Fabeln, die ihn für immer berühmt machen sollten. Als aufmerksamer Beobachter, unerbittlicher Moralist und geistvoller Satiriker zeichnete er in seinen Tierfabeln die Fehler der zeitgenössischen Gesellschaft nach. Sie erschienen im Jahre 1694, unmittelbar vor dem Tode ihres genialen Verfassers, in dem ihm eigentümlichen leichten und eleganten Stil geschrieben. La Fontaine verachtete gesellschaftliche Verpflichtungen. Er wollte in erster Linie sein Leben genießen und kümmerte sich ebensowenig um sein Amt als Forstmeister, das sein Vater ihm hinterlassen hatte, wie um seine eigene Familie. Er war der Schützling des Intendanten Fouquet und später mehrerer anderer Mäzene, zu denen auch Madame de La Sablière gehörte. Während der fruchtbarsten und glücklichsten Zeit seines Lebens war er mit Molière, Boileau und Racine befreundet.

La Reynie, Nicolas de (1625–1709) Er war der Sohn eines richterlichen Beamten aus dem Limousin und wählte den väterlichen Beruf. Nach seinem Rechtsstudium erwarb er ein Amt als Berichterstatter über eingegangene Bittschriften in Paris. Nicolas Gabriel de la Reynie wurde von dem Herzog von Epernon am Hofe vorgestellt und gewann das Vertrauen Ludwigs XIV. Im Jahre

164

1667 ernannte ihn der König zum Generalleutnant der Pariser Polizei. Die Stadt bekam sofort ein anderes Gesicht. Mit Tatkraft und Sachkenntnis machte La Reynie Jagd auf Verbrecher und Bettler und ließ die Straßen ständig überwachen. Dieses allgemein begrüßte Ergebnis seiner neuen Tätigkeit veranlaßte den König, La Reynie den Vorsitz des Sondergerichts anzuvertrauen, das die zahlreichen Morde der Giftaffäre aufklären sollte. La Reynie bewährte sich auch als Untersuchungsrichter, verhörte Hunderte von Zeugen und erhob gegen eine große Zahl von ihnen Anklage. Seine Untersuchungen ergaben jedoch, daß hochgestellte Persönlichkeiten am Hof und sogar aus der unmittelbaren Umgebung des Königs daran beteiligt waren. Ludwig XIV. befahl, die Beweisaufnahme einzustellen. La Reynie führte jedoch seine Tätigkeit insgeheim fort und trug noch jahrelang Dokumente zusammen, mit deren Hilfe wenigstens zum Teil die Hintergründe dieses Skandals aufgeklärt werden konnten. La Reynie beendete seine Beamtenlaufbahn als Staatsrat.

Laud, William (1573–1645) Günstling und Vertrauter des Königs Karl I. von England. Laud wurde im Jahre 1633 zum Erzbischof von Canterbury ernannt, weil er die Ansichten Karls I. über die königlichen Machtbefugnisse teilte. In seinem hohen Amt, das ihn zum Schiedsrichter in allen religiösen Fragen machte, glaubte der neue Primas von England, aus einer rücksichtslosen und unerbittlichen Verfolgung der Puritaner politisches Kapital schlagen zu können. Zu diesem Zweck benutzte Laud derart unrechtmäßige Mittel, daß sogar Karl I. schließlich über seine Methoden empört war. Der Erzbischof wurde im Jahre 1640 verhaftet, seines Amtes enthoben und im Tower eingekerkert. Im Jahre 1644 stand er vor Gericht und wurde im folgenden Jahre hingerichtet. Vier Jahre früher hatte er

(Sammlung Violet)
William Laud.

seinem Freund Strafford, der zum Schafott geführt wurde, vom Fenster seines Gefängnisses aus den Segen erteilt. Laud verfolgte eigentlich durchaus lautere Ziele, nämlich eine in Dogma und Liturgie geeinte anglikanische Kirche und die Wiedervereinigung der christlichen Kirchen. Nur deshalb verfolgte er Presbyterianer und Puritaner mit unerbittlicher Strenge. Zwanzigtausend Angehörige dieser beiden Konfessionen wanderten nach Nordamerika aus, wodurch die kleine englische Kolonie in der Neuen Welt beträchtlich verstärkt wurde.

La Vallière, Louise de (1644–1710) Ehrendame der Herzogin von Orleans am Hof von Versailles. Im Alter von siebzehn Jahren wurde Louise de La Baume Le Blanc die Geliebte Ludwigs XIV. Sie war sanft, zart und besaß keinerlei Ehrgeiz. Im Jahre 1667 erhielt sie den Titel einer Herzogin von La Vallière und behielt ihre bevorzugte Stellung bis zum Jahre 1670, als sie von der intriganten Madame de Montespan endgültig verdrängt wurde. Vier Jahre später trat sie in ein Pariser Karmeliterkloster ein und lebte dort bis zu ihrem Tode. Ihre Verbindung mit Ludwig XIV. überlebten zwei Kinder, die der König später adoptierte.

Leclerc, Jean (1657–1736) Er wurde in Genf geboren, wo er auch sein Theologiestudium absolvierte. Leclerc lebte in Frankreich, dann in England und schließlich in den Niederlanden. Im Jahre 1683 ließ er sich endgültig in Amsterdam nieder. Neben seinem Amt als protestantischer Geistlicher lehrte er an der Universität

(Photo Bulloz)
Louise de La Vallière. Museum von Versailles.

165

Philosophie und Literatur und schrieb einige theologische Werke; aus seiner Feder stammen unter anderem die »Bibliothek der Weltgeschichte«, erschienen im Jahre 1693, die »Ausgewählte Bibliothek« (1713) und die »Bibliothek der Antike und der Neuzeit« (1726).

Lefort, François (1656–1699) Er war ein gebürtiger Genfer. Er durchreiste ganz Europa, lebte eine Zeitlang in Frankreich und nahm schließlich in Rußland Dienste im zaristischen Heer an. Die Tapferkeit, die technische Begabung und der Einfallsreichtum Leforts zogen die Aufmerksamkeit Peters des Großen auf ihn. Dieser ernannte ihn zu seinem Ratgeber und beförderte ihn zum General, zum Admiral und zum Provinzgouverneur. Lefort nahm an allen Feldzügen des Zaren, besonders auch gegen die Türken, teil und tat sich ebenso auf dem Schlachtfeld wie in den maßlosen Trinkgelagen hervor, zu denen Peter häufig seine Waffengefährten einlud.

Leibniz, Gottfried Wilhelm (1646–1716) Er war ein geborener Sachse und gilt als einer der bedeutendsten europäischen Wissenschaftler des ausgehenden 17. und des beginnenden 18. Jahrhunderts. Leibniz besaß schon als junger Mann eine umfassende und hervorragende Bildung. Er hatte die großen Autoren der Antike sowie Werke zeitgenössischer Wissenschaftler und Philosophen gelesen, sprach fließend Griechisch und Lateinisch, war in der Philosophie und Theologie bewandert und besaß außer seinen literarischen Kenntnissen eine detaillierte juristische und wissenschaftliche Bildung. In Jena studierte er noch Mathematik. Seine Arbeiten auf dem Gebiet der Physik und der Chemie beweisen seine Vielseitigkeit. Diese Aufzählung wäre jedoch unvollständig, wenn man die politischen Interessen von Leibniz unerwähnt ließe. Sein Ziel war es, der Spaltung innerhalb

(Photo Boyer-Viollet)
Leibniz.

des Protestantismus ein Ende zu setzen und die westeuropäische Kultur bis in das Reich Peters des Großen zu tragen, dem er auch seine Pläne unterbreitete. Ludwig XIV. riet er zur Eroberung Ägyptens, und mit Bossuet besprach er die Möglichkeiten, die katholische und die reformierte Kirche wieder zu vereinigen (Union der christlichen Kirchen). Nachdem er ganz Europa kennengelernt und in Paris und London längere Zeit gelebt hatte, weilte Leibniz ab 1676 am Hof von Hannover, wo der Herzog von Braunschweig-Lünenburg ihn zum Bibliothekar ernannt hatte. Unter dem Schutz dieses Mäzens schrieb Leibniz in der Residenzstadt Hannover die meisten seiner Werke. Wie seine wissenschaftlichen Abhandlungen tragen auch seine übrigen, vor allem philosophischen Schriften das Siegel der großen und idealistischen Persönlichkeit ihres Autors, der häufig antwortete, wenn er auf die Lage des Menschen angesprochen wurde, »daß in der bestmöglichen aller Welten alles zum besten stehe«. Er war überzeugt, daß das Schicksal der Lebewesen und der Dinge in ihrer Entfaltung durch Gesetzmäßigkeit vorherbestimmt

sei, und entwickelte eine harmonisierende Philosophie. Er lehrte, daß die Ideen angeboren seien und daß jeder Mensch aus einer Summe bereits vor ihm existierender geistiger Krafteinheiten (Monaden) bestehe. Er legte seine Gedanken in zahlreichen Werken dar. Zu den bekanntesten gehören »Neue Versuche über das menschliche Verständnis« (1703), »Theodizee« (1710) und »Monadologie« (1714). Im gleichen Jahr erschien »Grundlagen der Natur und der Gnade«.

Leiden (Leyden) Stadt in der Provinz Südholland an einem Arm des Alten Rheins. Leiden liegt ungefähr 15 Kilometer nordöstlich von Den Haag und etwa halb so weit von der Nordseeküste entfernt. Die Stadt Leiden wurde auf den Grundmauern eines römischen Kastells erbaut und gelangte im 16. Jahrhundert durch ihren Handel zu Wohlstand. Ihre Bedeutung verdankte sie auch zum Teil dem hervorragenden Ruf ihrer Universität, die 1575 gegründet wurde und an der die größten Wissenschaftler und Philosophen dieser Zeit lehrten.

Leopold I. (1640–1705) Sohn Kaiser Ferdinands III. und der Maria Anna von Spanien, einer Tochter Philipps III. Leopold folgte im Jahre 1658 seinem Vater auf dem Kaiserthron. Er war konservativ, bürgerlich einfach und pflichtgetreu. Während seiner ganzen Regierungszeit kämpfte er gegen die Türken im Osten und gegen die Franzosen im Westen. Glücklicherweise verfügte er über hervorragende Feldherren wie Montecuccoli, Karl von Lothringen und später den Prinzen Eugen von Savoyen. Diese fügten den Türken schwere Schläge zu, und nach dem Frieden von Karlowitz im Jahre 1699 reichte das Herrschaftsgebiet des Kaisers bis zu den Transsilvanischen Alpen. In Italien und Deutschland gelang es Prinz Eugen von Savoyen, die zunächst schwierige Lage wieder in die Hand zu bekommen. Das

Kaiser Leopold I.

Hugues de Lionne,
von Philippe de Champaigne.
Museum, Straßburg.

glänzende Karriere. Er wurde zunächst königlicher Rat, dann Staatsanwalt, Berichterstatter über eingegangene Bittschriften und schließlich Generalintendant. Mazarin machte ihn zu seinem Staatssekretär und hatte diese Wahl niemals zu bedauern. Sein Schützling blieb ihm während der ganzen Wirren der Fronde treu. Als Generalschatzmeister zu Beginn der Regierungszeit Ludwigs XIV. trug Le Tellier außerdem den Titel eines Staatsministers. Diese hohen Ämter erleichterten den Aufstieg seines ältesten Sohnes, der ebenfalls den Vornamen Michel trug und zum Marquis de Louvois ernannt wurde. Sein jüngerer Sohn Charles-Maurice wurde Erzbischof von Reims. Im Jahre seines Todes unterzeichnete Le Tellier als Siegelbewahrer das Dokument über den Widerruf des Ediktes von Nantes.

Le Vau, Louis (1612–1670) Schüler von Mansart und Le Nôtre. Le Vau wurde im Jahre 1653 zum Direktor des königlichen Bauwesens ernannt. Schon vorher hatte er durch die Errichtung des prachtvollen Schlosses von Fouquet in Vaux-le-Vicomte Berühmtheit erlangt. Später arbeitete Le Vau am Schloß von Vincennes, am Louvre und an den Tuilerien.

Lionne, Hugues de (1611–1671) Sohn eines Rates am Gerichtshof (Parlament) von Grenoble und Neffe des Finanzministers Abel Servien. Saint-Simon bezeichnete Hugues de Lionne als den »größten Minister während der ganzen Regierungszeit Ludwigs XIV.«. Nachdem Lionne zunächst in einem Kloster in der Dauphiné gelebt hatte, wurde er von seinem Onkel, dem Kardinal Mazarin, empfohlen. Dieser faßte sofort uneingeschränktes Vertrauen zu ihm und teilte ihn einer der Gesandtschaften zu, die an den Verhandlungen für die Friedensverträge in Münster und Osnabrück teilnahmen. Bei dieser Gelegenheit zeigte sich, daß der

Reich hatte sich während des niederländischen Krieges, des Krieges der großen Allianz und des Spanischen Erbfolgekrieges gegen Ludwig XIV. erschöpft. Das Ziel des Spanischen Erbfolgekrieges war für Leopold, den spanischen Thron für seinen zweiten Sohn, den Erzherzog Karl, den späteren Kaiser Karl VI., zu sichern. Der Kaiser starb im Zuge dieses Konfliktes und hinterließ seinem ältesten Sohn Joseph zwar ein nach Osten vergrößertes Reich, das aber durch die seit dem Beginn des Dreißigjährigen Krieges fast ununterbrochen aufeinanderfolgenden Konflikte in seiner Substanz schwer geschädigt war.

Leslie, Alexander Er wurde im Jahre 1640 zum Oberkommandierenden des schottischen Heeres ernannt. Er schlug mehrmals die irischen Verbände, die der Herzog von Strafford kurzfristig ausgehoben hatte, und eroberte ganz Nordengland bis zum Süden der Grafschaft York.

Le Tellier, Michel (1603–1685) Sohn eines hohen Beamten Heinrichs IV. Unter Ludwig XIII. machte Michel Le Tellier eine

Schützling des Finanzministers seinen wahren Beruf gefunden hatte. Er besaß die Eigenschaften des geborenen Diplomaten: Klarsichtigkeit, Realismus, Vorsicht und Urteilsvermögen. Mit den Verhältnissen an den wichtigsten europäischen Höfen war er wohlvertraut, und er beherrschte mehrere Sprachen. Er liebte zwar Luxus und glänzende Feste, arbeitete aber trotzdem unablässig. Während des ersten Viertels der Regierungszeit Ludwigs XIV. errang Hugues de Lionne viele diplomatische Erfolge. Durch seine kluge Verhandlungstaktik gegenüber den Vertretern der Vereinigten Niederlande und der deutschen Fürsten gelang es ihm als Staatssekretär für die Außenpolitik, Spanien zu isolieren. Auch beim Abschluß des für Frankreich so vorteilhaften Pyrenäenfriedens im Jahre 1659 war er maßgeblich beteiligt. Später gelang es Lionne, einen mäßigenden Einfluß gegen die maßlose Außenpolitik Ludwigs XIV. geltend zu machen. Er erhielt die Zustimmung des englischen Königs Karl II. zum Verkauf des Hafens Dünkirchen an Frankreich. Durch meisterhaft geführte Verhandlungen gelang es ebenfalls, auf friedlichem Wege die den Habsburgern 167 gehörende Freigrafschaft Burgund zu erwerben. Zu dieser Zeit war die außenpolitische Situation Frankreichs besonders günstig. Durch festgeknüpfte Bündnisse konnte Ludwig XIV. auf die Unterstützung Schwedens, Englands und mancher deutschen Fürsten rechnen, besonders derjenigen, die sich im Rheinbund zusammengeschlossen hatten, der auch auf eine Initiative Lionnes zurückging. Leider führte der König nach dem Tode seines hervorragenden Ministers, den er oftmals ehrenvoll auszeichnete, dessen erfolgreiche Politik nicht weiter.

Livorno Großer Hafen in der Toskana am Ligurischen Meer ungefähr 20 Kilometer südlich der Arnomündung. Die Versandung des Hafens von Pisa zwang die florentinischen Kaufleute, neue Landeplätze für ihre Hochseeschiffe ausfindig zu machen. Die Entwicklung Livornos setzte in der zweiten Hälfte des 15. Jahrhunderts ein und ist auch heute noch nicht abgeschlossen.

Lopuchina, Eudoxia, (1669–1731) Tochter eines Bojaren aus einer im Großfürstentum Moskau sehr einflußreichen Familie. Eudoxia (Jewdokija) Lopuchina heiratete im Jahre 1689 den drei Jahre jüngeren Peter den Großen. Sie war schüchtern, zurückhaltend und charakterlich das genaue Gegenteil ihres Gemahls. Das junge Paar lebte nur sehr kurze Zeit im Einvernehmen. Die Hoffnungen der Mutter des Zaren, die mit einem günstigen und mäßigenden Einfluß der Zarin auf das aufbrausende Wesen ihres Sohnes gerechnet hatte, wurden bald enttäuscht. Nur die Geburt des Zarewitsch Alexei am 19. Februar 1690 führte zu einer kurzfristigen Versöhnung. Peter der Große war zu sehr von seinen politischen und wirtschaftlichen Zielen, von seinem Lebenshunger und seinem angeborenen Bedürfnis, sich zu verausgaben und übermenschliche Aufgaben zu meistern, besessen

und schenkte der einfachen, frommen und traditionsgebundenen Zarin keinerlei Beachtung, deren Ansichten mit dem Neuerungswillen des Zaren in keiner Weise vereinbar waren. Ihr Leben am Hof fand 1699 ein Ende, nachdem der Zar an den Strelitzen Rache genommen hatte, deren blutige Revolten seine Kindheit überschattet hatten. Nach einigen standrechtlichen Hinrichtungen behauptete Peter, ohne irgendwelche Beweise vorzulegen, daß Eudoxia mit den Strelitzen gemeinsame Sache gemacht habe, und verjagte sie wie eine Verbrecherin vom kaiserlichen Hof. Die Zarin lebte bis zu ihrem Tode in einem Kloster in Susdal, ohne jemals ihren Sohn, den Zarewitsch Alexei, wiederzusehen.

Louvois, Marquis de (1641–1691) Wenn Hugues de Lionne und Colbert neben anderen hervorragenden Ministern am Anfang der Regierungszeit Ludwigs XIV. die positiven Seiten seiner Politik verwirklichten, so blieb es François Michel Le Tellier, dem Sohn des Kanzlers Le Tellier, vorbehalten, die glänzende politische und militärische Lage Frankreichs durch brutale und erbarmungslose Feldzüge zu ruinieren. Die politische Karriere Louvois' wurde durch die Stellung seines Vaters, des späteren Staatssekretärs für das Kriegswesen, erleichtert. Louvois war unbeherrscht, ehrgeizig und gewalttätig, besaß aber hervorragende Organisationstalente. Leider entsprach seine politische Begabung in keiner Weise seiner Fähigkeit auf dem Gebiet der Verwaltung. Nachdem es Louvois gelungen war, Colbert aus seinen Staatsämtern zu verdrängen, wurde die französische Politik durch die unheilvollen Empfehlungen des Kriegsministers auf das schwerste geschädigt. Verschlimmert wurden seine Mißgriffe durch rücksichtslose und terroristische Unternehmungen. So gelang es dem Minister, den Ratspensionär der Vereinigten Niederlande, Heinsius, mit Frank-

(Sammlung Viollet)

Der Marquis von Louvois. Nationalbibliothek, Paris.

reich gründlich zu verfeinden, indem er ihm drohte, ihn in die Bastille zu sperren, obwohl er sich in diplomatischer Mission in Frankreich befand. Die grauenhaften Verwüstungen, die Louvois in Baden und in der Pfalz durch seine Dragoner vorsätzlich begehen ließ, blieben unvergessen. Die protestantische Bevölkerung Südfrankreichs mußte nach dem Widerruf des Ediktes von Nantes grausame Quälereien über sich ergehen lassen. Dagegen baute Louvois mit dem ihm gegebenen Organisationstalent die Armee Ludwigs XIV. zu einer Truppe aus, deren Kampfkraft in Europa gefürchtet war. Ihm hatte es der König zu verdanken, daß es ihm weitgehend gelang, einem Großteil des gegen ihn verbündeten Europa bis zum Spanischen Erbfolgekrieg die Stirn zu bieten. Louvois änderte vollständig die Aushebung der Truppen und schuf ein vom König abhängiges Offizierskorps. Er paßte die Heeresverwaltung den neuen Gegebenheiten an, stellte eigene Ingenieure ein, denen die Aufgabe zufiel, die Verteidigung von Festungen oder den Angriff auf feindliche befestigte Stellungen vorzubereiten, rüstete die Infanterie mit dem Bajonett aus und erreichte durch die Aufstellung einer Rangliste klare Befehlsverhältnisse. Die Truppen wurden regelmäßig besoldet und die Lebensbedingungen des einzelnen Soldaten genau überwacht. Jedes Regiment oder jeder sonstige selbständige Truppenteil erhielt vorschriftsmäßige Uniformen. Kasernen und Militärlazarette, zu denen auch das berühmte Hôtel des Invalides in Paris gehörte, wurden neu erbaut. Trotz dieser unablässigen Aktivität fiel der Minister am Ende seines Lebens in Ungnade, da er sich durch sein rücksichtsloses und willkürliches Vorgehen in der Umgebung des Königs unerbittliche Feinde gemacht hatte, an deren Spitze Madame de Maintenon stand.

Lublin Stadt in Ostpolen zwischen dem Mittellauf der Weichsel und dem Bug etwa 150 Kilometer südöstlich von Warschau. Die Stadt war der Schauplatz mehrerer Adelstage, zu deren wichtigsten derjenige von 1569 gehörte, der zur staatsrechtlichen Vereinigung von Polen und Litauen führte (Union von Lublin).

Ludwig XV. (1710–1774) Die tragische Reihe von Todesfällen, welche die letzten Jahre der Regierungszeit Ludwigs XIV. verdunkelten, verschonten nur den Herzog der Bretagne, das dritte und einzige überlebende Kind aus der Heirat des Herzogs von Burgund mit Maria Adelaide von Savoyen. Der Urenkel Ludwigs XIV. war erst fünf Jahre alt, als er die Nachfolge des Königs antrat. Die Staatsführung übernahm für ihn als Regent der ebenso prachtliebende wie leichtlebige Herzog Philipp von Orleans. Die Erziehung des jungen Königs lag in den Händen des Bischofs Fleury und des Marschalls de Villeroi. Der günstige Einfluß des Bischofs wurde leider

(Photo Giraudon)
Ludwig XV.,
von Maurice Quentin de La Tour.
Louvre, Paris.

durch die Oberflächlichkeit und Mittelmäßigkeit Villerois zunichte gemacht. Umgeben von devoter Ehrerbietung und gewohnt, daß alle seine Wünsche und Launen erfüllt wurden, wuchs Ludwig XV. in einer Atmosphäre der Sorglosigkeit und Ungezwungenheit auf. Diese Eindrücke übten aber einen nachteiligen Einfluß auf den verspielten und immer der ersten Eingebung folgenden Charakter des Königs aus, der anfangs beim Volk sehr beliebt war. Seine Regierungszeit endete jedoch in persönlicher und politischer Schande und allgemeiner Verachtung. Außer dem völligen Fehlen jeglichen Sinnes für politische Realitäten und seiner hemmungslosen Vergnügungssucht war Ludwig XV. nach dem Urteil seines fähigen Ministers Choiseul von Haus aus boshaft und nachtragend. Diese Launen wechselten ab mit seltsamen Perioden von geistiger Abwesenheit, Apathie und Melancholie. Trotz seiner Verschlossenheit und Unzugänglichkeit kannte der König jedoch Augenblicke, in denen ihm die wahren Probleme seines Reiches klar zum Bewußtsein kamen. Trotz dieser Erkenntnis reichte aber seine Energie niemals so weit, daß er die Maßnahmen er-

griffen hätte, welche die Lage des Landes erforderte. So stand es um den König, der Frankreich im 18. Jahrhundert »regierte«. Sein gesamtes Interesse war durch seine Geliebten in Anspruch genommen, er überließ daher die Regierungsgeschäfte seinen Ministern, zunächst von 1726 bis 1743 seinem ehemaligen Lehrer Fleury und dann der gefährlichen und ehrgeizigen Marquise de Pompadour, der offiziellen Mätresse des Königs, die sich zudem noch die Oberaufsicht über die Außenpolitik zum Ziele gesetzt hatte. Unter diesen Umständen war es unvermeidlich, daß es auf diplomatischem, politischem und militärischem Gebiet ununterbrochen zu den schlimmsten Fehlgriffen kam. Der Polnische und der Österreichische Erbfolgekrieg blieben ohne greifbare Ergebnisse, während die Konflikte während des letzten Drittels seiner Regierungszeit, wie der Siebenjährige Krieg und der englisch-französische Kolonialkrieg (1756–1763), nur Prestigeeinbußen, Zerstörungen und den Verlust eines Kolonialreiches zur Folge hatten, dessen wertvollste Teile Kanada und Indien darstellten. Der einzige Gebietszuwachs unter Ludwig XV. waren Lothringen und Korsika. Bei Lothringen handelte es sich um das durch Verhandlungen von den Habsburgern mittelbar abgetretene Erbe des früheren polnischen Königs Stanislaus Leszczynski, dem man Lothringen als Ersatz für den Verlust der polnischen Krone gegeben hatte. Korsika wurde zu einem günstigen Preis von Genua käuflich erworben. Der Ehe des Königs entsprossen zehn Kinder, davon waren acht Mädchen.

Ludwig XVI. (1754–1793) Sohn des im Jahre 1765 verstorbenen Sohnes von Ludwig XV. und der Maria Josepha von Sachsen. Ludwig XVI. trat im Jahre 1774 die Nachfolge seines Großvaters an. Der persönlich ehrenhafte, aber unbedeutende König war zwar durchaus in der Lage, gelegent- 169 lich eine kritische Situation zu erkennen, aber er war unfähig, seinen Willen durchzusetzen. Der König bezahlte mit seinem eigenen Kopf die politischen Fehler, die seine Vorgänger im Verlaufe von 150 Jahren begangen hatten. Die absolutistische Regierungsform war mit seiner schüchternen, verschlossenen und zurückhaltenden Persönlichkeit nicht vereinbar. Für ihn war die Königswürde häufig genug nur noch eine unerträgliche Last. Ludwig XVI. verfügte jedoch über bessere Ratgeber als sein Vorgänger, denn er besaß die Unterstützung hervorragender Politiker, wie Turgot, Graf Vergennes und der Schweizer Necker. Unglücklicherweise wollte aber der Adel um jeden Preis das sorglose Leben weiterführen, das unter Ludwig XV. die Regel gewesen war, und verschloß die Augen vor dem tiefgehenden Umbruch, der in Frankreich während des vorletzten Jahrzehnts des 18. Jahrhunderts vor sich ging. Viel zu spät und ohne Konsequenz begonnene, dann wiederholt abgebrochene Reformversuche vermochten den Zusammenbruch nicht aufzuhalten, dessen Symbol die Eroberung der Bastille, des Staatsgefängnisses, am 14. Juli 1789 wurde. An diesem Tage schrieb Ludwig XVI. in sein persönliches Tagebuch: »Nichts«. Der Verlauf der Revolution bestätigte die vollständige Unfähigkeit des Königs, eine gefährliche Lage energisch zu meistern. Er ließ sich durch die Launen der gefallsüchtigen Königin Marie-Antoinette, einer Tochter der Kaiserin Maria Theresia, beeinflussen, war schlecht beraten und in der Bevölkerung verhaßt. Er beging Fehler auf Fehler, bis schließlich seine schlecht vorbereitete Flucht in die habsburgischen Niederlande am 22. Juni 1791 vorzeitig in Varennes-en-Argonne mit einem kläglichen Fehlschlag endete. Am 10. August des folgenden Jahres wurde der König, der schon bis zu diesem Augenblick praktisch in den Tuilerien gefangengehalten wurde, mit seiner Familie im Temple (Staatsgefängnis) gefangengesetzt. Von dort aus sollte er vor das Revolutionstribunal treten. Obwohl der König von seinen Anwälten Tronchet, de Sèze und Malesherbes glänzend verteidigt wurde, verurteilte ihn der Nationalkonvent mit knapper Stimmenmehrheit zum Tode. Am 21. Januar 1793 stieg er auf das Schafott, schien aber bis zum letzten Augenblick überzeugt, daß er begnadigt werden würde. Frankreich wollte, nach einem Ausspruch Dantons, ganz Europa den Fehdehandschuh hinwerfen, indem es einen unglücklichen König hinrichtete, der eher das Opfer als der Verantwortliche eines morschen Regimes war.

Lully, Jean-Baptiste (1632–1687) Dieser Musiker wurde in Florenz geboren und kam im Gefolge des Chevalier de Guise nach Frankreich. Lully war zunächst Bedienter der Mademoiselle de Montpensier, die Nichte Ludwigs XIII., zeigte aber bald so viel musikalische Begabung, daß man ihm eine Stelle im Orchester der Prinzessin anbot. Der ehrgeizige, tatkräftige und unternehmungslustige Musiker fiel bald bei seiner Herrin in Ungnade, was ihn um so weniger beeindruckte, als es ihm

Jean-Baptiste Lully.

gelang, in das königliche Orchester in Versailles aufgenommen zu werden. Nachdem es ihm nicht ohne Schwierigkeiten geglückt war, Ludwig XIV. vorspielen zu dürfen, war seine Karriere gesichert. Lully spielte selbst Geige, Gitarre und Cembalo, außerdem komponierte er zahlreiche Ballettwerke und Kammermusikstücke. Seine Freundschaft mit Molière führte dazu, daß er die Musik zu den meisten Stücken des Dichters schrieb. Einige Opern, insbesondere »Alceste«, krönten ein weitgespanntes Werk, wofür Ludwig XIV. seinen Hofkomponisten mit der Ernennung zum königlichen Musikmeister belohnte.

Luxembourg, Marschall von (1628–1695) Sein Vater, Graf François de Montmorency-Bouteville, wurde auf Befehl Richelieus im Jahre 1627 hingerichtet, da er trotz des strikten königlichen Verbotes sich im Duell geschlagen hatte, so daß der junge François-Henri erst nach dem Tod seines

Ludwig XVI., von J.-S. Duplessis. Museum, Perpignan.

Vaters geboren wurde. Als Schützling des Herzogs von Condé trat er kaum großjährig in die Armee ein und nahm an den Feldzügen in Katalonien und später im Artois teil. Auch während der Fronde stand Montmorency-Bouteville an der Seite seines Gönners. Bei seiner Heirat mit der Prinzessin de Luxembourg im Jahre 1661 nahm er den Namen seiner Gemahlin an. Der nunmehrige Herzog kämpfte aber weiterhin in den Reihen der Armee von Condé. Erst 1672 im Feldzug gegen die Niederlande erhielt Luxembourg ein eigenes Kommando, das ihm drei Jahre später als Anerkennung seiner hervorragenden Begabung als Taktiker und Organisator den Titel eines Marschalls eintrug. Luxembourg verstand sich nicht mit Louvois und fiel daher für ziemlich lange Zeit in Ungnade. Erst 1688 trat er zur großen Begeisterung seiner Soldaten wieder in den aktiven Dienst. Großzügigkeit und Gerechtigkeit dieses großartigen Feldherrn verbargen sich hinter einer kränklichen und zu allem Überfluß noch buckligen Gestalt. Die soldatische Laufbahn des Marschalls wurde gekrönt durch die Schlachten von Fleurus im Jahre 1690, Steenkerken im Jahr 1692 und vor allem Neerwinden im darauffolgenden Jahr. Dieses war der letzte Sieg seiner Laufbahn.

Maastricht Stadt im Südosten der Niederlande etwa 30 Kilometer nördlich von Lüttich an der Maas. Der heutige Verwaltungssitz der niederländischen Provinz Limburg war bis zum Jahre 1871 eine wegen der Bedeutung ihrer Verteidigungsanlagen berühmte Festung.

Maintenon Ortschaft im Tal der Eure etwa 20 Kilometer nordöstlich von Chartres. Das im 16. Jahrhundert erbaute Schloß wurde im Jahre 1674 Besitz eines Marquisats, das Françoise d'Aubigné als Marquise de Maintenon übertragen wurde.

Maintenon, Madame de Siehe Scarron.

Malplaquet Kleine Ortschaft in Nordfrankreich in unmittelbarer Nähe der französisch-belgischen Grenze etwa 10 Kilometer nordwestlich von Maubeuge.

Mancini, Olympia (1639–1708) Tochter von Michele Lorenzo Mancini und Girolama Mazarini, der Schwester des Kardinals Mazarin. Olympia Mancini galt allgemein als sehr ehrgeizig. Da sie durch ihren Onkel Zugang zur unmittelbaren Umgebung Ludwigs XIV. besaß, glaubte sie, den König für sich gewinnen zu können. Diese Hoffnung wurde jedoch ebenso wie die ihrer Schwester Maria enttäuscht. Olympia heiratete im Jahre 1657 Eugen Moritz von Savoyen-Carignan, dem Mazarin den Titel eines Grafen von Soissons verlieh. Als sie im Zusammenhang mit der »Giftaffäre« der Mitwisserschaft bezichtigt wurde, reagierte sie auf diese beleidigende und verleumderische Anschuldigung, indem sie in die Niederlande und später ins Reich floh. In ihrer Ehe mit Eugen Moritz von Savoyen-Carignan wurden ihr acht Kinder geboren, zu denen Prinz Eugen, der spätere Oberkommandierende der kaiserlichen Armee, gehörte.

Mannheim Heutige Großstadt im Südwesten Deutschlands, die am Anfang des 17. Jahrhunderts vom pfälzischen Kurfürsten Friedrich IV. an der Mündung des Neckars in den Rhein gegründet wurde und als Residenzstadt die Nachfolge Heidelbergs antrat. Das Stadtgebiet liegt auf dem rechten Rheinufer.

Margarete Theresia von Spanien (1651–1673) Tochter aus der zweiten Ehe des spanischen Königs Philipp IV. mit Maria Anna von Österreich, der Tochter des Kaisers Ferdinand III. Margarete Theresia heiratete am 12. Dezember 1666 ihren Onkel Leopold I. Vor ihrem Tode übertrug

die Königin ihrem Gemahl ihre Rechte auf das Erbe ihres jüngeren Bruders Karl II. von Spanien.

Maria II. Stuart (1662–1694) Tochter König Jakobs II. von England und seiner ersten Gemahlin Anne Hyde. Maria heiratete im Jahre 1677 Wilhelm III. von Oranien. Diese Ehe erwies sich als so glücklich, daß Maria gegen ihren eigenen Vater im Jahre 1688 während des Aufstandes des englischen Volkes die Partei ihres Gemahls ergriff. Sie verzichtete kurz darauf zugunsten Wilhelms III. auf ihre gesamten Rechte und machte ihn auf diese Weise zum alleinigen Herrscher über England und die Vereinigten Niederlande.

Maria Adelaide (1685–1712) Tochter des Herzogs Viktor Amadeus II. von Savoyen und der Anna von Orleans, einer Nichte Ludwigs XIV. Maria Adelaide kam zur Vollendung ihrer Erziehung im Jahre 1696 nach Frankreich. Im folgenden Jahre heiratete sie den Thronfolger Herzog Ludwig von Burgund, den Enkel Ludwigs XIV. Die lebhafte und unkomplizierte junge Prinzessin paßte sich zur großen Befriedigung des Königs, der in ihr die zukünftige Königin von Frankreich erblickte, ohne Schwierigkeiten dem Leben am Hof von Versailles an. Im Jahre 1712 verstarb die Kronprinzessin jedoch unerwartet an den Folgen einer ansteckenden Krankheit. Von ihren drei Kindern überlebte nur der jüngste Sohn, der spätere Ludwig XV.

Maria Theresia von Spanien (1638–1683) Achtes und einziges lebendes Kind aus der ersten Ehe Philipps IV. von Spanien mit Elisabeth von Frankreich, einer Tochter Heinrichs IV. Die Infantin Maria Theresia heiratete Ludwig XIV. am 9. Juni 1660 in Saint-Jean-de-Luz. Der König erwies seiner jungen Gemahlin alle ihrem Stande zukommenden Ehren, aber sie spielte niemals die

171

*Maria Theresia von Spanien,
Nationalbibliothek, Paris.*

geringste Rolle in der Politik ihres neuen Vaterlandes. Sie war sehr religiös und verbrachte ihr Leben ausschließlich in der Gesellschaft ihrer Ehrendamen. Außerdem hielt sie sich eine regelrechte Meute an Hunden, für die sie eigens Diener eingestellt hatte. Für ihre Zerstreuung sorgte daneben ein ganzer Trupp von Hofnarren. Ihrer Ehe entstammten sechs Kinder, aber nur der älteste Sohn, der Kronprinz Ludwig, der Vater des Herzogs von Burgund und Großvater Ludwigs XV., überlebte.

Marlborough, Herzog von (1650–1722) John Churchill war der Freund und Günstling Jakobs II. von England, des Geliebten seiner Schwester Arabella. Er blieb seinem König treu, bis die religiöse Intoleranz Jakobs II. ihn veranlaßte, in das Lager Wilhelms III. von Oranien überzugehen, den er auch 1688 nach England rief. Churchill wurde zunächst mit dem Titel eines Grafen von Marlborough belohnt und kommandierte wiederholt britische Armeen in den Niederlanden und später in Irland. Im Jahre 1702 wurde er zum Herzog ernannt, aber erst im Spanischen Erbfolgekrieg zeigte er das ganze Ausmaß seiner militärischen Begabung. Als Oberkommandierender der verbündeten englischen

und kaiserlichen Truppen in den Niederlanden und in Deutschland zeichnete sich der Herzog von 1704 bis 1709 bei Höchstädt, Blindheim (Blenheim), Ramillies, Oudenaarde (Audenarde) und schließlich bei Malplaquet aus. Seine Popularität übertraf in England sogar diejenige der Königin Anna und ihres Nachfolgers Georg I. Er wurde wegen seiner Verdienste immer wieder ausgezeichnet, aber nach den Friedensschlüssen von 1713 und 1714 von allen hohen militärischen und politischen Ämtern ausgeschlossen. Der Grund dieses Verhaltens der englischen Krone war in der Tatsache zu suchen, daß der mächtige und angesehene Herzog allgemein den Ruf eines Opportunisten genoß. Das ungeheure Vermögen, das er sich auf nicht immer einwandfreie Weise erworben hatte, war allerdings auch kaum geeignet, diesen Verdacht zu zerstreuen.

*John Churchill,
Herzog von Marlborough.*

Marly Ort in der weiteren Umgebung westlich von Paris am linken Seineufer zwischen Saint-Germain-en-Laye und Versailles. Zur Zeit Ludwigs XIV. beförderte ein Hebewerk das Wasser aus der Seine nach Versailles, mit dem der Park dieses Schlosses und von Trianon versorgt wurde. In Marly errichtete Mansart ein Schloß, das während der

Revolution von 1789 schwer in Mitleidenschaft gezogen wurde.

Marston Moor Ortschaft in der Umgebung der Stadt York in Nordengland.

Massillon, Jean-Baptiste (1663–1742) Er wurde in Hyères in Südfrankreich geboren, von den Oratorianern erzogen, studierte dann Theologie und zeigte schon früh eine ungewöhnliche Redner-

Jean-Baptiste Massillon.

gabe. 1692 wurde er zum Priester geweiht und wirkte zunächst in der Gegend von Lyon. Nachdem er lange aus eigenem Entschluß zurückgezogen gelebt hatte, kam er nach Paris und Versailles und begeisterte Ludwig XIV. durch seine mitreißende Beredsamkeit. Zu dieser Zeit, am Anfang des 18. Jahrhunderts, ging die Karriere des nicht weniger berühmten Redners Bourdaloue zu Ende, und Massillon wurde dessen Nachfolger. Er war nicht nur ein hervorragender Prediger, sondern ein ebenso guter Seelsorger. Nach der Leichenrede für den Kronprinzen im Jahre 1711 war vor allem die Ansprache beim Begräbnis Ludwigs XIV. ein Meisterwerk; sie gipfelte in einem Aufruf zur Demut. Massillon wurde im Jahre 1717 zum Bischof von Clermont-Ferrand ernannt und drei Jahre später zum Mitglied der Académie française gewählt.

Maubeuge Stadt in Nordfrankreich an der Sambre, etwa 10 Kilometer von der belgischen Grenze entfernt. Maubeuge wurde im Mittelalter gegründet und kam durch die Friedensschlüsse von Nimwegen in den Jahren 1678 und 1679 unter Ludwig XIV. zu Frankreich. Durch die von Vauban errichteten Ummauerungen galt die Stadt Maubeuge bis zum Jahre 1914 als starke Festung.

Mazeppa, Iwan (1644–1709) Sohn einer angesehenen weißrussischen Familie. Als Diener am polnischen Hof erlebte er ein Abenteuer, das beinahe einen tragischen Ausgang genommen hätte. Mazeppa wurde als Strafe auf ein Pferd gebunden und in der Steppe seinem Schicksal überlassen. Das Pferd trug seinen unfreiwilligen Reiter in ein Kosakenlager, wo der junge Mann gastfreundlich aufgenommen wurde. Wegen seiner Führereigenschaften wurde er im Jahre 1687 zum Hetman dieser Kosaken gewählt. Mazeppa trat in die Dienste Peters des Großen und fiel durch seine Tapferkeit im Feldzug gegen die Krimtataren, gegen die Türken und schließlich gegen die schwedischen Truppen König Karls XII. auf. Im Jahre 1708 ergriff er unverständlicherweise die Waffen gegen den Zaren, der ihm wohl gesinnt war, kämpfte mit einigen Tausenden seiner getreuen Anhänger auf der Seite der Schweden und wurde in die Katastrophe von Poltawa hineingezogen. Mazeppa suchte in der bessarabischen Steppe südlich von Odessa Schutz. Als er sich auch an diesem letzten Zufluchtsort gleichzeitig von Russen und Türken bedroht sah, machte er seinem Leben ein Ende.

Meudon Stadt im Südwesten der weiteren Umgebung von Paris, etwa halbwegs zwischen der Hauptstadt und Versailles gelegen. Ein von Philibert Delorme in der zweiten Hälfte des 16. Jahrhunderts erbautes Schloß wurde hundert Jahre später von Ludwig XIV. erworben und seinem Sohn, dem Grand Dauphin, zur Benutzung überlassen.

Menorca (Minorca) Baleareninsel im äußersten Nordosten der Gruppe. Menorca ist nach Mallorca die zweitgrößte der vier Balearinseln. Sie wurde von 1713 bis 1782 von England besetzt und kam 1783 durch den Frieden von Versailles nach dem nordamerikanischen Freiheitskrieg wieder zu Spanien.

Mohammed IV. (1642–1692) Er folgte im Jahre 1648 auf seinen Vater Ibrahim I. Die Janitscharen und die hohen Beamten benutzten sein geringes Alter, um sich mit allen Mitteln zu bereichern und sich Auszeichnungen und Ämter anzueignen. Diese Lage dauerte bis zum Jahre 1656, als die Großmutter des jungen Sultans, welche die Regentschaft führte, den selbstherrlichen, aber energischen Mohammed Köprülü um seine Hilfe bat. Nach seiner Ernennung zum Großwesir machte Köprülü der Anarchie ein Ende und stellte das Ansehen des Osmanenreiches wieder her, indem er die Venezianer aus dem Ägäischen Meer vertrieb und den Vormarsch der kaiserlichen Truppen an der mittleren Donau zum Stehen brachte. Mohammed IV. übertrug Köprülü die unumschränkte Vollmacht und gab seine Einwilligung, daß das Amt des Großwesirs zum ersten Male in der Geschichte des türkischen Reiches vom Vater auf den Sohn vererbt wurde. Als Großwesir folgte 1661 Achmed auf seinen Vater Mohammed Köprülü. Nach ihm ging das Großwesirat 1676 auf einen anderen Angehörigen der Dynastie Köprülü namens Kara Mustafa über. In diesem Falle wurde jedoch das Vertrauen des Sultans enttäuscht, denn der neue Großwesir erlitt einen Fehlschlag nach dem anderen. Im Jahre 1683 wurde er vor Wien von einem kaiserlichen Entsatzheer vernichtend geschlagen. Nach dieser Niederlage mußte er Ungarn räumen und verlor Dalmatien sowie einen Teil des Peloponnes. Die Verbitterung der Janitscharen fiel auf den Sultan zurück. Im Jahre 1687 wurde er durch eine Palastrevolution gestürzt und durch seinen Bruder Suleiman III. ersetzt.

Molière (1622–1673) Er war der Sohn eines in Paris ansässigen Dekorateurs, der später in königliche Dienste trat. Jean-Baptiste Poquelin sollte nach dem Wunsch seines Vaters den gleichen Beruf ergreifen und erlernte daher die Teppichweberei. Der junge Mann zog es jedoch vor, den fahrenden Schauspielern und Musikern zuzuschauen, an denen es in dem Stadtviertel, das die Familie Poquelin bewohnte, am heutigen Großmarkt, nicht fehlte. Das Theater übte eine unwiderstehliche Anziehungskraft auf ihn aus. Sein größtes Vergnügen bestand darin, die Schauspieler des Hôtel de Bourgogne zu bewundern. Im Alter von zwanzig Jahren stand der vom Theaterfieber erfaßte Poquelin zum erstenmal auf den Brettern, die ihm die Welt bedeuteten. Zwei Jahre später nahm er den Künstlernamen Molière an und lebte mehrere Jahre in ärmlichen Verhältnissen. Schließlich suchte er um 1646 sein Glück in der Provinz als Leiter einer der Wanderbühnen, die er als Kind so sehr bewundert hatte. Dieses unstete Leben zwischen Erfolgen und Fehlschlägen, Hoffnungen und Enttäuschungen, Versprechungen und Absagen dauerte ungefähr zwölf Jahre. Schließlich brachte ihm die Rückkehr zu seinem Ausgangspunkt Paris den Erfolg. 1658 hatte die Truppe die Gelegenheit, im Louvre vor Ludwig XIV. aufzutreten. Der Erfolg war derart groß, daß Molière von diesem Augenblick an zu den wichtigsten Persönlichkeiten des Pariser Theaterlebens gehörte und in das Ensemble des Bruders des Königs aufgenommen wurde. Bis zu diesem Zeitpunkt hatte Molière als Schauspieler und Autor in der Provinz unter anderen Erfolgsstücken nur »Der Unbesonnene« 173

Molière, von Houdon.
Museum von Versailles.

(Sammlung Viollet)

und »Liebesverdruß« aufgeführt. Nun konnte er seiner Phantasie die Zügel schießen lassen und errang 1659 sofort einen Erfolg mit den »Lächerlichen Preziösen« »Précieuses ridicules« und im darauffolgenden Jahr mit »Sganarelle«. 1665 verlieh Ludwig XIV., der den Schauspieler bewunderte, dem Ensemble Molière gleich demjenigen des Hôtel de Bourgogne, von dem der junge Molière so oft geträumt hatte, den Titel einer königlichen Schauspieltruppe. Jedes Jahr erschienen neue Komödien, die Weltruf erringen sollten. Hierzu gehören unter vielen anderen »Die Schule der Frauen« (1662), »Die erzwungene Heirat« (1664), »Der Menschenfeind« und »Der Arzt wider Willen« (1666), »Der Geizige« (1668), »Tartuffe« (1669), »Der Bürger als Edelmann« (1670), »Die gelehrten Frauen« (1672), »Der eingebildete Kranke« (1673). In der Hauptrolle dieses letzten Stückes starb Molière am 17. Februar 1673 auf der Bühne als ein Mensch, dessen ganzes Leben nur dem Theater und seinem Publikum gehört hatte. Die Befriedigung dieser Leidenschaft war der Trost eines Einsamen, der sich von Kindheit an für die menschliche Komödie auf der Straße, in den Salons und am Hof brennend interessiert hatte. Mit

einem Einfallsreichtum, der seinesgleichen sucht, entwarf Molière das Bild der Gesellschaft seiner Zeit. Als Beobachter menschlicher Gefühle und Leidenschaften war er gleichzeitig Moralist. In den Komödien Molières verurteilen seine Personen sich selbst oder ihre Gesellschaftsschicht, und zwar durch die wirksamste und unerbittlichste aller Waffen, die Lächerlichkeit. Das Verdienst Molières ist groß, und sowohl seine Zeitgenossen als auch die Nachwelt haben dies erkannt. Das Ensemble Molières bildete von 1680 an die Comédie-Française.

Monk, George (1608–1670) Sohn eines kleinen Bürgers aus der Grafschaft Devon. George Monk wählte die Offizierslaufbahn und nahm an den wichtigsten Feldzügen Karls I. wie 1625 nach Cádiz, zwei Jahre später vor La Rochelle und schließlich nach Irland teil. Nach 1646 unterstützte er den Kampf des Parlaments gegen die Willkürherrschaft des Königs, bevor er endgültig zur Partei Cromwells übertrat. Nach dem Tode des Diktators nahm der General gegenüber dessen Sohn Richard eine abwartende Haltung ein und sprach sich schließlich im Jahre 1660 für die Wiederherstellung des Stuartkönigtums und die Rückberufung Karls II. aus. Monk wurde mehrfach ausgezeichnet, unter anderem mit dem Titel eines Generalkapitäns, eines Peers von England und schließlich

George Monk, von Samuel Cooper.

(Photo Editions Rencontre)

mit seiner Ernennung zum Herzog von Albemarle. Monk blieb bis zum Jahre 1667, vor allem als Gouverneur von Irland, im aktiven Dienst und nahm am Seekrieg gegen die Niederlande teil.

Montecuccoli, Graf (1609–1680) Die militärische Laufbahn des aus der Gegend von Modena stammenden gebürtigen Italieners war eine der glänzendsten in der gesamten kaiserlichen Armee. Raimondo Montecuccoli war als einfacher Soldat im Alter von sechzehn Jahren eingetreten und wurde kaum zehn Jahre später zum Offizier, dann zum Oberst und schließlich zum General befördert. Im Jahre 1642 erhielt er den Oberbefehl über eine Armee, mit der er im Dreißigjährigen Krieg mit wechselndem Erfolg den Schweden gegenübertrat. Als Montecuccoli mit 48 Jahren zum Feldmarschall befördert wurde, rechtfertigte er diese ehrenvolle Auszeichnung, indem er im Jahre 1664 die Türken bei Sankt Gotthard an der Raab vernichtend schlug. Während der Feldzüge des niederländischen Krieges bewährte er sich gegen Turenne und später auch gegen Condé in der Pfalz, im Elsaß und in Baden. 1679 wurde er Reichsfürst und Herzog von Melfi. Er war ein bedeutender Militärschriftsteller seiner Zeit.

Montespan, Madame de (1640–1707) Tochter des Herzogs von Mortemart, Gabriel de Rochechouart. Françoise-Athénais de Rochechouart wurde im Jahre 1660 in Versailles Ehrendame der Herzogin von Orleans, der Schwägerin des Königs Ludwig XIV. Sie war ehrgeizig und machthungrig. Der Titel einer Marquise de Montespan, den sie durch ihre Heirat im Jahre 1663 erhielt, befriedigte ihre Ambitionen nicht. Fünf Jahre später nahm sie den Platz der Mademoiselle de La Vallière als Mätresse des Königs ein. Sie benutzte diese Stellung, um für sich und ihre Familienmitglieder Titel, materielle Vorteile und ehrenvolle

(Photo Editions Rencontre)
Madame de Montespan, von Franque.

Auszeichnungen zu erwerben. Während ihrer fast zehnjährigen Verbindung mit dem König gebar sie acht Kinder, die der König adoptierte, von denen aber nur sechs überlebten. Als Madame de Montespan sich auf dem Gipfel ihrer Macht glaubte, wurden ihr anmaßendes Wesen und ihre Ansprüche unerträglich. Der König wurde ihrer Launen um so eher überdrüssig, als Madame de Maintenon im Hintergrund mit der Unterstützung Bossuets gegen sie intrigierte. Im Jahre 1679 zog sie sich die Ungnade des Königs zu, und zwölf Jahre später verließ sie bei Nacht und Nebel Versailles, um einsam und verlassen in Bourbon-l'Archambault in der Provinz Bourbonnais ihren Lebensabend zu verbringen.

Murad IV. Nachfolger Mustafas I. Murad IV. regierte das türkische Reich von 1623 bis 1640. Die Absetzung seines Vorgängers und die Hinrichtung Osmans II. hatten ihm den Weg zur Macht gebahnt. Dieser erste Erfolg veranlaßte ihn, bei seinen brutalen Methoden zu bleiben. Der despotische, grausame und ewig auf der Hut vor Verschwörungen lebende Sultan baute seine Autorität auf Gewalt und Terror auf. Außer Ibrahim, der von einer der Palastdamen gerettet wurde, ließ er alle seine Brüder ermorden. Der wenig erfolgreiche Kampf Murads gegen die Perser enttäuschte Janitscharen und Wesire, so daß sie den

Tod des Sultans mit Erleichterung aufnahmen. Ibrahim, sein einziger überlebender Bruder, wurde sein Nachfolger.

Mustafa I. (1591–1639) Zweiter Sohn des Sultans Mohammed III. Mustafa wurde 1617 der Nachfolger seines älteren Bruders Ahmed I. Nachdem er nur wenige Monate regiert hatte, wurde er von seinem Neffen Osman II. gestürzt. 1622 kam es nach einem Abkommen zwischen Janitscharen und Wesiren zu einer Palastrevolution, die mit der Hinrichtung des Usurpators endete. Mustafa wurde wieder in seine Rechte eingesetzt, beging aber den Fehler, die Regierung einem unfähigen Günstling zu überlassen. Die Janitscharen griffen nochmals ein und setzten den Sultan ab. Murad IV., sein Nachfolger, benutzte seinen Erfolg, um ihn bis zu seinem Tode gefangenzuhalten.

Narwa (Narva)   Stadt in der heutigen Sowjetrepublik Estland an der Narwa, dem Ausfluß des Peipussees in den Finnischen Meerbusen. Narwa wurde im ersten Viertel des 13. Jahrhunderts von skandinavischen Seeleuten gegründet. Da die Stadt nur einige Kilometer südlich der Küste des Finnischen Meerbusens liegt, entwickelte sie sich schnell zu einer Handels- und Hafenstadt. Sie gehörte nacheinander zu Dänemark, dem Deutschritterorden und Schweden, bis sie schließlich samt ihrer Umgebung am Anfang des 18. Jahrhunderts von Peter dem Großen erobert wurde.

Naryschkina, Natalja (1651–1694) Zweite Gemahlin (1671) des Zaren Alexei I. Natalja Naryschkina entstammte einer Familie von niederem Adel. Als sie im Jahre 1670 im Kreml eintraf, brachte sie Fröhlichkeit und Lebensfreude mit, Eigenschaften, die in der Umgebung des Zaren nahezu unbekannt waren. Die Familie der verstorbenen Zarin Maria Miloslawskaja bekämpfte den wachsenden Einfluß der rivalisierenden

Naryschkins, und das ganze Leben Nataljas stand unter dem Vorzeichen des unablässigen Kampfes dieser beiden Familienverbände. Nach dem Tode des Zaren im Januar des Jahres 1676 wurde Natalja mit ihrem kleinen Sohn Peter, dem späteren Peter dem Großen, vom Hof verbannt. Als der junge Zar jedoch in der Person der Regentin Sofija (Sophie) an der ganzen Familie Miloslawski Rache genommen hatte, erhielt Natalja ihre rechtmäßige Stellung wieder. Obwohl der Zar noch sehr jung war, gehorchte er seiner Mutter nicht mehr. Die Hemmungslosigkeit, die Leidenschaftlichkeit und die Maßlosigkeit der Pläne und Ziele Peters erschreckten sie. Um den unausgeglichenen Charakter des Zaren zu mäßigen und ihn an Verantwortungsgefühl zu gewöhnen, ebnete Natalja den Weg für die Heirat ihres Sohnes mit der sanften und schüchternen Jewdokija (Eudoxia) Lopuchina aus einer einflußreichen Familie. Die Rechnung der Mutter des Zaren ging jedoch nicht auf. Natalja litt mit ihrer unglücklichen Schwiegertochter und versuchte mit allen Mitteln, deren Einsamkeit und Verzweiflung zu lindern, indem sie ihr die Zärtlichkeit entgegenbrachte, die sie ihrem Sohne nicht mehr schenken konnte. Die Mutter des Zaren starb am 25. Januar 1694. Drei Tage lang trauerte Peter der Große voll Verzweiflung um sie und ertränkte dann entschlossen seinen Kummer in gewohnter Weise in einer gewaltigen Trunkorgie.

Naseby   Ortschaft in der mittelenglischen Grafschaft Northampton etwa 50 Kilometer östlich von Birmingham.

Neerwinden   Kleines belgisches Dorf an der Grenze zwischen den Provinzen Limburg und Lüttich, etwa 30 Kilometer westlich der Stadt Lüttich.

Neuschottland (Akadien) Halbinsel Ostkanadas. Ihr Verwal-   **175**

tungssitz ist die Hafenstadt Halifax. Zusammen mit der Gegend um Quebec war Neuschottland eines der wichtigsten französischen Siedlungsgebiete in Kanada zur Zeit Samuel de Champlains. Diese Kolonien blieben französischer Besitz bis zum Vertrag von Utrecht im Jahre 1713. Nach der Besitzergreifung durch Großbritannien wanderte ein Teil der französischsprachigen Bevölkerung nach Louisiana aus.

New York Die größte Stadt der Vereinigten Staaten von Nordamerika liegt zwischen dem Hudson und dem East River und auf der Halbinsel Long Island, die in den Atlantischen Ozean hineinragt. Der Seefahrer Verazzano entdeckte den Hudson im ersten Viertel des 16. Jahrhunderts auf einer Forschungsfahrt im Auftrag des französischen Königs Franz I. Anfang des 17. Jahrhunderts kauften niederländische Siedler von den Indianern das Land zwischen Hudson und East River und gründeten eine kleine Stadt, die sie Neu-Amsterdam nannten. Die Engländer eroberten dieses Gebiet im Jahre 1664 und gaben ihm seinen heutigen Namen. Von diesem Augenblick an fiel die Geschichte New Yorks mit derjenigen der übrigen englischen Besitzungen in Nordostamerika zusammen.

Nikon (1605–1681) Er war der Sohn eines Bauern aus der Umgebung von Nischwi-Nowgorod (heute Gorki). Nach dem Tode seiner beiden Kinder trat er in einen Mönchsorden ein. Zar Alexei befreundete sich mit dem Mönch Nikon und machte ihn bald zum Metropoliten von Nowgorod, wo er schnell durch seine Mildtätigkeit bekannt wurde. Im Jahre 1652 übernahm Nikon die Nachfolge des Patriarchen Joseph. In diesem Amt entfaltete der Schützling des Zaren seine ganzen Fähigkeiten und wandte sich besonders der Erneuerung des Klerus zu. In seiner Starrköpfigkeit und Herrschsucht betrachtete der

Patriarch die Reform der Liturgie als sein Lebenswerk, schoß dabei jedoch weit über das Ziel hinaus. Nikon ließ zum Beispiel die Ikonen aus den Kirchen entfernen, weil die Gotteshäuser angeblich durch die Malereien entweiht würden, da diese Kunst, wie er sagte, ausländischen Ursprungs sei. Bilder wurden zerrissen oder beschädigt. Diese Zerstörungswut griff auch auf viele kirchliche Bauwerke über, in denen die religiöse Kunst Rußlands dieser Zeit einen wundervollen Ausdruck gefunden hatte. Die Ausschreitungen führten zu einer Reaktion, die den Bruch zwischen Traditionalisten und Neuerern zur Folge hatte. Die große Mehrheit der Bevölkerung blieb dem vertrauten Ritus der althergebrachten Richtung treu. So kam es zum Zusammenstoß zwischen den Altgläubigen und den Reformwilligen. Zar Alexei wurde bald der Streitigkeiten überdrüssig, entzog Nikon, den er für die religiösen Wirren verantwortlich machte, 1666 sein Vertrauen und gab ihm den Befehl, sich in ein Kloster zurückzuziehen.

Noailles, Herzog von (1650–1708) Der Graf von Ayen nahm an der Spitze seines eigenen Regimentes und später als Brigadegeneral unter Ludwig XIV. am niederländischen Feldzug teil. Anne-Jules de Noailles erbte den Herzogstitel im Jahre 1678. Als Gouverneur des Roussillon und 1681 des Languedoc ging er mit rücksichtsloser Brutalität gegen die protestantische Bevölkerung vor und wandte als erster gegen diese das berüchtigte System der »Dragonaden« an, das in allen Dörfern Furcht und Schrecken verbreitete und zu einer großen Zahl erzwungener Übertritte zum Katholizismus führte. Zwölf Jahre später erhielt Noailles den Marschallstab und übernahm ein Kommando im Osten der Pyrenäenfront. Seine hervorragenden militärischen Leistungen veranlaßten Ludwig XIV., ihn seinem Enkel, dem jungen spanischen König Philipp V., als Berater zur Seite zu geben.

Nordbrabant Teil der Vereinigten Niederlande, der im Westen von Seeland, im Norden von der Maas und im Osten von Limburg begrenzt wird. Diese Provinz mit dem Verwaltungssitz Herzogenbusch ('s-Hertogenbosch) bildet heute den Süden des Königreichs der Niederlande.

Nystad Von den Schweden am Anfang des 17. Jahrhunderts gegründete Stadt im heutigen Finnland. Nystad liegt am Bottnischen Meerbusen nicht weit von der Hafenstadt Turku und etwa 200 Kilometer in westlicher Richtung von Helsinki entfernt.

Ochotskisches Meer Teil des Pazifischen Ozeans. Es wird im Süden durch die Insel Sachalin und die Kurilen, im Osten durch die Halbinsel Kamtschatka und im Norden durch die vom Kolymagebirge überragte sibirische Küste begrenzt.

Oldenbarnevelt, Jan van (1547–1619) Ratspensionär der Vereinigten Niederlande. Oldenbarnevelt zeigte als Staatsmann sowohl auf religiösem als auch auf politischem Gebiet eine große Duldsamkeit. Auf seine Veranlassung wurde der Status des Statthalters ständig den jeweiligen Gegebenheiten der Generalstaaten ange-

(Photo Editions Rencontre)

Jan van Oldenbarnevelt.
Rijksmuseum, Amsterdam.

paßt. Das Ziel dieser Bestrebungen war, die Möglichkeit auszuschließen, daß die gesamte Macht im Staat in die Hände eines einzigen Mannes fallen könne. Als die Spanier im Jahre 1609 einen zwölfjährigen Waffenstillstand unterzeichneten, empfahl der Ratspensionär eine Politik der Verständigungsbereitschaft. Diese Haltung mißbilligten jedoch die Anhänger des Statthalters Moritz von Nassau-Oranien, der Oldenbarnevelt sowohl wegen seiner religiösen Anschauungen als auch wegen seiner gemäßigten Politik bekämpfte. Nachdem die Synode von Dordrecht im Jahre 1619 den auch von dem Ratspensionär vertretenen Arminianismus verurteilt hatte, wurde Oldenbarnevelt zum Tode verurteilt und hingerichtet.

Orleans, Herzog von (1674–1723) Sohn des Herzogs Philipp von Orleans und seiner zweiten Gemahlin Elisabeth Charlotte von der Pfalz. Der Knabe wurde nach seinem Vater Philipp genannt. Er trug zunächst bis zum Tode seines Vaters, des jüngeren Bruders Ludwigs XIV., im Jahre 1701 den Titel eines Herzogs von Chartres. Seine Jugend verbrachte er in der Armee und bei ausschweifenden Gelagen. Er genoß daher gleichzeitig den Ruf eines guten Soldaten und eines angenehmen Gesellschafters. Nachdem die Nachfolge Ludwigs XIV. durch eine Reihe tragischer Todesfälle in Frage gestellt schien, wurde Philipp von Orleans als sein Neffe zum Regenten für den noch minderjährigen Thronfolger Ludwig bestimmt. Unmittelbar nach dem Tode des Königs ließ der Herzog von Orleans dessen Testament für ungültig erklären und durch eine Fassung ersetzen, die ihm sehr weitgehende Vollmachten zusprach. Seine von 1715 bis 1723 dauernde Regentschaft ist in die Geschichte als eine Zeit prunkvoller Feste, aber auch des Niedergangs in der Politik, in der Verwaltung und in der Moral, an dem der Herzog selbst weitgehend beteiligt war, eingegangen. Der

(Sammlung Viollet)

Philipp II. von Orléans nach Hyacinthe Rigaud.

Zwang, den Ludwig XIV. ausgeübt hatte, und die niederdrückende Atmosphäre der letzten Jahre seiner Regierungszeit führten dazu, daß Adel und hohe Gesellschaftskreise in Vergnügungen und Zerstreuung Abstand von den großen Schwierigkeiten suchten, die Frankreich bedrückten. Das Land war durch fünfzig Jahre fast ununterbrochener Kriegführung verarmt und stand am Rande des finanziellen Ruins und einer katastrophalen wirtschaftlichen Krise. Um wieder Ordnung in die Verwaltung zu bringen, versuchte der Regent auf den Rat mehr oder weniger sachkundiger Höflinge durch die Abschaffung der Staatssekretäre und die Einrichtung von Regentschaftsräten Wandel zu schaffen. Nach dem Fehlschlagen dieser Maßnahme wurden diese 1718 wieder aufgelöst. Sofort ver-

schlimmerte sich ein anderes Übel, nämlich die Staatsverschuldung, die von den Verantwortlichen auf zwei bis zwölf Milliarden beziffert wurde. Der schottische Wirtschaftstheoretiker John Law schlug dem Regenten die Einführung des Papiergeldes vor, das aber durch Spekulationen sehr schnell entwertet wurde und schließlich zum völligen Staatsbankrott führte. Auf außenpolitischem Gebiet folgte Philipp von Orleans den Ratschlägen seines ehemaligen Lehrers, des Kardinals Dubois, den er später zum Ersten Minister ernannte. Der Regent mißtraute der von Ludwig XIV. aufgebauten Allianz mit Spanien und zog es vor, sich mit England und den Vereinigten Niederlanden zu verständigen. Diese außenpolitische Tendenz führte zu der Verschwörung gegen den Regenten unter der Führung des spanischen Gesandten Cellamare im Jahre 1718. Wegen seiner Zügellosigkeit, seiner Sprunghaftigkeit und seiner unmäßigen Ausgaben in einem Augenblick, in dem strikte Sparsamkeit angebracht gewesen wäre, kann der Regent allenfalls als liebenswürdiger Mensch gelten; es fehlte ihm aber jede Willenskraft und politischer Instinkt.

Orleans, Herzogin von (1652–1722) Tochter des Kurfürsten Karl Ludwig von der Pfalz. Elisabeth Charlotte (Liselotte von der Pfalz) war die zweite Gemahlin Philipps von Orleans, des jüngeren Bruders Ludwigs XIV. Wenn es der Prinzessin auch an Schönheit und überragender Intelligenz fehlte, so besaß sie doch einen gewissen Liebreiz, viel gesunden Menschenverstand und einen offenen und festen Charakter, den Ludwig XIV. zu schätzen wußte. Trotz des zweifelhaften Lebenswandels ihres Gemahls bewahrte die Herzogin, die von ihren Vertrauten Liselotte genannt wurde, stets eine würdige Haltung, ließ sich aber manchmal zu groben, aber treffenden Ausdrücken hinreißen, mit denen sie die Zügellosigkeit des Hoflebens in Versailles geißelte. Die zweite Gemahlin des Herzogs von Orleans wurde von der überzüchteten Gesellschaft in Versailles viel belächelt, um so mehr als ihr gesunder Appetit und ihre Begeisterung für körperliche Betätigung, vor allem das Reiten, in auffallendem Gegensatz zur raffinierten Lebensweise der übrigen Damen am Hofe stand. Sie gebar zwei Kinder: Philipp von Orleans, den späteren Regenten, und Elisabeth Charlotte, die spätere Gemahlin des Herzogs Leopold von Lothringen.

Osman II. (um 1604–1622) Im Jahre 1617 hoffte Osman bereits, die Nachfolge Ahmeds I. antreten zu können, aber wegen seiner Jugend zog man ihm seinen Onkel Mustafa vor. Osman fühlte sich gekränkt und organisierte eine Verschwörung, welche die Absetzung des neuen Sultans zur Folge hatte. Vom Zeitpunkt seiner Thronbesteigung an regierte der junge Herrscher mit angeborener Autorität, aber er ließ sich durch seinen Ehrgeiz und seinen Mangel an Erfahrung verleiten, 1621 einen Feldzug gegen Polen zu unternehmen, der zu einer militärischen Katastrophe führte. Die Janitscharen, die ihn zu Anfang unterstützt hatten, ergriffen nun Partei gegen ihn. Mustafa I. bestieg wieder den Thron, und Osman fand ein klägliches Ende. Er wurde im Gefängnis erdrosselt.

Oudenaarde (Audenarde) Belgische Stadt in Ostflandern, 20 Kilometer südlich von Gent an der Schelde.

Overijssel Provinz im Osten des Königreichs der Niederlande zwischen der Zuidersee und dem heutigen deutschen Bundesland Niedersachsen. Overijssel stößt im Norden an die Provinz Drente und im Süden an Geldern. Der Verwaltungssitz der Provinz ist Zwolle.

Pellisson, Paul (1624–1693) Sohn eines Notablen aus dem Langue-

doc. Bevor Pellisson Schriftsteller wurde, begann er seine Karriere als Rechtsanwalt und kaufte später ein Ehrenamt am Hof zu Versailles. Als Schützling der Mademoiselle de Scudéry war er ein gerngesehener Gast in allen literarischen Salons und schrieb im Jahre 1653 eine »Geschichte der Académie française«, für die er von Fouquet ausgezeichnet wurde. Als verantwortlicher Beamter in der königlichen Finanzverwaltung traf auch Pellisson wie Fouquet die königliche Ungnade, und er wurde fünf Jahre lang eingekerkert. Nachdem er wieder in Gnaden am Hofe aufgenommen worden war und darüber hinaus zum Katholizismus konvertiert hatte, wurde er zum königlichen Geschichtsschreiber ernannt. Neben anderen Werken schrieb er eine Biographie über Anna von Österreich, die im Jahre 1666 erschien, und eine »Geschichte Ludwigs XIV«, die mit dem Jahre 1679 abschloß.

Perejaslawl Russische Stadt etwa 120 Kilometer nordöstlich von Moskau.

Peter der Große (1672–1725) Neben Iwan dem Schrecklichen, Katharina der Großen und Alexander I. ist Peter der Große zweifellos eine der berühmtesten und auch fesselndsten Gestalten auf dem russischen Thron. Peter war das vierte Kind des Zaren Alexei I. aus dessen zweiter Ehe mit Natalja Naryschkina. Der künftige Zar war in jeder Beziehung eine Ausnahmeerscheinung. Er war über zwei Meter groß und besaß übermenschliche Kräfte. Sein Wille grenzte an Halsstarrigkeit, trotzdem litt er an einer gefährlichen Sprunghaftigkeit. Die Zivilisation und Kultur Westeuropas bewunderte er grenzenlos, seine Regierung war von der Absicht bestimmt, die isolationistische Politik des ehemaligen Großfürstentums Moskaus abzustreifen, sich der Neuzeit anzupassen und Rußland in den Kreis der europäischen Großmächte einzureihen.

Die Feindschaft der Familie Miloslawski gegen Peters Mutter Natalja Naryschkina überschattete jedoch die Jugend des Zaren, da diese nach dem Tod Feodors III. von dessen Schwester Sofija (Sophie) vom Hofe verbannt worden war. Die im Mai 1682 ausbrechende Revolte der Strelitzen (Schützen), einer der Regentin Sofija ergebenen Elitetruppe, prägte sich im Gedächtnis des jungen Peter durch eine Reihe an seinen Verwandten begangener Morde, die vor seinen Augen geschahen, zutiefst ein. Von diesem Tage an dachte Peter, nachdem er schließlich mit seinem Halbbruder Iwan zum Zaren gekrönt worden war, nur noch an Vergeltung. Sie erfolgte sieben Jahre später, in einer Nacht des

(Photo Editions Rencontre)

Peter der Große,
von Jean-Marc Nattier.
Museum von Versailles.

August 1689, als Sofija versuchte, Peter und seine Familie im Dorf Preobraschenskoje ermorden zu lassen. Der junge Zar wurde von Getreuen gewarnt und reagierte blitzschnell. Durch seine Beliebtheit bei der Moskauer Bevölkerung und in der Armee gelang es ihm, die Lage zu seinen Gunsten zu wenden. Sofija wurde am darauffolgenden Tag für den Rest ihres Lebens in ein Kloster verwiesen. Mit 17 Jahren ergriff Peter die Macht und übte sie 36 Jahre lang mit der ihm eigenen Tatkraft aus. Trotz seiner Jugend besaß der neue Herrscher Rußlands schon eine große Erfahrung. Bereits während seiner Kindheit hatte Peter seine Tage damit verbracht, in Preobraschenskoje Jungen seines Alters exerzieren zu lassen und regelrechte Kompanien aufzustellen, die dem Zaren später als Vorbild bei dem Aufbau einer mächtigen Armee dienen sollten. Natalja hatte sich sehr um die Erziehung ihres Sohnes bemüht. In der Militärwissenschaft unterrichtete ihn der schottische Oberst Menesius, in der Literatur ein Mönch namens Sotow, und der Niederländer Timmerman machte den jungen Peter mit den Naturwissenschaften und der Nautik vertraut, für die sich der Zarewitsch ganz besonders interessierte. Alles, was irgendwie mit dem Meer zusammenhing, begeisterte Peter sein Leben lang. Der spätere Zar war äußerst wißbegierig, allem Neuen aufgeschlossen und wollte es sogar jedem gelernten Handwerker gleichtun. Er übte sich daher in allerlei praktischen Berufen und interessierte sich ganz besonders für die Schreinerei und die Schlosserei. Aber dieses unruhige Leben und sein unbändiger Wissensdurst führten dazu, daß der Zar ständig Abwechslung brauchte. Später, auf dem Gipfel seiner Macht, konnte sich Peter der Große niemals daran gewöhnen, in einem Schloß mit seinen Beratern über Akten zu sitzen. Rastlose Tätigkeit war für ihn das Wichtigste. Er kannte nur sofor-

tige Entscheidungen, deren Richtigkeit meist seinem gesunden Menschenverstand und seinem Einfühlungsvermögen zuzuschreiben war. Seine Mitarbeiter waren auch seine Freunde und Zechgenossen in den ungeheuren Trinkgelagen, in denen Peter seinen ständigen Hunger nach Tätigkeit und Gewalt erstickte, die aber seine unerschöpfliche Vitalität nur vorübergehend befriedigten. Dieser zügellose und ausschweifende Mensch besaß jedoch einen sehr klaren Blick für politische Gegebenheiten. Als Herrscher eines Bauernvolkes, das der Gefangene seiner Grenzen und der uralten Bedrohung durch Asien war, erneuerte er vollständig die überkommene Politik der Großfürsten von Moskau und seiner unmittelbaren Vorgänger. Er wollte Rußland aus seiner Isolierung befreien und suchte daher zwei natürliche Ausgänge: Asow als Tor zum Schwarzen Meer, das er 1696 von den Türken eroberte, und einen Zugang zur Ostsee, den er durch den Vertrag von Nystad 1721 am Ende des Nordischen Krieges aus dem schwedischen Herrschaftsbereich herauslöste. Schon Jahre vorher verließ der Zar das inmitten seines Landes gelegene Moskau und begann die Anlage einer Hauptstadt, die Wien, Paris, Amsterdam und den Hansestädten würdig sein sollte, Städte, die er während seiner Auslandsreisen, besonders im Verlauf seiner Studienreise nach den Niederlanden, wo er zeitweise als Seemann und Zimmermann arbeitete, kennengelernt hatte. Das Gelände für seine neue Hauptstadt fand er an der Mündung der Newa in den Finnischen Meerbusen. Der Boden dort war grundlos und sumpfig und eignete sich offensichtlich in keiner Weise als Lage für eine menschliche Siedlung. In seiner Maßlosigkeit schwebte dem Zaren aber ein großer Hafen mit einer prachtvollen, nach westeuropäischem Vorbild erbauten Stadt vor, in der sein eigenes Schloß alle Wunder des Orients und vor allem die

düstere Pracht des Moskauer Kremls in den Schatten stellen sollte. Tausende von Erdarbeitern, von denen wiederum Tausende dabei ihr Leben verloren, ebneten das Gelände ein und trieben, wie vor Jahrhunderten in Venedig, Steinplatten und Holzpfähle in den Boden. Durch die Willenskraft, die Zähigkeit und die Uneigennützigkeit aller zeichneten sich von 1703 an die Umrisse von Sankt Petersburg, dem »Fenster« Rußlands nach Skandinavien und Westeuropa, ab. Der Zar baute seinen Korridor aus, indem er als Vorspiel zur Eroberung des Baltikums und zur Teilung Polens nach seinem Sieg über Karl XII. von Schweden Estland und Livland annektierte. Mit dieser überragenden Persönlichkeit meldete das bisher in seinen unermeßlichen Ebenen auf sich selbst verwiesene Rußland zum erstenmal seinen Anspruch als europäische Macht unüberhörbar an.

Pfalz-Zweibrücken, Herzogtum Das Geschlecht Pfalz-Zweibrücken gehörte zum pfälzischen Zweig des Hauses Wittelsbach. Das Haus Pfalz-Zweibrücken-Neuburg erbte das Herzogtum 1681 und regierte bis 1799. Der bedeutendste Vertreter der Dynastie im 17. Jahrhundert war Herzog Wolfgang Wilhelm (1615–1690), unter dessen Regierung das Land durch die Truppen Ludwigs XIV. barbarisch verwüstet wurde.

Pforte Der Sultanspalast in Konstantinopel, das sogenannte Serail, bestand aus mehreren Höfen, von denen jeder zu einem mit Türen verschlossenen Vorzimmer führte. Es war im Laufe der Zeit Sitte geworden, daß der Sultan seine Audienzen vor einer solchen Pforte abhielt. Die Bezeichnung »Pforte« war also für die Gesandten und Bittsteller gleichbedeutend für die Anwesenheit des Sultans selbst. Eine dieser Pforten hieß die Hohe. Der Ausdruck Hohe Pforte wurde häufig als

Bezeichnung für die türkische Regierung verwandt.

Philipp, Herzog von Anjou, als Philipp V. König von Spanien (1683–1746) Zweiter Sohn des französischen Kronprinzen und der Maria Anna Christine von Bayern. Von seinem Großvater Ludwig XIV. erhielt er den Titel eines Herzogs von Anjou. Im Jahre 1700 setzte ihn König Karl II. von Spanien zum Erben der spanischen Gesamtmonarchie ein. Dieses Testament führte zum Ausbruch eines Erbfolgekrieges, an dem ganz Europa beteiligt war, obwohl Philipp V. auf seine Ansprüche auf den französischen Thron verzichtete. Der Begründer des spanischen Zweiges des Hauses Bourbon wurde von seinen neuen Untertanen mit mäßiger Begeisterung empfangen. Zudem hatte er den harten Erbfolgekrieg durchzufechten, der 1714 mit dem Verlust der spanischen Niederlande, das heißt des heutigen Belgien, und des Herzogtums Mailand, beide an die deutschen Habsburger, endete. Philipp V. spielte deshalb lange, trotz der Bestimmungen des 1700 geschlossenen Vertrages, mit dem Gedanken einer Rückkehr nach Frankreich und organisierte mit Hilfe seines Beraters, des Kardinals Alberoni, mehrere Verschwörungen und Intrigen gegen den Regenten, Philipp von Orleans, die aber scheiterten. Diese politischen Rückschläge, der Tod seiner ersten Gemahlin, der politisch sehr begabten Marie Luise von Savoyen, und der maßlose Ehrgeiz der neuen Königin Elisabeth Farnese, der Tochter des Herzogs von Parma, und eine ausgeprägte Neigung zur Melancholie und zur Menschenfeindlichkeit veranlaßten den König, am 10. Januar 1724 zugunsten seines ältesten Sohnes, des Infanten Ludwig, der unter dem Namen Ludwig I. gekrönt wurde, aber im Laufe des Sommers des gleichen Jahres verstarb, auf den Thron zu verzichten. Philipp V. wurde wieder in seine königlichen Rechte einge-

(Photo Editions Rencontre)
Philipp, Herzog von Anjou.

setzt und regierte mit sehr wechselhaftem Erfolg. Seine Gesundheit und sogar sein Verstand gaben seiner Umgebung Anlaß zu den schlimmsten Befürchtungen. Meist überflüssige Kriege, wie der Polnische Erbfolgekrieg, überschatteten den zweiten Teil seiner Regierungszeit, obwohl sich der König zeitweise durchaus bemühte, Verwaltung und Wirtschaft, die von Karl II. in einem völlig heruntergekommenen Zustand hinterlassen worden waren, zu reorganisieren. Auf diese Weise gewann Philipp V. allmählich die Achtung und die Dankbarkeit seiner Untertanen und lebte sich ganz in sein neues Vaterland ein. In seinen letzten Regierungsjahren litt der König unter schweren Depressionszuständen, schloß sich fast vollständig von seiner Umgebung ab und kümmerte sich nicht mehr um seine Regierungs-

geschäfte. Der erste Bourbone auf dem spanischen Thron starb auf dem Schloß Buen Retiro am 9. Juli 1746 und hinterließ seinem Sohn Ferdinand VI. trotz aller Widerstände eine festgefügte königliche Macht.

Philippsburg Früher befestigter Ort auf dem rechten Rheinufer im ehemaligen Baden, etwa halbwegs zwischen Karlsruhe und Mannheim.

Poltawa Stadt in der Ukraine an der Worskla, einem Nebenfluß des Dnjepr, etwa 300 Kilometer östlich von Kiew.

Poniatowski, Stanislaus (1676–1762) Er war ein polnischer Adliger, der schwedische Dienste angenommen hatte. Er kämpfte unter den Fahnen Karls XII., nahm an dessen kühnem Rußlandfeldzug im Jahre 1709 teil und ermöglichte es seinem geschlagenen König unter türkischen Schutz zu fliehen. Nach seiner Rückkehr nach Polen bekleidete er von 1712 an mehrere Ämter in der königlichen Verwaltung und wurde mit dem Grafentitel ausgezeichnet. Stanislaus Poniatowski war der Vater des Königs Stanislaus II. August, des letzten polnischen Herrschers, der von 1764 bis 1795, bis zur dritten Teilung Polens und Auflösung des Staates, regierte.

Port-Royal Das Zisterzienserinnenkloster Port-Royal wurde zu Beginn des 13. Jahrhunderts im Tal der Chevreuse südlich von Paris auf der Gemarkung des Dorfes Porrois, des heutigen Magny-les-Hameaux, erbaut. In einer lateinischen Urkunde wurde der Name des Dorfes mit Portu Regio übersetzt, wodurch es zu dem Namen Port-Royal kam. 1609 beschloß die Oberin Angélique, sie hieß mit richtigem Namen Jacqueline und war die Tochter des Pariser Rechtsanwalts Arnaud, das Kloster mit Hilfe des heiligen Franz von Sales umzugestalten. In dem Kreis von Philosophen

Mutter Angélique Arnauld, die Reformatorin des Klosters Port-Royal. Porträt von Philippe de Champaigne. Louvre, Paris.

und Theologen, der sich um sie gebildet hatte, ragte der Bischof von Ypern, Cornelius Jansen, genannt Jansenius, hervor, der einen Kommentar über die Lehre des heiligen Augustin im Sinne der Prädestination bei Abschwächung der Willensfreiheit und starker Betonung der Gnade geschrieben hatte. Dieses theologische Werk wurde zum Ausgangspunkt einer Lehre, die in verschiedenen Klöstern Anhänger fand, ganz besonders in Paris, das wegen seines reichen geistlichen Lebens eine große Anziehungskraft ausübte. Die schnelle Ausbreitung der neuen Lehre beunruhigte den Klerus, der den Kardinal Richelieu zu Hilfe rief. Der Abt von Saint-Cyran, ein Freund des Jansenius, wurde 1639 inhaftiert, aber die

religiöse Tätigkeit der Gemeinschaft wurde von diesem Ereignis nicht berührt. Fünfzehn Jahre später führten die Jansenisten von Port-Royal mit Unterstützung Pascals ein Streitgespräch mit den Jesuiten, das die Auflösung des Klosters zur Folge haben sollte. Eine Kirchenversammlung verfaßte am 17. März 1657 ein Bekenntnis zur offiziellen Lehre der Kirche, das von vielen Jansenisten nicht unterzeichnet wurde. Diese Haltung wurde als Rebellion ausgelegt, und kurz darauf wurden die Klosterschulen von Amts wegen geschlossen und die Novizinnen vertrieben. Etliche Jansenisten gaben dem Druck nach und ließen sich 1664 in Paris nieder. Zwei Jahre später wurde Lemaistre de Sacy, der Leiter der in Port-Royal zurückgebliebenen Nonnen, in der Bastille eingekerkert. Das war der Auftakt zur endgültigen Auflösung des Klosters. Auf Ersuchen Ludwigs XIV. erließ Papst Klemens XI. 1705 eine Enzyklika, welche die königlichen Behörden dazu benutzten, die letzten fünfundzwanzig Nonnen aus dem Kloster zu verjagen. 1710 wurden die Klostergebäude so gründlich zerstört, daß heute kaum noch Spuren davon zu sehen sind.

Potsdam Brandenburgische Stadt in einer seenreichen Landschaft, etwa 20 Kilometer südwestlich von Berlin. Im 18. Jahrhundert bauten Friedrich Wilhelm I., der Große Kurfürst, und Wilhelm I., König in Preußen, diesen einfachen Ort an der Straße nach Berlin zu ihrer Residenz aus. Die prachtvollen Potsdamer Schloßbauten wurden später zu Lieblingssitzen der preußischen Herrscher.

Preobraschenskoje Dorf in der Umgebung von Moskau. Hier wohnte Peter der Große mit seiner Mutter bis 1689. Das Dorf war auch der Schauplatz seiner kindlichen Kriegsspiele mit gleichaltrigen Gefährten. Zum Andenken an seinen Aufenthalt in Preo-

braschenskoje stellte der Zar später ein Eliteregiment auf, das nach diesem Dorf benannt wurde.

Preßburg Deutscher Name für die slowakische Stadt Bratislava. Preßburg liegt am linken Donauufer in der Nähe der Mündung der March, etwa 70 Kilometer östlich von Wien.

Preston Industriestadt in Nordwestengland in der Grafschaft Lancashire. Preston liegt im Tal des Ribble etwa 50 Kilometer nördlich von Manchester.

Preußen Das im 18. Jahrhundert entstehende Königreich Preußen setzte sich vor allem aus der Mark Brandenburg als Kernland und dem Herzogtum Preußen zusammen. Die schnell anwachsende Macht der preußischen Herrscher erklärt die wechselnde Gestalt ihres Landes im Laufe der Geschichte. Zunächst dehnte sich Brandenburg-Preußen in östlicher Richtung entlang der Ostseeküste und dann, zur Zeit Friedrichs II., also um die Mitte des 18. Jahrhunderts, in das Tal der Oder bis nach Oberschlesien aus. Am Ende dieses Jahrhunderts kamen durch die verschiedenen Teilungen Polens vor allem Gebiete an der unteren Weichsel, an Netze und Warthe, Westpreußen und die Provinz Posen, an die preußische Krone, die auch 1815 durch den Wiener Kongreß Westfalen, die Rheinprovinz und fast die Hälfte des Königreichs Sachsen gewann. Die Kriege von 1864, 1866 und 1870/71 verstärkten weiterhin, vor allem durch den Ausschluß Österreichs, den Einfluß Preußens in Deutschland, bis schließlich seit der Gründung des Zweiten Reiches 1871 die preußische Geschichte mit der deutschen zusammenfiel.

Pruth Auf dem Nordhang der Waldkarpaten entspringender osteuropäischer Fluß. Er fließt zunächst in östlicher, dann in südlicher Richtung durch die Ukraine und trennte das ehemalige Fürstentum Moldau von Bessarabien. Heute bildet er gleichzeitig die Grenze zwischen Rumänien und der Sowjetunion. Der Pruth mündet wenig unterhalb der rumänischen Stadt Galati (Galatz) in die Donau.

Prynne, William (1600–1669) Londoner Rechtsanwalt, der zur Partei der Puritaner gehörte. William Prynne bekämpfte in seinen Aufrufen und Schriften die Sittenlosigkeit, die Skandale und die Rechtlosigkeit seiner Zeit. 1632 wurde er wegen einer Parodie, die das Gericht als Beleidigung der englischen Königin, Henriette von Frankreich, der Gemahlin Karls I., auffaßte, zu einer Gefängnisstrafe verurteilt. Fünf Jahre später wurden ihm auf Gerichtsbeschluß sogar die Ohren abgeschnitten, weil er sich öffentlich gegen Erzbischof Laud gewandt hatte. Nach dem Erfolg der Parlamentarier wurde er 1640 aus der Haft befreit, aber Prynne geriet bald in einen neuen Konflikt mit dem Diktator Cromwell, weil er dessen unduldsame Herrschaftsweise angriff. Die Folgen seiner oppositionellen Haltung waren der Verlust seines Parlamentsmandates und eine neue Gefängnisstrafe. Nach dem Tod des Lord-Protektors gelang es William Prynne, das Vertrauen Karls II. zu gewinnen, der ihn zum königlichen Archivverwalter ernannte.

Puget, Pierre (1620–1694) Als Arbeiter auf einer Werft in seiner Heimatstadt Marseille entdeckte Puget seine Begabung als Bildhauer. Während einer Italienreise lernte er die antike Kunst kennen und erwarb die Grundkenntnisse der Malerei und der Architektur. Nach seiner Rückkehr zählten der Marquis de Girardin und der Finanzminister Fouquet zu seinen wichtigsten Förderern. Später wurde Puget von Colbert unterstützt. Die Themen seiner Werke wählte der Künstler aus der Antike, die er mit unerschöpflichem Einfallsreichtum stets neu

(Photo Editions Rencontre)
Pierre Puget. Louvre, Paris.

zu gestalten wußte. Der Saal, der im Louvre seinen Namen trägt, ist eine wohlverdiente Ehrung für das künstlerische Genie und die Schöpferkraft eines der größten französischen Bildhauer seiner Epoche.

Pym, John (1584–1643) Einflußreicher Abgeordneter des englischen Unterhauses. John Pym, in der Grafschaft Somerset geboren, wurde durch seine heftigen Angriffe gegen den Absolutismus Karls I. und gegen die Katholiken bekannt. Er war neben Edward Coke und John Hampden der eigentliche Führer der Parlamentsopposition gegen den König. Um Adel und Bürgertum in den Grafschaften laufend über die Londoner Politik zu unterrichten und besonders dem Parlament neue Anhänger zu gewinnen, war Pym unermüdlich tätig, reiste durch das ganze Land, hielt Reden an die Wählerschaft und wies unablässig auf die Gefahren des Absolutismus und auf den gefährlichen Einfluß der königlichen Berater Strafford und Laud

hin. Diese Taktik führte 1640 zum Sieg eines Unterhauses, das in seiner Mehrheit aus Grundbesitzern bestand, die entschlossen waren, ihre Rechte zu verteidigen. Der König unterschrieb schließlich sogar unter dem Druck der von Pym aufgebotenen Londoner Massen das Todesurteil gegen Strafford. Die »große Remonstranz« von 1641 bewies, obwohl sie nur eine Mehrheit von elf Stimmen erhalten hatte, daß Pym entschlossen war, die Rechte des Parlaments rücksichtslos zu verteidigen. Karl I. zögerte, gegen einen derart energischen Opponenten mit Gewalt vorzugehen. Diese Unentschlossenheit wurde als Erfolg Pyms gedeutet, der daraufhin mit der Unterstützung des Unterhauses und der Bevölkerung von London seinen Vorteil auszunutzen begann. Auch die Lords gingen zur Partei des stärksten Mannes auf der politischen Bühne über. Pym baute seine Machtstellung weiter aus, indem er sich 1643 mit den schottischen Abgeordneten verbündete. Durch seinen zähen Kampf gegen Karl I. und seine Günstlinge bereitete Pym Cromwell den Weg zum Sieg.

Racine, Jean (1639–1699) Er verlor seinen Vater, einen königlichen Verwalter aus der Ile-de-France, schon als Kind und wurde von einer Großmutter und einer Tante erzogen, die beide dem Jansenismus anhingen. Er selbst verkehrte nach dem Abschluß seines Studiums im Kloster Port-Royal. Die Dichtkunst zog ihn jedoch stärker an als die Theologie, obwohl auch ein Domherr in Uzès, ein Onkel mütterlicherseits, an seiner Erziehung beteiligt war. Racine war regelmäßiger Gast in mehreren Pariser literarischen Zirkeln und mit vielen Dichtern, unter anderem mit La Fontaine, Boileau und Molière, befreundet. Er verfaßte zunächst mehrere Dramen, die jedoch kaum Erfolg hatten. Erst mit »Andromaque« gelang ihm 1667 der Durchbruch. Auf dieses

Racine.

Drama folgte eine Komödie, »Les Plaideurs«, in der er das Rechtswesen seiner Zeit kritisierte. In diesem Stück kommt zum erstenmal einer seiner hervorstechendsten Charakterzüge zur Geltung, eine beißende Spottsucht, die ihm im Verlaufe seiner Karriere noch zahlreiche Feindschaften zuziehen sollte. »Britannicus« (1669), »Bérénice« (1670), »Bajazet« (1672), »Mithridate« (1673), »Iphigénie« (1674) und schließlich »Phèdre« (1677) waren die Stufen der dichterischen Laufbahn Racines, der von einem Teil des Hofes und vor allem von Madame de Montespan und dem König gefördert wurde. Trotzdem intrigierten seine zahlreichen Feinde unaufhörlich gegen ihn und verbreiteten so viele Verleumdungen, daß er sich nach der mit Zurückhaltung aufgenommenen »Phèdre« müde und verbittert aus dem Theaterleben zurückzog. Erst auf mehrfaches Bitten der Madame de Maintenon nahm er seine Tätigkeit wieder auf und schrieb 1689 »Esther« und zwei Jahre später »Athalie«. Beide Werke sind biblische Tragödien und zeigen Racine auf dem Höhepunkt seines Könnens. In allen seinen Stücken ist jedoch ein gemeinsamer Grundakkord erkennbar: Seine Personen werden von ihren Gefühlen beherrscht im Gegensatz zu den unerschütterlichen und unbeugsamen Helden Corneilles. Racine wurde 1673 durch die Aufnahme in die Académie française geehrt.

Rákóczi, Franz I. (1645–1676) Sohn Georgs II. Rákóczi. Im Jahre 1660 sollte Franz I. seinem Vater als Fürst von Transsilvanien (Siebenbürgen) nachfolgen. Die Türken erkannten jedoch seine Ansprüche nicht an, und der Thronerbe mußte nach Ungarn fliehen, wo er die Tochter des Ban von Kroatien heiratete.

Rákóczi, Franz II. (1676–1735) Sohn von Franz I. Rákóczi. Franz II. versuchte die ererbte transsilvanische Fürstenstellung mit Hilfe Ludwigs XIV. gegen den Kaiser wiederzuerobern. Der Plan wurde jedoch durch Verrat bekannt, so daß Rákóczi nach Polen fliehen mußte. Er verließ sein Exil 1703, um gegen die Habsburger einen Aufstand anzuzetteln. Neun Jahre lang, nämlich bis 1711, hielten der Fürst und seine Soldaten, die sogenannten Kuruzen (»Kreuzfahrer«), Nordostungarn und besetzten zeitweilig sogar die Donauebene. Franz II. wurde zum Haupt einer Konföderation der ungarischen Stände ausgerufen. Der Familiensitz in Sárospatak in der Nähe des oberen Theißtales (Tiszatal) diente als Tagungsort der Adelsversammlung. 1711 behielten die kaiserlichen Truppen jedoch wieder die Oberhand und zwangen Rákóczi und seine letzten Anhänger, ins Ausland zu fliehen. Der Fürst suchte in Frankreich Schutz, weil Ludwig XIV. einer seiner Bundesgenossen gewesen war. Während seines Aufenthaltes in Versailles und später im Kloster von Grosbois schrieb Franz II. seine Memoiren und trat anschließend eine Reise in die Türkei an. Er starb in Rodosto am Marmarameer.

Rákóczi, Georg I. (1593–1648) Einer der berühmtesten Abkömmlinge dieser nordostungarischen Adelsfamilie. Georg Rákóczi wurde 1630 vom Adel Ostungarns zum Herrscher über Siebenbürgen ausgerufen. Er war ein kluger und energischer Fürst und ein tapferer Soldat. Es gelang ihm, den Truppen des Hauses Habsburg die Stirn zu bieten und einige Schlachten zu gewinnen. 1645 erkannte Kaiser Ferdinand III. die Souveränität seines Fürstentums an.

Rákóczi, Georg II. (1621–1660) Sohn des Fürsten von Siebenbürgen (Transsilvanien) Georg I. Rákóczi. Georg II. unterstützte seinen Vater beim Aufbau des Fürstentums und folgte ihm 1648 nach. Seine hauptsächlichen politischen Schwierigkeiten waren die türkischen Ansprüche auf die Oberhoheit über Siebenbürgen. Georg II. starb an den Verwundungen, die er im Kampf gegen seine Gegner davongetragen hatte, und sein Sohn Franz I. Rákóczi zog es vor, sich mit den Habsburgern zu verbünden, um die türkischen Eroberer in Schach zu halten und ihnen die bereits eroberten Gebiete wieder abzunehmen.

Ramillies Belgische Ortschaft etwa 20 Kilometer nordwestlich von Namur.

Rastatt Stadt im ehemaligen Baden im Murgtal, einem kleinen Nebenfluß des Rheins, etwa 10 Kilometer nördlich von Baden-Baden.

Ré, Ile de Insel im Departement Charente-Maritime. Sie ist dem Hafen La Rochelle vorgelagert. Zwischen ihr und dem Kontinent liegt ein mehrere Kilometer breiter Kanal. Die Insel Ré ist ungefähr 25 Kilometer lang und 5 Kilometer breit.

Régence (Zeit der Regentschaft) Mit diesem Ausdruck bezeichnet man die Epoche der Minderjährigkeit Ludwigs XV. von 1715 bis 1723. Während dieser Jahre wurden die Regierungsgeschäfte von Herzog Philipp von Orleans ausgeübt. Die Vormundschaft über den jungen König besaß der Herzog von Maine. Die Régence ist vor allem wegen ihrer zahlreichen politischen und finanziellen Skandale und einen allgemeinen Hang zur Zügellosigkeit im schroffen Gegensatz zur Sittenstrenge zumindest der letzten Regierungsjahre Ludwigs XIV. bekanntgeworden.

Rheinbund Um Kaiser Leopold I. zu zwingen, die Friedensverträge von Münster und Osnabrück einzuhalten, schlug Kardinal Mazarin den Fürsten, die aus dem Westfälischen Frieden Nutzen gezogen hatten, gegen Geldzahlungen Frankreichs den Abschluß eines separatistischen Sonderbundes im Reich vor. Außer Frankreich und Schweden (für Bremen und Verden) gehörten zum Rheinbund zeitweise die Kurfürsten von Köln, Trier und Mainz, außerdem mehrere deutsche Fürsten wie der Kurfürst von Bayern und der Herzog von Braunschweig, der Landgraf von Hessen-Kassel sowie der Bischof von Münster. Das Dokument wurde am 15. August 1658 unterzeichnet. Der Rheinbund hatte allerdings nur kurzen Bestand. Napoleon griff später diese Einrichtung, die zu einer Lieblingsidee der französischen Außenpolitik geworden war, wieder auf.

Rijswijk Ortschaft in Südholland. Rijswijk gehört heute zu den südlichen Außenbezirken von Den Haag.

Roter Platz Großer, gepflasterter freier Platz vor dem Haupteingang des Kremls, der eine ganze Seite des ehemaligen Zarenpala-

stes einnimmt. Der Rote Platz wird heute durch das Historische Museum und die prachtvolle Basiliuskathedrale abgeschlossen. Noch heute finden hier Militärparaden und Volksfeste statt. Die Bezeichnung Roter Platz wurde bereits zu Zeiten der Zaren benutzt, da die rote Farbe für die Russen ein Sinnbild für Schönheit war.

Ruisdael, Jacob van (um 1629–1682) Großer niederländischer Landschaftsmaler. Ruisdael lebte in Amsterdam und in Haarlem, wo er völlig verarmt starb. Erst die Nachwelt hat das künstlerische Genie dieses Malers erkannt. Er war ein hervorragender Kolorist, der die Wiedergabe von Licht und Schatten meisterhaft beherrschte. Alle seine Werke bezeugen seine Naturliebe, seine Vorliebe für idyllische Landschaften, ruhige Wasserspiegel und friedliche Himmel. Im 19. Jahrhundert wurde der Name Ruisdaels auch in der breiteren Öffentlichkeit bekannt. Heute sind seine Werke in fast allen Museen ausgestellt oder befinden sich in bedeutenden Privatsammlungen.

Ruyter, Michiel Adriaansz de (1607–1676) Sohn eines Bierbrauers aus Vlissingen in der Provinz Seeland. Ruyter zog das Seemannsleben der Tätigkeit in den väterlichen Bierkellern vor und

(Photo Editions Rencontre)
Michiel Adriaansz de Ruyter.
Rijksmuseum, Amsterdam.

ging schon als Junge mit einem Schiff aus seiner Heimatstadt auf große Fahrt, während der er die Anfangsgründe des Seemannsberufes erlernte. Nach seinem Eintritt in die Kriegsmarine wurde er schließlich 1635 zum Kapitän zur See befördert. Von nun an nahm er an allen Unternehmungen der Flotte der Vereinigten Niederlande teil, unterstützte 1641 den portugiesischen Aufstand gegen die Spanier und kämpfte unter dem Oberbefehl des Admirals Tromp zwölf Jahre später gegen die Engländer. 1663 wurde er zum Vizeadmiral und vier Jahre später zum Admiral ernannt. Ruyter verteidigte die niederländische Küste während des Einfalls Ludwigs XIV. in sein Vaterland und wurde dann in das Mittelmeer entsandt, um die Spanier zu unterstützen, die in Sizilien mit Schwierigkeiten zu kämpfen hatten. Im Verlauf dieser gefährlichen Operation stieß Ruyter auf Duquesne, den Oberbefehlshaber der französischen Mittelmeerflotte. Bei einem zweiten Treffen vor Augusta wurden ihm durch eine Kanonenkugel beide Beine zerschmettert. Der Admiral starb einige Tage später an den Folgen seiner schweren Verwundung.

Saint-Etienne Industriestadt in Mittelfrankreich und Verwaltungssitz des Departements Loire. Die Stadt liegt etwa 60 Kilometer südwestlich von Lyon.

Saint-Gobain Industriestadt in Nordostfrankreich, ungefähr 20 Kilometer westlich von Laon. Saint-Gobain wurde bekannt durch seine Spiegelglasherstellung, die im Jahre 1692 in eine königliche Manufaktur umgewandelt wurde.

Sankt Gotthard Kleine ungarische Stadt am Oberlauf der Raab in der Nähe der heutigen österreich-ungarischen Grenze. Sankt Gotthard (Szentgotthárd) liegt ungefähr 40 Kilometer südwestlich der ungarischen Stadt Steinamanger (Szombathely) und ungefähr

70 Kilometer östlich der steirischen Hauptstadt Graz.

Sankt Petersburg Die ehemalige Hauptstadt des zaristischen Rußlands heißt seit 1924 Leningrad, nachdem sie 1914 in Petrograd umbenannt worden war. Ihr alter Name sollte daran erinnern, daß sie 1703 von Peter dem Großen am Finnischen Meerbusen an der Mündung der Newa gegründet worden war. Zunächst war am 27. Mai auf dem rechten Newaufer der Bau der Peter-und-Pauls-Festung begonnen worden, die später Staatsgefängnis wurde. Die Nachfolger Peters des Großen vergrößerten und verschönerten diese nach westeuropäischem Vorbild erbaute Stadt entlang der verschiedenen Newaarme und beschäftigten dazu ausländische Architekten, Maler und Bildhauer, besonders Franzosen und Italiener. Sankt Petersburg blieb die politische Hauptstadt Rußlands bis zur Übersiedlung der Regierung nach Moskau im März 1918.

Saporoger Kosaken Dieses Kosakenvolk hatte sich in der mittleren Ukraine beiderseits des Unterlaufs des Dnjepr niedergelassen. Ihr Kampf gegen die Türken war nur ein Abschnitt in der bewegten Geschichte dieser nomadisierenden Viehzüchter.

Scaliger, Joseph Justus (1540–1609) Sohn von Julius Cäsar Scaliger, einem italienischen Arzt und Philologen. Julius Cäsar Scaliger war einer der bedeutendsten italienischen Humanisten der ersten Hälfte des 16. Jahrhunderts. Sein Sohn Joseph wurde in Agen in Südwestfrankreich geboren, wo sich sein Vater 1528 niedergelassen hatte. Nach dem Abschluß seines Studiums in Paris beschäftigte sich Scaliger mit Theologie und trat um 1560 zum Protestantismus über. Er war Sekretär mehrerer Adliger und schließlich des Bischofs von Valence. Von dem Massenmord an den Protestanten in der Bartholomäusnacht 1572 erfuhr er während einer

(Photo Editions Rencontre)
Joseph Scaliger.

Reise und benutzte die Gelegenheit, nach Genf zu fliehen. Scaliger lehrte in dieser Stadt zwei Jahre lang Philosophie und veröffentlichte einige wissenschaftliche Werke, von denen der Rektor der niederländischen Universität Leiden Kenntnis erhielt und daraufhin Scaliger einen Lehrstuhl anbot. Scaliger kam 1593 diesem Ruf nach und lebte bis zu seinem Tode in seiner neuen Wahlheimat.

Scarron, Françoise d'Aubigné (1635–1719) Françoise d'Aubigné wurde als Protestantin erzogen und war schon mit siebzehn Jahren Waise. Sie heiratete den kränklichen und verkrüppelten Dichter Scarron, der in der Pariser Gesellschaft einen großen Namen besaß. Durch den Charme und den Esprit seiner jungen Frau wurde der Salon Scarrons bald einer der gesuchtesten literarischen Zirkel. Nach dem Tode ihres Gemahls im Jahre 1660 wurde Madame Scarron in Versailles empfangen und erhielt

später die Stelle der Gouvernante eines der unehelichen Söhne der Madame de Montespan und später mehrerer anderer Kinder Ludwigs XIV. In dem Maße wie Madame de Montespan in Ungnade fiel, stieg der Stern der Françoise d'Aubigné, die der König 1684, ein Jahr nach dem Tode der Königin Maria Theresia, zu einer morganatischen Ehe vor den Altar führte. Durch ihre unauffällige Autorität und ihre klugen Ratschläge übte die nunmehrige Marquise de Maintenon einen unbestreitbaren Einfluß auf den alternden König aus. Strenge, Einfachheit und Frömmigkeit kennzeichneten jetzt die Etikette des Hofes. Die Marquise hatte bereits vor ihrer Heirat mit Scarron zum katholischen Glauben konvertiert. Mit ihrer frömmelnden, moralisierenden Haltung machte sich die zweite Gemahlin des Königs viele Feinde. Diese warteten jedoch ge

(Photo Editions Rencontre)
Françoise d'Aubigné Scarron.

duldig auf die Stunde ihrer Rache, auf den Tod des Königs. Der Regent Philipp von Orleans zwang die Marquise, sich sofort in das Stift Saint-Cyr zurückzuziehen, das sie selbst neben anderen Erziehungsanstalten gegründet hatte.

Sceaux Stadt in der südlichen Umgebung von Paris. Colbert ließ hier um die Mitte des 17. Jahrhunderts ein Schloß erbauen, das **185**

Ludwig XIV. später für einen seiner unehelichen Söhne, den Herzog von Maine, erwarb. Sceaux entwickelte sich zu einem Treffpunkt der Künstler, Dichter und Schriftsteller. Das Schloß wurde während der Revolution von 1789 fast vollständig zerstört.

Schomberg, Friedrich Hermann von (1615–1690) Sohn eines badischen Adligen, der in den Diensten des Pfalzgrafen Friedrich V. stand. Nach dem tragischen Schicksal dieses protestantischen »Winterkönigs« am Beginn des Dreißigjährigen Krieges in Böhmen floh Schomberg in die Niederlande. Er kämpfte auf der Seite der Oranier, bevor er unter der Fahne Bernhards von Weimar am Rhein Dienst tat. Nach dem Tode seines Generals trat Schomberg als Protestant in die französische Armee ein, ging erneut in die Vereinigten Niederlande und kehrte erst 1650 nach Frankreich

(Photo Editions Rencontre)
Friedrich Hermann von Schomberg.

zurück, um am Spanienfeldzug teilzunehmen. Auch 1674 zeichnete er sich als Generalleutnant an der Pyrenäenfront aus, als er das Roussillon zuerst gegen spanische Einfälle verteidigte und dann seinerseits zum Angriff auf Katalonien überging. Für diesen Erfolg wurde er im darauffolgenden Jahr mit dem Marschallstab ausgezeichnet. Bis 1685 leistete Schomberg den Franzosen hervorragende Dienste. Der Widerruf des Ediktes

von Nantes zwang ihn jedoch, in Portugal Schutz zu suchen, wo er als Militärberater des Hauses Braganza tätig war. Die nächste Station seiner Laufbahn war Brandenburg. Das an Wechseln reiche Leben Schombergs endete in den Diensten Wilhelms III. von Oranien. Er verfolgte die Truppen Jakobs II. bis nach Irland, schlug sie an der Boyne, bezahlte aber seinen Sieg mit seinem Leben. Schomberg trug höchste niederländische und englische Auszeichnungen.

Sedan Stadt im heutigen französischen Departement Ardennes auf dem rechten Maasufer etwa 20 Kilometer östlich von Mézières-Charleville. Eine zu Beginn des 15. Jahrhunderts erbaute Zitadelle beweist die ehemalige strategische Bedeutung der Stadt Sedan an der Straße nach Bouillon und der heute belgischen Provinz Luxemburg.

Shannon Fluß in Mittel- und Westirland. Seine Trichtermündung in den Atlantischen Ozean, die in der Nähe von Limerick beginnt, ist über 100 Kilometer lang.

Sigismund II. August (1520–1572) Er trat die Nachfolge seines Vaters Sigismund I. von Polen im Jahre 1548 an. Unter seiner Regie-

rung kam Livland unter polnische Herrschaft. Später gelang ihm die Unterwerfung des Deutschritterordens unter die polnische Krone. 1569 war er die treibende Kraft der Union von Lublin, in der sich Polen mit dem von den Russen bedrohten Litauen staatsrechtlich vereinigte. Selten zuvor hatte Polen in so kurzer Zeit so viele militärische und diplomatische Erfolge errungen. Dem religiös toleranten Sigismund August, der zudem ein Freund der Künste und Wissenschaften war, gelang es, seinem Lande die Schrecken eines Religionskriegs zu ersparen. Seinen drei Ehen mit Elisabeth, der Tochter Kaiser Ferdinands I. von Habsburg, der Prinzessin Radziwill und schließlich mit Katharina von Habsburg, der jüngeren Schwester seiner ersten Gemahlin, waren keine Kinder beschieden. So war König Sigismund II. August der letzte Sproß aus der berühmten Dynastie der Jagiellonen.

Sobieski, Johann (1624–1696) Er wird in Polen als Nationalheld verehrt. Als Sohn eines Schloßherrn begann er seine soldatische Laufbahn als einfacher Berufssoldat in Frankreich. Bevor er in die Armee seiner Heimat eintrat, 1648 gegen Schweden und Rußland kämpfte, stand er noch in türkischen Diensten. Sobieski war

(Photo Harlingue-Viollet)
König Johann III. Sobieski.

ein hervorragender Organisator und ein schnell entschlossener, energischer und unbeugsamer Offizier. Er wurde bald so populär, daß er am 21. Mai 1674 zum polnischen König gewählt wurde. Zweimal schlug Johann III. Sobieski die Türken vernichtend. Zunächst rettete er noch als Kronfeldherr 1673 bei Chotin (Hotin) Galizien vor dem feindlichen Einfall, und zehn Jahre später half er mit, das von den Horden Kara Mustafas belagerte Wien zu befreien. Jedes Mal jedoch, wenn die drohende Gefahr vorüber war, begann der polnische Adel aufs neue seine Zwistigkeiten und schwächte durch endlose innere Krisen ein Reich, das im Osten durch russische Expansionsabsichten bedroht wurde. Nach dem Tode des großen Soldaten, aber weniger begabten Politikers Johann III. Sobieski blieb die staatliche Struktur Polens ungesichert.

Sofija (Sophie)   Tochter von Alexei I., Schwester Feodors III. und Iwans V. und Halbschwester Peters des Großen. Prinzessin Sofija war eine energische, befehlsgewohnte und machthungrige Frau. Die Geistesschwäche ihres Bruders Iwan und die Minderjährigkeit Peters begünstigten ihre Pläne. Sie stützte sich auf die Strelitzen und die Bojaren. Mit angeborener List und Klarsichtigkeit versuchte sie, die Macht zwischen ihrem Bruder Iwan und ihrem Halbbruder Peter zu teilen, um den Schein der Gesetzmäßigkeit zu wahren. Sofija hatte zudem das Glück, die Unterstützung eines sehr intelligenten Mannes, ihres Liebhabers, des Prinzen Golizyn, zu besitzen, der zwar ein kluger Berater, aber ein weniger begabter Soldat war. Dessen Niederlage 1689 in der südlichen Ukraine gegen die Tataren gab Peter dem Großen Gelegenheit, die Unzufriedenheit des Volkes auszunutzen. Sofija glaubte, sich wieder auf die Strelitzen verlassen zu können, und versuchte auf Anraten ihres neuen Liebhabers Schaklowityj den jungen Mitre-

genten in der Nacht vom 3. auf den 4. August 1689 in Preobraschenskoje verhaften zu lassen. Nach dem Fehlschlagen dieses Unternehmens wurde Sofija in ein Kloster verbannt.

Steenkerke (Steenkerque)   Belgische Ortschaft an der Senne zwischen Soignies und Enghien ungefähr 25 Kilometer nordöstlich von Mons.

Stettin   Stadt in Pommern auf dem linken Oderufer in der Nähe der Mündung in die Ostsee. Ab dem 13. Jahrhundert war Stettin Mitglied der deutschen Hanse. Von 1648 an stand es unter schwedischer Herrschaft und wurde 1677 Brandenburg-Preußen endgültig einverleibt.

Strafford, Graf von (1593–1641) Unterhausabgeordneter ab 1614 als Vertreter der Grafschaft York. Thomas Wentworth wandte sich zunächst gegen die englischen Könige Jakob I. und Karl I., bevor er radikal seine Meinung änderte und die autoritäre Regierung Karls I. unterstützte. Dieser aufsehenerregende Gesinnungswandel wurde sofort durch die Verleihung des Titels eines Barons von Wentworth belohnt. Von diesem Augenblick an, nämlich ab 1629, strebte Karl I. rücksichtslos nach unumschränkter Gewalt. Bei dieser Politik stützte er sich auf den Erzbischof Laud und auf Wentworth, der zehn Jahre später Graf von Strafford wurde. Allerdings wurde er von seinen ehemaligen Gefährten wie Pym und Hampden verachtet und als Verräter bezeichnet. Der Haß ging so weit, daß Pym eines Tages dem neuen Adligen zurief: »So lange, wie Ihr Kopf noch auf Ihren Schultern ist, haben Sie vor mir keine Ruhe.« Diese unheilverkündende Prophezeiung wurde mit der unfreiwilligen Mithilfe des feigen und unentschlossenen Königs Wirklichkeit, als er 1641 seinem Minister Straffreiheit zusagte, als dieser vor das Parlament geladen wurde. Strafford wurde während

der Sitzung verhaftet und wegen »Verrat« durch 26 gegen 19 Stimmen zum Tode verurteilt. Karl I. unternahm nichts, um seinen treuen Diener zu retten, der in der Nähe des Königsschlosses von Whitehall hingerichtet wurde.

Temesvar   Alte ungarische Stadt. Sie trägt heute den Namen Timisoara und gehört seit 1918 zu Rumänien. Temesvar ist der Verwaltungssitz der Region Banat und liegt im Südwesten Rumäniens etwa 50 Kilometer von der heutigen rumänisch-jugoslawischen Grenze entfernt.

Tourville Graf von (1642–1701) Er wurde im Schloß Tourville in der westlichen Normandie geboren. Anne-Hilarion de Cotentin trat schon als sehr junger Mann in den Malteserorden ein und kämpfte auf den Schiffen des Ordens gegen Türken und nordafrikanische Seeräuber. Als Kapitän zur See war er Adjutant von Duquesne während der Operationen vor Sizilien im Jahre 1676. Tourville zeichnete sich vor allem durch die Vertreibung der nordafrikanischen Piraten aus, mit denen er im mittleren Mittelmeer endgültig aufräumte. Als Vizeadmiral, Admiral und später als Marschall kämpfte er bis zum Frieden von Rijswijk vor den Küsten Irlands und Spaniens so-

(Photo Editions Rencontre)

Der Graf von Tourville.   187

wie im Ärmelkanal, wo er 1692 die vernichtende Niederlage von La Hougue einstecken mußte.

Val-de-Grâce Im Jahre 1621 ließen sich die Nonnen einer Abtei in der Nähe von Versailles in Paris im Stadtviertel Saint-Jacques südlich des Quartier latin nieder. Im Frühjahr 1645 wurden die Klostergebäude der Benediktinerinnen unter der Leitung des Architekten Mansart vergrößert. Eine kuppelbekrönte Barockkirche vervollständigte den Gebäudekomplex, der im Sommer 1793 Militärlazarett wurde.

Valenciennes Stadt in Nordfrankreich am Oberlauf der Schelde, etwa 50 Kilometer südöstlich von Lille. Nach der Annektion der Stadt durch Ludwig XIV. im Jahre 1677 wurde sie zur Festung ausgebaut, da sie nur 12 Kilometer von der Grenze der spanischen und später österreichischen Niederlande entfernt lag.

Vauban, Marschall von (1633–1707) Er entstammte einer Familie niederen Adels aus dem Morvan. Sébastien Le Prestre erhielt seinen ersten Unterricht vom Pfarrer seines Heimatdorfes Saint-Léger. Ein in Saint-Léger beheimateter Offizier kämpfte damals in der Armee des Herzogs von Condé. Der junge Vauban begann seine militärische Laufbahn als dessen Diener und später als Ordonnanz. Sein Interesse für alle Fragen der Belagerung und der Verteidigung von Befestigungsanlagen veranlaßte bald seine Vorgesetzten, Vauban in die Pioniertruppe zu versetzen, wo er 1655 den Titel eines Militäringenieurs erhielt. Trotz seiner Mitwirkung bei Unternehmungen gegen die spanischen Festungen in Nordwestfrankreich begann Le Prestre seine eigentliche Tätigkeit erst 1667 zu Beginn des Flandernkrieges. Seine Erfolge bei den Belagerungen der wichtigsten Festungen dieses Grenzgebietes machten Colbert und Louvois auf ihn aufmerksam. Nach der Einnahme von Lille (Rijssel) und Tournai (Doornik) besiegelten später die Kapitulation von Maastricht 1673 sowie die Übergabe von Besançon und Dôle in der habsburgischen Freigrafschaft Burgund im nächsten Jahr seinen Ruhm. Nach dem Frieden von Nimwegen setzte Vauban das auf seine Veranlassung von Louvois aufgestellte Ingenieurkorps ein, um Frankreich gegen feindliche Einfälle zu sichern. Von der Nordsee bis zum Mittelmeer wurden dreihundert Ortschaften befestigt. Der Ruf Vaubans, der inzwischen zum Marschall befördert worden war und den Titel eines Marquis trug, erreichte bald ein derartiges Ausmaß, daß ein Sprichwort behauptete: »Eine Festung, die von Vauban belagert wird, ist schon eingenommen, eine Festung, die von Vauban verteidigt wird, ist uneinnehmbar!« Der königliche Ingenieur verstand es hervorragend, das Gelände auszunutzen, und operierte meisterhaft mit Laufgräben, Belagerungsgeschossen und Minen, wenn er der Angreifer war. Er war nicht nur auf militärischem Gebiet tätig, sondern übernahm auch Zivilbauten, wie Häfen, Brücken, Kanäle und das unvollendet gebliebene Aquä-

Der Marschall von Vauban.

dukt von Maintenon. Während seiner zahlreichen Inspektionsreisen durch ganz Frankreich war es Vauban aufgegangen, wie sehr die Kosten der umfangreichen Verwaltung auf der Bevölkerung lasteten und wie ungerecht die Steuer vor allem Handwerker und Bauern heranzog. Deshalb schrieb er neben Werken über Strategie und Taktik die Schrift »Projet d'une Dîme royale« (Vorschlag für einen königlichen Zehnten), in der er eine durchgreifende Reform des gesamten Steuersystems vorschlug, in dessen Rahmen jeder Bürger gleichmäßig belastet werden sollte. Nach seinem Erscheinen im Jahre 1707 wurde das Buch sofort von den Behörden beschlagnahmt, und kurz vor seinem Tode fiel Vauban wegen seines Vorschlags in völlige Ungnade.

Vendôme, Marschall von (1654–1712) Sohn Louis de Mercœur und Enkel eines unehelichen Sohnes Heinrichs IV. und der Gabrielle d'Estrées namens César Bourbon. Louis Joseph de Vendôme trug zuerst den Titel eines Herzogs von Penthièvre. Zu Beginn seiner militärischen Laufbahn diente er als junger Offizier in den Niederlanden und später im Elsaß unter dem Oberbefehl Turennes. Beim Abschluß des Friedens von Nimwegen war er Brigadegeneral und wurde 1688 zum Generalleutnant befördert. Er übernahm den Oberbefehl über die Truppen vor Mons und Namur, nahm 1692 an der Schlacht bei Steenkerke teil und bewährte sich zum erstenmal selbständig als Feldherr an der Spitze der Armee in Piemont. Nachdem er 1693 bei Marsaglia gesiegt hatte, leitete er im folgenden Jahr den Feldzug in Katalonien. Der Spanische Erbfolgekrieg führte ihn von der Poebene 1705 bis in die spanischen Niederlande, wo er weniger erfolgreich war. Trotzdem verdankte Philipp V. die Festigung seines Thrones in Spanien zum Teil dem Marschall von Vendôme, da der glänzende und wendige Taktiker

(Photo Giraudon)

*Der Marschall von Villars, von Maurice Quentin de La Tour.
Museum von Aix-en-Provence.*

nigung des Friedensschlusses bei. Der Regent Philipp von Orleans nahm den hervorragenden Soldaten in den Regentschaftsrat auf und übertrug ihm ein Ministeramt. Noch im Jahre 1734, während des Polnischen Erbfolgekrieges, war der Ruhm des alten Generals unvergessen, so daß Ludwig XV. ihm das Oberkommando seiner Truppen in Piemont anvertraute. Trotz seiner 81 Jahre gelang dem Marschall die Eroberung der Po-ebene. Aber dieser letzte Dienst, den er dem Königshause leistete, überstieg seine Kräfte, er starb im Feldlager von Turin.

Villaviciosa   Dorf in Neukastilien, ungefähr 140 Kilometer nordöstlich von Madrid.

(Photo Editions Rencontre)

*George Villiers,
von Gerard van Honthorst.*

Villiers, George   Geburtsname des Herzogs von Buckingham, des Günstlings des englischen Königs Karl I. Er wurde 1628 von dem puritanischen Fanatiker Felton ermordet.

Virginia   Staat an der Ostküste der Vereinigten Staaten, der sich zwischen der großen Chesapeakebai und dem Alleghenygebirge erstreckt. Dieses Gebiet war mit

seine Gegner bei Villaviciosa 1710 zurückschlagen konnte. Vendôme starb, von dem jungen König reich geehrt, in Spanien.

Villars, Marschall von (1653–1734)   Sohn des Marquis von Villars, eines Diplomaten im Dienste Ludwigs XIV. Claude Louis Hector de Villars war ein Schüler des Herzogs von Condé, dem bereits in Flandern die Tapferkeit des jungen Mannes aufgefallen war. Die beiden nächsten Vorgesetzten Villars wurden der Marschall von Luxembourg und der Marschall von Créqui. Trotz seiner militärischen Erfolge betätigte sich Villars auch im väterlichen Beruf. Als junger General war er zweimal, nämlich 1683 und 1697, als Sonderbotschafter in Wien. Im Laufe des Spanischen Erbfolgekrieges zeigte sich nach der Rückkehr Villars zur Armee, wie beliebt er bei der Truppe war. Er wurde zunächst in Piemont und dann im Elsaß eingesetzt und errang 1702 bei Friedlingen in Baden einen taktischen Erfolg, ohne

jedoch weiter vorrücken zu können. Im selben Jahr bestätigte ein erfolgreicher Angriff bei Höchstädt die großen Fähigkeiten Villars. 1704 verließ der beliebte General Bayern, um in den Cevennen die Revolte aufständischer Protestanten (Kamisarden) niederzuschlagen. Nach dieser einjährigen Unterbrechung wurde Villars, der inzwischen zum Marquis ernannt worden war, berufen, die drei wichtigsten Fronten der französischen Armee zu halten, nämlich in Piemont, am Rhein und in Flandern. Ludwig XIV. wurde damals durch die Truppen der gegen ihn verbündeten europäischen Mächte kraftvoll angegriffen und mußte ihnen häufig mit unzureichenden Mitteln entgegentreten. Als einer der jüngsten und fähigsten Generäle des Königs wurde Villars nicht geschont. Im Verlaufe der Schlacht von Malplaquet (1709) wurde er schwer verwundet. 1712 ruhten die letzten Hoffnungen des Königs auf seinen Schultern. Der Sieg bei Denain trug zur Beschleu-

dem Küstenstreifen im Nordosten eines der ersten Siedlungsgebiete der englischen Kolonisten zu Anfang des 17. Jahrhunderts und erhielt seinen Namen zu Ehren der englischen Königin Elisabeth I., der »Virgin Queen«.

Visegrád Ungarischer Ort am rechten Donauufer etwa 20 Kilometer nördlich von Budapest. Das Königsschloß diente im Mittelalter den ungarischen Herrschern als Residenz. 1542 wurde die Stadt von den Türken fast ganz zerstört.

Voisin, La (um 1640–1680) Catherine Monvoisin, geborene Deshayes, lebte in der zweiten Hälfte des 17. Jahrhunderts von Zauberei und vom Handel mit Drogen und Giften. Nach der Anklageschrift des Polizeipräsidenten La Reynie war die Voisin eine der wichtigsten Beschuldigten in der »Giftaffäre«. Die Untersuchung zeigte außerdem, daß sie sich als zweifelhafte Hebamme betätigte und über 2000 Kleinkinder getötet hatte. Am 22. Februar 1680 wurde sie verbrannt. Vorher belastete sie noch hohe Persönlichkeiten der Pariser Gesellschaft und des Hofes, zu denen auch Madame de Montespan gehörte.

Warschau Hauptstadt Polens am Mittellauf der Weichsel. Die Gründung der Stadt geht auf das 12. Jahrhundert zurück, aber sie überflügelte die alte Königsstadt Krakau und Lublin erst im 16. Jahrhundert.

Wexford Hafen in Südostirland am Sankt-Georgs-Kanal etwa 100 Kilometer südlich von Dublin.

Wight Insel an der englischen Südküste am Eingang der Bucht von Southampton.

Wilhelm II. von Oranien (1626–1650) Wilhelm folgte im Jahre 1647 auf seinen Vater, den Statthalter Friedrich Heinrich. Als großartigen Auftakt zu seiner Regierungszeit gelang es ihm am

30. Januar 1648 in Münster, also fast neun Monate vor dem Abschluß der Westfälischen Friedensverträge, die Anerkennung der Unabhängigkeit der Vereinigten Niederlande vom Reich zu erreichen. Dieser Erfolg milderte keineswegs die Herrschsucht und die Rücksichtslosigkeit Wilhelms, sondern verschärfte eher noch seinen Regierungsstil. Steuer- und Zollfreiheiten wurden nur sehr selten eingeräumt, und auch die Freiheit des Handels war zu seiner Zeit sparsam bemessen. Sein unerwarteter Tod im Jahre 1650 wurde daher von den Notabeln mit Erleichterung aufgenommen. Der Herrscher hinterließ als Erben ein nur wenige Monate altes Kind, Wilhelm III., der später als König England und die Niederlande in Personalunion vereinigte.

Wilhelm III. von Oranien (1650–1702) Sohn Wilhelms II. und der Henriette Maria Stuart, der Tochter des englischen Königs Karl I. Beim Tode seiner Mutter im Jahre 1661 wurde Wilhelm Waise. Glücklicherweise kümmerte sich der Ratspensionär der Niederlande, Jan de Witt, um ihn und ließ ihm eine gute Ausbildung auf politischem und militärischem Gebiet zukommen, die dem jungen Prinzen später von großem Nutzen sein sollte. Als Generalkapitän und, nach der Amtsniederlegung des Witts 1672,

(Photo Editions Rencontre)

Wilhelm III. von Oranien.

als Statthalter leistete Wilhelm III. entschlossen Widerstand gegen den räuberischen Einfall Ludwigs XIV. in sein Land und bewies dabei seinen Mut und seine soldatischen Fähigkeiten. Er ließ mit der Durchstechung der Dämme ganze Landstriche unter Wasser setzen, und dank seiner militärischen und diplomatischen Aktivität gelang es, die niederländischen Besitzungen zu halten und einen großen Teil Europas gegen seinen mächtigen Gegner zu verbünden. In den Jahren 1678 und 1679 belohnten die Friedensschlüsse von Nimwegen seine kluge und zähe Politik. Von diesem Zeitpunkt an gehörte Wilhelm als unerbittlicher Gegner Ludwigs XIV. allen Bündnissen gegen den französischen König an. Das Zustandekommen der Augsburger Allianz war mit sein Werk. Darüber hinaus bemühte sich der Statthalter mit allen Mitteln, England in das Bündnis gegen Frankreich einzubeziehen. Der herrische und instinktlose König Jakob II. zeigte jedoch eine deutliche Sympathie für den Katholizismus, die seine Untertanen und ganz besonders die Abgeordneten des Parlamentes in höchstem Grade beunruhigte. Wilhelm folgte dem Ruf einer Gruppe von treuen Anhängern, zu denen auch der Herzog von Marlborough gehörte, landete am 15. November 1688 in Torbay und zwang durch die Einnahme von London seinen Schwiegervater Jakob II. zu einer überstürzten Flucht, während er selbst am 23. Februar 1689 die Regierung in England übernahm. Der König hoffte jedoch, mit irischer Hilfe seine Streitkräfte wieder auffüllen zu können, und wollte deshalb die Britischen Inseln nicht verlassen. Wilhelm war daher gezwungen, gegen seinen Schwiegervater einen regelrechten Feldzug zu führen, und schlug 1690 die vereinten französisch-irischen Truppen an der Boyne. Ein Jahr vorher hatte Wilhelm und seine Gemahlin Maria, die Thronerbin, die Bürgerrechtserklärung, die berühmte »Bill of Rights«, unterzeichnet, in der die Willkürakte Jakobs II. gegen das Parlament aufgeführt und ausdrücklich verurteilt wurden. Der neue König konnte diese über die verfassungsmäßigen Garantien hinausgehenden Rechte seinen neuen Untertanen um so leichteren Herzens zugestehen, als sein vordringlichstes politisches Ziel nicht innen-, sondern außenpolitischer Natur war. Als Herrscher über die Britischen Inseln und die Niederlande betrachtete er sich als das Oberhaupt der protestantischen Partei und trat als Verteidiger Westeuropas gegen die maßlosen Ansprüche Ludwigs XIV. auf. England wurde daher in eine Reihe von Feldzügen auf dem Kontinent verwickelt, deren erster der spanische Erbfolgekrieg war. Wilhelm III. starb im Verlauf dieser Ereignisse, aber es war ihm gelungen, vor seinem Tod ein gewaltiges Bündnis gegen Frankreich zu vereinigen. Die Beanspruchungen der englischen Finanzkraft durch die Kriegslasten dämpften beträchtlich die Begeisterung der Engländer für ihren neuen König, der nicht einmal Engländer von Geburt war.

Witt, Jan de (1625–1672) Nach seiner Ernennung zum Ratspensionär der Vereinigten Niederlande im Jahre 1653 regierte Jan de Witt seine Heimat zu einer Zeit, als sie den schwersten Bedrohungen ausgesetzt war. Nachdem kaum der Dreißigjährige Krieg beendet war und sich die Niederlande 1648 staatsrechtlich vom Reich trennten, brach ein neuer Konflikt zwischen England und den Niederlanden aus, der erst 1654 zu Ende ging. De Witt fürchtete sowohl diese außenpolitischen Bedrohungen als auch den politischen Ehrgeiz Wilhelms von Oranien und ließ daher vom Provinztag im Jahre 1667 das ewige Edikt verabschieden, in dem zum großen Zorn der oranischen Partei das Amt des Statthalters nicht mehr mit der obersten Militärgewalt verbunden werden durfte. Nachdem der Ratspensionär in einem neuen Zusammenstoß mit dem England Karls II. geschickt Widerstand leisten konnte, mußte er sich 1672 vor dem Einfall der Truppen Ludwigs XIV. in die Vereinigten Niederlande zurückziehen. Mit seinem Bruder Cornelius wurde de Witt im Verlaufe einer Revolte von politischen

Gegnern gefangengenommen und mitsamt seinem älteren Bruder ermordet.

Worcester Ort in Westengland am Mittellauf des Severn. Worcester liegt ungefähr 100 Kilometer nördlich von Bristol und soll auf den Mauern eines römischen Kastells erbaut worden sein.

Württemberg, Herzog von Es handelt sich um den Herzog Eberhard III., der von 1628 bis 1674 regierte. Er führte die tolerante Religionspolitik seines Vaters fort, nachdem sich der überwiegende Teil seiner Untertanen für die Reformation entschieden hatte.

Xanten Stadt im heutigen deutschen Bundesland Nordrhein-Westfalen auf dem linken Rheinufer etwa 50 Kilometer nördlich von Krefeld. Die Stadt wurde an der Stelle eines römischen Lagers gegründet.

Zaandam (Saardam) Stadt in Nordholland etwa 10 Kilometer nordwestlich von Amsterdam. Zur Zeit des Aufenthalts Peters des Großen am Ende des 17. Jahrhunderts verband ein Kanal den kleinen Ort mit der Zuidersee und machte ihn zu einem stark in Anspruch genommenen Hafen, der vor allem wegen seiner Schiffswerften berühmt war. Der russische Herrscher arbeitete hier mehrere Tage lang als Schiffszimmermann. Er wohnte in einer Bretterhütte, die der letzte Zar, Nikolaus II., restaurieren und gegen weiteren Verfall schützen ließ. Außerdem ließ er im Mittelpunkt der Stadt eine Bronzestatue errichten, die Peter den Großen als Schiffszimmermann zeigt.

Zenta Heute jugoslawische Stadt an der Theiß in der Provinz Wojwodina nördlich von Belgrad; sie heißt jetzt Senta. Bis 1918 gehörte Zenta zur österreichisch-ungarischen Monarchie der Habsburger.

(Photo Editions Rencontre)

Jan de Witt. Rijksmuseum, Amsterdam.